天津市重点出版扶持项目

LIAN

连

BI

壁

潘安传

丽端 著

天津出版传媒集团

百花文艺出版社

图书在版编目（ＣＩＰ）数据

潘安传. 连璧 / 丽端著. -- 天津：百花文艺出版社，2021.4

ISBN 978-7-5306-7916-6

Ⅰ. ①潘… Ⅱ. ①丽… Ⅲ. ①潘岳(247-300)-传记 Ⅳ. ①K825.6

中国版本图书馆 CIP 数据核字(2020)第 207486 号

潘安传·连璧

PAN'AN ZHUAN LIANBI

丽端 著

出 版 人：薛印胜　　选题策划：唐　嵩　刘　勇

出版统筹：安子宁　　责任编辑：唐　嵩

助理编辑：李　楠　　装帧设计：秋羽视觉

出版发行：百花文艺出版社

地址：天津市和平区西康路 35 号　邮编：300051

电话传真：+86-22-23332651（发行部）

　　　　　+86-22-23332656（总编室）

　　　　　+86-22-23332478（邮购部）

网址：http://www.baihuawenyi.com

印刷：天津新华印务有限公司

开本：880×1230 毫米　　1/32

字数：290 千字

印张：11.625

版次：2021 年 4 月第 1 版

印次：2021 年 4 月第 1 次印刷

定价：52.00元

如有印装质量问题,请与天津新华印务有限公司联系调换

地址：天津东丽开发区五经路 23 号

电话：(022)58160306

邮编：300300

心照神交，唯我与子

题记：

"智者不惑，仁者不忧，勇者不惧。我确实当不起那个'仁'字，今后就称我'潘安'好了。"

——潘岳（字安仁）

目录

楔子

洛阳檀郎,容止无双。

晋朝永康元年,当少女郗宁终于来到京城洛阳,首先想到的就是这句话。

来洛阳的目的是郗宁最大的秘密,她从未对任何人提起。可那秘密横亘在心中,就仿佛一团火球,离洛阳越近,就燃烧得越发炽烈。

郗宁雇佣的马车从洛阳正南的宣阳门进城。掀开车帘,少女便豁然看见一条宽阔平直的大街。大街两旁鳞次栉比地排列着楼苑台阁、官署商铺,重楼掩映,阁道交通,令人目不暇接。更让人赞叹的是,这条大街中间是平整的主道,两侧是稍窄的辅道。这一主二辅三道并行的气势,让整条大街越发显得气势宏伟。就算郗宁见惯了江东的繁荣,也忍不住被这扑面而来的天家气魄惊得喝了一声彩。

"这就是洛阳有名的铜驼大街了。"赶车的车夫不用回头也猜得到郗宁的惊讶,见惯不怪地说,"你还没看到大街北面那对铜驼呢,据说它们是从上古传下来的神器,灵验得很——姑娘你要不要去拜一拜?"

郗宁听了,不以为然地笑笑。那对铜驼是汉武帝为了纪念张骞通西域而铸造的。魏明帝为了装饰洛阳城,命人将它们运到洛阳,所在街道就被称为铜驼大街,乃是洛阳最繁华的所在。

"金马门外聚群贤,铜驼陌上集少年。"郗宁想起这句俗谚,忽然察觉到有什么不对。她将车帘掀得更开,从车窗内探头出去张望了一阵,疑惑地问车夫:"大叔,这铜驼大街,怎么会如此冷清?"

郗宁没有看错,这华美宽阔的街道上,此刻并没有多少行人,就连路边的商铺,也多半关门歇业。这种诡异的萧条让整条铜驼大街,甚至整个洛阳城,都仿佛秋末的红叶,虽然依旧绚烂,却有下一刻就枯萎零落的不祥之感。

"平时这里可是极热闹的,铜驼大街的地价更是寸土寸金哪。"车夫感叹了一声,忽然压低声音对郗宁说,"姑娘不知道吗,自从上个月赵王掌权,赐死了贾皇后,这段时间一直在抓贾家的同党,西市那边天天都在砍人……别说当官的,就连好多富商都怕得要死,躲在家里不敢出来呢。"

他们不是不敢出来,是躲在家里商量怎么讨好新掌权的赵王吧。郗宁心里冷笑了一声,只觉得心口那团火球烧得她口干舌燥,便喝了口水清清嗓子,佯装不经意地抱怨:"真扫兴!我原本听说洛阳风俗,但凡美男子出游,必会倾城轰动,无论男女都会朝他的马车投掷鲜花瓜果。如此盛况,这次是不是看不到了?"

"姑娘说的,是三十年前的事了。"车夫摇了摇头,"洛阳美男子不少,但能让满街大姑娘小媳妇疯狂的,其实只有一个潘岳,也就是大名鼎鼎的天下第一美男子啦!但他多年来出行都把车帘拉得严严实实,就算想看也看不到。有些人自不量力,学着他的样子乘车过市,你猜结果怎么样?"

"怎么样?"郗宁好奇地问。

"结果大家发现被骗了,气不过就把石头砖块扔过去,还有些老太太冲着人家吐唾沫,吓得那些人仓皇逃回家去了!"

"哈哈,这就是所谓东施效颦了!"郗宁忍不住大笑。这还是她离开江东以来,第一次痛痛快快地笑出来。

"就是。檀郎的举动，哪里是别人学得来的！"车夫眯了眯眼睛，满是得意地炫耀，"对了，我们洛阳人都不叫他的本名潘岳，只称呼他檀郎的。"

"那大叔你亲眼见过檀郎吗？"郗宁了然地抿了抿嘴唇。洛阳檀郎，容止无双。她从小就听熟了这句话，自然知道檀郎是潘岳的小字，更是天下人对他的别称。

"见过，当然见过！"车夫得意地炫耀，"那时候我还年轻，虽然只是在人群里远远望上一眼，却一辈子也忘不掉。我不识字，不知道怎么形容，只觉得一看到他，其他人就全都看不见了，好半天都缓不过来……可谁知道，他后来会变成那样。"

郗宁被他说得悠然神往，心下深恨父母不曾把自己早生二三十年。然而一听车夫的最后一句话，郗宁满脸的笑容便一点一点散去了："潘岳后来，变成了什么样？"

"其实朝廷里的事情，我们小老百姓也不清楚。"车夫搔了搔头皮，有些懊恼，又有些困惑，"可是大家都说潘岳外表俊美，内心却卑鄙阴险。他是贾皇后的走狗，帮贾家做了不少坏事。现在贾家倒台了，他原本也该死，却又被新掌权的赵王救下了……看来不管男女，长得美就是好啊，哪怕他现在已经老了，赵王还是看得上……"

"德宫里就在这附近吧？"郗宁不想再听下去，冷冷地打断了车夫的絮叨。

"德宫里不在城里，在南城外。"车夫停住了马车，抱怨道，"姑娘要去德宫里就应该早说，我们也不必进城来走冤枉路了。"说着掉转马头，往城外走去。

郗宁放下车帘，靠在车壁上默然不语。小时候听师母讲潘岳在洛阳道上万民争睹、掷果盈车的故事，她就自然而然地将那个人与铜驼大街联系在一起，仿佛只有那天下最华美繁荣的所在才能配得上他的绝世风华。可现在的铜驼大街清冷寂静，那个人，也再不是师母记忆中倾动洛阳城的翩翩少年了。

马车驶出宣阳门，往南行了二里地后转而向东，道路便越发狭窄起来。郗宁从车窗后看到两侧都是密密匝匝的民居，大多是筑土为墙、茅草为顶，只有少数覆盖着青瓦，与洛阳城中的高楼华厦简直有天渊之别，更与她想象中那人的风姿殊不相称。郗宁忍了又忍，还是禁不住对车夫追问了一句："大叔，你确定没有走错吧？"

"我在洛阳生活了四十多年，德宫里也会走错？"车夫笑了笑，用赶车的鞭子往周边一指，"看，南边是洛水，西边是禁军大营，还有前面，看见没，就是鼎鼎有名的明堂太学了——怎么会走错！"

"退而闲居于洛之涘……其西则有元戎禁营……其东则有明堂辟雍，清穆敞闲。环林萦映，圆海回渊……"郗宁默默地背诵出潘岳《闲居赋》中的这几句话，感觉和车夫说的并不差，才发现自己以前想象的都错了。可潘岳写完《闲居赋》后，很快再度出仕为官，既有权倾天下的靠山贾皇后，又有富甲天下的好友石崇，怎么会继续住在这种拥挤简陋的地方呢？

正疑惑间，马车已经停下，车夫的声音钻进车帘来："德宫里到了！"

郗宁也不多话，跳下马车，付了车钱。那车夫见她孤身一人，猜想这少女是来投亲靠友，便好心提醒了一句："姑娘要寻哪一家，我可以驾车送你到门口。"

"里"是魏晋时洛阳城中民坊的称呼。德宫里这片民居小区虽然并不大，但层层叠叠的茅舍小院望过去几乎毫无二致。郗宁低头踟蹰了一下，终于开口道："潘家。"

"德宫里的潘家？"车夫愣了愣，忽然惊讶地问，"你要找的，就是潘岳家？"

郗宁点了点头，只觉得一颗心扑通扑通地跳动着，让她忍不住伸手摸了摸胸口。

"小姑娘真是不懂事!"看清了郗宁脸上的红晕,车夫猛地一跺脚,恨铁不成钢地骂道,"这都什么时候了,洛阳杀人如麻,你居然还有心思来偷窥檀郎!听大叔我一句劝,赶紧回家去!潘岳再美,论年纪也可以做你爹了。你要是为他冲撞了赵王,可是会赔上小命的!"

郗宁咬了咬嘴唇,没吭声。她不想和车夫做无谓的争辩,转身将车夫的劝阻抛在脑后,径直走进了德宫里狭长弯曲的小巷。

记得以前师母说过,因为总是有女子逾墙偷窥潘岳,潘家宅院的围墙总是修得比其他人家高。郗宁在德宫里转了一圈,果然发现了一家围墙比其他宅院高出不少,却不笃定究竟是不是潘宅。

沿着高高的围墙走了几步,郗宁忽然顿住了脚步。这座宅院的大门紧闭,沉甸甸的粗大门锁刺人眼目。而大门之外,还站着一队顶盔贯甲腰悬佩刀的禁军士兵,与周围朴素静谧的民居里坊颇不和谐。偶尔有人路过,都会被这些耀武扬威的士兵远远赶开,不许靠近紧锁的大门一步。

郗宁没敢惊动那些士兵,悄无声息地远远退开,走到僻静处找街坊一打听,这才知道那大门紧锁的宅院果然是潘岳的居所。自从赵王政变,皇后贾南风全族被诛之后,作为贾家党羽的潘岳就被软禁在家,等候赵王发落。

"听说还是赵王和潘郎君有交情,法外开恩,否则他直接就被锁拿进廷尉狱去了!"街坊说着,摇摇头叹口气走了。

虽然潘宅围墙甚高,又有士兵巡视把守,还是难不倒郗宁。她沿着墙根绕了半圈,眼见围墙上方伸出一蓬鲜绿茂密的枝叶来,心说就是这里了。望望四周无人,郗宁提气一纵,便轻飘飘地跃上了墙头,恰好借着那棵树隐藏身形。

从枝叶缝隙望出去,入目的是一座简朴的小院。两侧厢房夯土为墙,叠瓦为顶,并不比德宫里其他人家起眼,唯有正房是用青砖砌成,配着雕花窗棂,稍稍显出一分官宦世家的清贵气。而院子里除了种有一株桃树,其余地方则辟为菜畦,种着韭菜、胡瓜、茄子和葵菜。此刻正是黄昏,家家户户炊烟袅袅,偏偏这个院子里毫无生气,就仿佛根本无人居住一般。

那个潘岳,真的还在这里吗?洛阳落在赵王司马伦手中,早已变成了磨牙吮血的魔窟,识时务的官员纷纷逃出洛阳,他却为什么没有走……郗宁等了一阵不见动静,心中有些焦躁。她伸手入怀,握住了那个横亘已久的秘密,只觉触手坚硬滚烫,倒真符合了她此刻的心情。

怀中藏的,是一把短剑。鲨鱼皮鞘,白银吞口,吹毛断发,血不留刃,乃是师父师母刚送给她的元日礼物。郗宁从江东启程的时候,就一直把这柄短剑藏在怀中,决定用一个人的血来为这把名匠打制的短剑开刃。

那个人的名字,叫作潘岳。他是天下第一美男子,甚至天下第一才子,可也是这个人,近几年自甘堕落,与贾皇后一党同流合污,让从小仰慕他的郗宁恨不得杀了他来洗刷耻辱。

杀掉潘岳。这就是郗宁千里迢迢奔赴洛阳的目的。

而杀掉他之前,她还想知道他所有的故事。

第 一 章

凶　星

微微发肤，受之父母。峨峨王侯，中外之首。

——潘岳

魏高贵乡公正元元年，一辆马车沿着官道驶向前方的洛阳城。马车中坐着一对三十来岁的夫妇，正是被征召到洛阳为官的潘芘和他的夫人邢氏。车厢内，还有他们的两个儿子，大的叫潘释，十岁；小的叫潘岳，上个月刚满八岁。

旅途无聊，潘芘便与邢夫人谈论起了如今在洛阳大大有名的一位奇人。这位奇人名叫管辂，从八九岁时就喜欢夜观星辰，长大后更是精于卜筮、相面，据说还精通鸟语。魏晋时期士人流行谶纬之学，因此管辂在京中名声大噪，还收了不少弟子。

"据说有个人叫作郭恩，得了严重的足疾，请管辂先生算命。管先生给他卜了一卦，卦象显示郭家有一个伯母，因为有人想要抢她的粮食，把她推入井中淹死。伯母冤魂不散，向上天哭诉。郭恩听后吓得魂飞魄散，只好向管辂先生承认是自己杀害了伯母，认罪服法。"潘芘饶有兴趣地说着自己听来的奇闻逸事。

"还有一次，管辂先生去安德县令刘长仁家，有一只喜鹊飞来，在屋顶上大叫。管先生就说：'这喜鹊是说东北有个女人杀了丈夫，还牵涉到邻居。'刘县令不信，没想到过了一阵果真就有人来告状，案情和喜鹊说得一模一样……"

"也许他根本不是听懂了喜鹊说话，而是刚好从东北村庄经过，听说了这件杀人的事情。"潘芘话音未落，一旁认真倾听的潘岳忽然插言。

"小孩子胡说些什么？"潘芘虽然沉下脸呵斥了潘岳一声，却又勉励般地问，"那郭恩的事情又怎么说？"

八岁的潘岳歪着小脑袋，睁大眼睛想了想："杀人都会心虚，更何况杀的是自己的伯母？所以我猜那个郭恩，应该早就露出了什么破绽……"

"你这孩子，就是爱胡思乱想。管辂先生要是像你说得这样一味骗人，早被人拆穿了，怎么可能受到朝廷的重视呢？"邢夫人口中言语虽似责备，脸上却满是怜爱。

"说得是。等我们到了洛阳，我就请那位管辂先生给檀奴相相面。"潘芘开心地将了将下颌的胡须，而他口中的"檀奴"，正是潘岳的小名。

"檀奴还小，现在相面能看出什么来？"邢夫人故意问。

"年纪小没关系。"潘芘胸有成竹地回答，"当年钟会也不过七八岁，看相的人仅凭他一双眼睛就看出他以后不是一般人。那么依我们家檀奴的品貌，我就不信管辂不说他是绝世之才。"

"你既然坚信檀奴是绝世之才，何必巴巴地等管辂一句话？"邢夫人看着丈夫笑眯了的眼睛，伸出手指在他手臂上一戳，"我看你呀，就是存了显摆的心思。"

"我生了檀奴这么无与伦比的儿子，怎么就不能显摆了！"潘芘哈哈大笑，和夫人偎坐在马车内，满含骄傲地看着面前的男孩子。荥阳潘家虽然不算高等门第，却是官宦世家，邢夫人更是来自河间邢氏，世代书香。两个儿子年纪不大，却都出落得一表人才，特别是次子潘岳，不仅俊秀无伦，天赋更是惊人，八岁的孩子读书写字比十几岁的少年还要出色，被乡人惊呼为神童。此番应征前往京城洛阳，潘芘就寻思着要让潘岳借着管辂的推荐一举成名，这样才有机会接触更多的高门子弟，为潘岳日后的仕途铺路。

此刻时至晌午，距离洛阳城还有一段距离，车夫便停下马车，让潘芘一家下车到路边的驿馆吃饭休息。潘释、潘岳两兄弟年少好动，匆匆吃完了饭，见父母还要继续歇息一阵，便拿了平日玩耍的弹弓，跑到驿馆门口寻觅鸟雀。

两兄弟刚走到门外，就见官道上尘土飞扬，一队士兵骑着马从洛阳城方向走了过来。而这些士兵身后，则是一大群蓬头垢面脚步蹒跚的人。那些人有男有女，有老有少，每个人的右手手腕上都系着绳子，长长的麻绳将他们一队队地串联在一起，杜绝了一切逃跑的可能。

看这样子，应该是从洛阳流徙的囚犯了。潘家两兄弟以前没见过流犯，心中颇为好奇，不由得放弃了鸟雀，只站在驿馆门口定定地张望。

这些囚徒多是老弱妇孺，又被绳子限制了动作，行进起来十分缓慢。偏偏押送他们的军官骑着高头大马，更是看不得这群人半死不活的拖沓样子，不由连声催促，高声叫骂："快走快走，别耽搁了本将军交差，否则老子可顾不得你们身娇肉贵，一样要用鞭子抽的！"一边说，一边用马鞭在空中甩了一个鞭花。

他这一鞭子虽然没有抽实，但响亮的鞭声还是吓得囚徒们体如筛糠，甚至失声痛哭。有人下意识地想加快脚步，却又被绳索牵绊，原本排好的队列顿时混乱起来。

为首的军官见才出洛阳就不得安生，想起前路迢迢更是烦躁。他骑着马在囚徒们身边踱了几步，见一些囚徒趁机坐在地上休息，不由怒道："都给我打！一群逆臣贼子，还以为自己是京城里的达官贵人？打服了就给老子乖乖赶路！"

"你敢！"忽然一个声音从人群中冒了出来，清脆响亮，在一众嘈杂中分外突出。随着这声气势颇足的断喝，一个十来岁的小姑娘从囚徒群中走了出来。她穿着一身绿色丝缎裁剪的襦裙，颈间戴着一串指肚大小的明珠，虽然脸上同样蒙了沙尘，却唇红齿白，眼神明亮，与四周衣衫褴褛形容憔悴的囚徒们截然不同，就仿佛干枯的河床中停驻的一只翠鸟。她的手腕上并无绳索，显然是自由之身，却不知为何会混迹在囚徒之中。

为首的军官一直趾高气扬，见了这个小姑娘却不免有些无奈："贾小姐，你究竟要跟我们走到什么时候？"

"我一早就说过了，我会陪我母亲一起去乐浪郡。"姓贾的小姑娘向囚徒们望了一眼，冷笑道，"天子只是判了他们流徙之罪，可照将军的做法，只怕走不到乐浪郡他们就都死了。"

"你懂个……"那军官张嘴想骂，却终究忌惮这个小姑娘父亲的身份，只能转头朝手下士兵喝道，"叫你们去通知贾长史来接人，怎么还没有动静！娘的，带着这么个小姑奶奶上路，打不得骂不得，还要不要人活了！"

"不用找我父亲了，他奉大将军之命去淮南督办军事，没有两三个月不会回来。"小姑娘得意地一笑，"两三个月，足够我陪母亲走到乐浪郡了。"

那军官一怔，低低骂了句粗口，随即大声朝囚徒堆喊道："李夫人，你说句话吧！再这样下去，我们的差事就不用办了！"

"不许你胁迫我母亲！"绿衣小姑娘刚竖起眉毛，就听一个女子的声音响了起来，"荃儿，我知道你舍不得娘。可如今娘受家门株连流放辽东，那地方不是你可以去的，你还是好好跟着你父亲生活去吧。你妹妹浚儿已经不幸生病夭折，娘不能再失去你了……"

"不，我就要和娘在一起！"名叫贾荃的小姑娘瘪了瘪嘴，将满盈的泪水忍了回去。然后她转身走进人群，将一个倒在地上的妇人扶了起来。那妇人三十左右的年纪，虽然容色枯槁头发蓬乱，一袭衣裙也破烂不堪，却掩不住秀丽姿容，高华气度。她站起身，朝那军官说道："将军，我们从洛阳走到现在，已经快四个时辰了，实在是腹中饥饿，全身乏力。还望将军能够容许我们就地休息一阵，我保证将小女劝回，再不耽搁日后的行程。"说着，她用没被绑住的那只手使劲揽了揽女儿，示意她不要再开口。

军官脸上的肌肉抽动了一下，终于点了点头："好，李夫人是前中书令的千金，说话一定要算话！"

见押送的军官松了口，走了大半天的囚徒们终于在官道旁的树林边坐了下来，而士兵们也给他们每人配发了一碗水，一块粗面饼。发到李夫人身前，士兵正犹豫要不要给贾荃也分发一份，贾荃已经一把抓住一个面饼，大大咬了一口，却又随即吐了出来："呸……这样的饼，怎么能吃？"

李夫人不说话，只是拿过自己手上的饼，慢慢吃了起来。虽然面饼粗糙难咽，她依然吃得十分优雅斯文，就仿佛还坐在广厦华堂之中用餐一样。贾荃惭愧地看了母亲一眼，也埋下头努力啃起手中的面饼来。

潘释和潘岳两兄弟站在驿馆门口看着这一切，虽然不明白来龙去脉，心中仍然有些不是滋味。这是他们有生以来第一次看到，从九天之上坠落到泥淖之中，究竟是怎样的凄惨落魄。

"我去给他们拿点吃的。"潘岳反应快，转身就往后跑。而潘释原本一直盯着远处的绿衣小姑娘出神，见弟弟提醒，也忙不迭地跟着他往驿馆厨房跑去。

驿馆的厨房里没剩下什么吃的，潘岳好不容易在蒸笼里发现了三个裹蒸，一手拿起一个，剩下一个也被潘释抓在了手中，两人便急匆匆地跑出了厨房。

裹蒸是用竹叶包裹的饭团。虽然驿馆里做的裹蒸不像邢夫人做的那样放入蜜糖、松子和胡桃仁，但比起粗面饼子来已经算是美味了。两兄弟献宝一般抓着裹蒸跑到驿馆门口，刚想越过官道走到那绿衣小姑娘和她母亲身边，不料一骑快马挟尘而来，惊得潘岳脚下一绊，跌倒在地。

马上的骑者技术高超，在潘岳身前堪堪勒住了马匹，然后一个悦耳的童音便响了起来："这位哥哥，你没事吧？"

潘岳爬起身，见潘释走上来想拍自己身上的土，下意识地退开一步摇了摇头。此时他才看清马上坐着两个人，一个成年男人身材魁梧，却是做侍卫打扮，而他身前护着的，乃是一个和自己差不多大的男孩。那男孩虽然满脸稚气，一身衣饰却华贵非常，一举一动更是进退有度，显见出身不凡。

确认自己的马没有撞到人，男孩放下心来，赶紧在侍卫的帮助下跳下马，再度朝潘岳道歉。他的五官平常，只可称清秀，看人的目光却温润非常，让人心中说不出的舒服。看清楚潘岳的面貌时，男孩的目光照例满是惊羡，自然而然地露出了一个笑容，潘岳便也向他报以一笑。

走到李夫人面前，男孩收敛神情，深深一揖："桃符见过李家婶婶。"

"桃符，你来得正好。"李夫人微笑地朝男孩点点头，"你是来接荃儿回去的吧？"

"是。桃符听说荃姐姐跟着婶婶出了城，怕出意外，特地带了人过来。"桃符一边说，一边去拉旁边贾荃的手，"荃姐姐，和我回去吧。"

"我不！"贾荃甩开桃符的手，挨在李夫人身边，无论母亲和桃符如何规劝也不肯离开，竟是铁了心要和李夫人一起流放到辽东乐浪郡去。

眼看押送的军官皱起两道粗眉，站在一旁的潘岳忽然走上前去，对李夫人躬身道："夫人，不知我能否对姐姐说句话？"

李夫人转头看到潘岳，见他眉目如画，一张俊秀小脸上满是自信，便点了点头："小公子请说。"

潘岳看着贾荃，学着大人们的神情正色道："我虽然不太清楚姐姐的家事，但作为儿女我也知道，姐姐最大的心愿，其实并不是跟着夫人远行，而是希望夫人能够回到洛阳家中吧？"

贾荃一怔，下意识地点了点头。

"一路跟随夫人随身服侍,是孝。但留在洛阳,想方设法为母亲求来一纸赦令,也是孝。这两种孝如何取舍,还请姐姐自己思量。"潘岳说完,躬身一揖,退到一旁不再开口。

"小公子说得真好。"李夫人见贾荃只是埋着头不作声,便将女儿拉过一边,在她耳边低声说,"你若想为娘以后能重返洛阳,就必须留在你父亲身边,让他设法救我回来。明白吗?"

"娘,你还指望父亲会求大将军让你回来吗?"贾荃的小脸上涌起一股怒气,"你不知道,你才被判了流徙,就有人急着给父亲又说了一门亲事,只怕等父亲从淮南回来,后娘就要进门了!"

李夫人的脸色黯了黯,随即恢复了平静:"我家犯了谋逆大罪,你父亲要另娶,我也怪不得他。不过如果你觉得父亲靠不住,就要快快长大,长大了才有力量帮母亲求到赦令。"说完,她的眼锋一斜,有意无意地瞟了瞟站在一旁的男孩桃符。

"可就是他们家害了你……"贾荃刚说出半句,李夫人就捂住了她的嘴,意味深长地说了一句,"解铃还须系铃人。荃儿,你是个聪明孩子,应该知道怎么做,否则母亲只能永世流放,埋骨辽东了。"

贾荃站在母亲身边,呆呆地回味着李夫人的话,忽然重重地点了点头:"娘,我明白了。我这就跟桃符回去,你可一定要等着我来救你!""去吧,娘会一直等着,等着和荃儿在洛阳重聚的那天!"李夫人温婉地笑了笑,又走上前对桃符说,"好孩子,以后婶婶就拜托你多照顾荃儿了。"

"婶婶放心,桃符一定会保护荃姐姐的!"桃符说着,扶着贾荃上了马,自己也上马坐在她身后,朝李夫人拱手告别。

"你若是再敢虐待我母亲,我一定会让我父亲惩罚你的!"临走之前,贾荃不忘了朝押送军官发出威胁。

"是吗?"那军官不以为然地撇撇嘴,小声嘀咕,"只怕贾长史恨不得撇清关系,哪里会管?"

"贾长史不管,我管。"桃符忽然开口,一张小脸上竟是与年龄不相称的肃穆,"我说到做到。"

"你……"那军官刚想问你是谁,忽然一眼看见桃符身后侍卫的装束,顿时醒悟了什么,只能悻悻地不再作声。而那侍卫见小主人再无言语,便步行牵着马缰绳,带着桃符和贾荃往洛阳方向折返而去。

"哎……"潘释手里的裹蒸原本是想送给贾荃吃的,然而自始至终都没找到合适的机会。此刻见马上那袭翠绿的身影渐渐消失不见了,才发现自己的手臂还傻乎乎地伸在半空,只好懊丧地垂了下来。

潘家的马车启动之时,那群流徙的囚徒也在士兵的催促下起了身,继续保持着他们被绳索串联的姿势,蹒跚地朝着远方走去。

坐在马车上,潘芘少不得盘问两个儿子刚才的去向,兄弟俩便将刚才的所见所闻告诉了父母。而潘释更是没忘了问出最关心的一个问题:"那个贾小姐……嗯,还有李夫人,究竟是什么人?"

听了两个儿子的描述,潘芘和邢夫人对望了一眼,心中已经大致了然。于是潘芘对两个满眼好奇的孩子问道:"你们可知道,如今天下权力最大的人是谁?"

"自然应该是魏家天子。"潘岳反应快,抢在哥哥前面回答。

"应该。"潘芘心中暗赞了一声潘岳的用词,继续说:"天子自然是天下之主,不过如今天子年幼,朝政都由大将军司马师掌管。"虽然车厢内只有他们一家人,潘芘却压低了声音,严肃的气氛让两个顽皮的男孩也乖顺下来,老老实实跪坐听讲。

"司马氏自太傅司马懿起就开始把持朝政,到大将军司马师已是第二代,朝臣大多服膺,但偶尔也会有人不满。就在几个月前,中书令李丰联合了几个大臣,想要密谋推翻大将军,却被大将军识破,李丰等人被大将军处死,合族株连流放。你们刚才看到的那个李夫人,应该就是李丰的女儿李婉。"

"那贾小姐呢?"潘释亮着眼睛赶紧问。

"听说李婉嫁的是右长史贾充,那位贾小姐想必就是他们的女儿了。李夫人受父亲株连流放辽东,贾充却是司马家的心腹宠臣,因此,虽然夫妻感情深厚,却不得不离异。"潘芘解释道。

"那桃符是谁,父亲猜得出来吗?"潘岳忍不住问。

"仅凭你们的叙述还真不好猜。不过能对押送的将军口出大言的,必定是高门贵族的子弟,大概不姓曹就姓司马。"潘芘说着,想起潘岳刚才在马前跌倒,又沉下脸训斥,"以后进了洛阳,你们都给我小心些。那里满是高官贵胄,一旦出事,就是爹爹我也护不了你们。"

"是。"潘岳撇了撇嘴,心中老大不以为然,却只能和哥哥一起点头应了。

马车原计划当天傍晚到达洛阳,不料才行驶了一阵,前方道路却被人封住。车夫见封路的乃是一队铁甲军,刀枪锃亮盔甲鲜明,不敢多言,和其他人一样驾着车停在路旁,却什么情况也打听不到。

潘岳此刻透过车窗正看见路边树枝上停了几只鸟雀,红嘴白肚煞是美丽。他扒着车窗东张西望了一阵,便偷偷把藏在座席下的弹弓塞进怀里,借口要下车方便,独自蹑手蹑脚地猫进了树丛里。

那几只红嘴白肚鸟警醒得很,见有人来便展开翅膀往前飞去。潘岳虽然聪慧,毕竟是孩子心性,一心只想打下一只好带回去养在笼中,一路追逐,不知不觉走进了树林深处。等他迟疑要不要回去的时候,忽然枝叶窸窣作响,竟是有人从林间奔跑而来。

听声音来人不止一个,潘岳一矮身,躲在了一丛灌木之后。却见树林中蹿出几个人来,都是身穿黑衣、精明强悍的青壮汉子,他们神色紧张脚步匆匆,其中一个人的肩上还扛着一个孩子。

潘岳的目光落在那孩子身上,惊讶地一把捂住了自己的嘴——那个一动不动趴在黑衣大汉肩头的小身影,正是先前在驿馆外见到的男孩桃符!

看那几个黑衣人的打扮,绝非桃符所带的侍卫。可和他在一起的侍卫到哪里去了,还有绿衣服的贾小姐呢?看着桃符双目紧闭毫无知觉的模样,潘岳猛地认清了真相——桃符是被人劫持了!

见几个人扛着桃符继续往前走,潘岳悄悄地跟了上去。此刻他并没有多想什么,只是记得桃符看他的时候一双眼睛温润清澈,让人心里像窝了一只小乖猫一样舒服。潘岳怕自己若不跟上,以后就再也见不到这么舒服的目光了。

那几个黑衣人虽然急着赶路,无奈先前体力消耗了大半,此刻脚力有限,潘岳勉强也可跟上。潘岳原本想探明了他们的方向就回去禀告父亲,却不料脚下咔嚓一声,竟是踩断了一根枯枝,引得黑衣人顿时回过了头:"什么人?"

黑衣人做的原本就是泼天大事,少不得比其他人更谨慎些。因此潘岳虽然躲在树丛中一声不吭,还是被一个分头搜索的黑衣人发现了踪迹。见来者不善,潘岳拔腿想跑,小身子却被黑衣人牢牢地抓在了手里。

潘岳知道现在就算大声叫喊父母也听不到,只能向黑衣人求饶:"大叔,我是来打鸟的,你放了我吧……"

见潘岳一副温顺怯懦的模样,黑衣人有些踌躇地问头目:"三师兄,这小孩子怎么办?"

那三师兄见潘岳手里抓着弹弓,果然是来打鸟的样子,有心放他走又怕泄露行踪,最终下了决断:"一起带回去,让师父处置。"

"你识相些,不要乱叫乱动,否则把你像他一样打晕!"黑衣大汉指着桃符恐吓。

潘岳做出一副乖巧模样,用力点了点头。下一刻,他就被黑衣人推搡着往前走去。

几个人在林间兜兜转转,潘岳刚开始还努力记忆路径,后来却不得不放弃。他记得父亲说过洛阳城背靠邙山,那眼前这连绵起伏的群山,大概就是邙山吧。

又走了半个多时辰,黑衣人终于带着桃符和潘岳到达了一处偏僻的山谷。山谷中只有一座简陋的茅屋,一看就是匆匆搭建而成,而茅屋前方的空地上,则用土堆砌出了一个两层的圆形高坛。

潘岳正想看清楚些,黑衣人已经将他和桃符塞进了崖边一个洞穴内。潘岳想起书上说邙山土厚水低,因此自古以来就有人在此凿壁而居,抬头看看关押自己的土洞正是规整的半圆形,果然是靠人工挖掘出来的。

见几个黑衣人要走,潘岳试探着伸手抓住一个人的衣角,可怜巴巴地问:"大叔,麻烦给我家里送个信儿。我家里有的是钱,我爹肯定会来赎我的!"

"你当我们是绑人的强盗吗?"一个黑衣人似乎受了侮辱,怒哼了一声,"我们不过是怕你走漏风声,所以暂时扣住你。我师父悲天悯人道德高深,绝不会伤害无辜。等这里的事了了,就放你回去。"说着,几个人走出了土洞,只在门口留了两人看守。

潘岳不知道这群人究竟要做什么,只好转头去看桃符。此刻桃符躺在土洞的地上,依然紧闭双眼一动不动,若非小胸脯还在微微起伏,就和死去没有两样。

"你醒醒!"潘岳毕竟害怕,蹲在桃符身边用力推他。推了几下,桃符依然没有醒,于是潘岳想起以前看到的急救法子,伸手去掐桃符的人中。狠心掐了几下,桃符果然轻哼一声,睁开眼来。

"你是谁?"桃符撑着潘岳的胳膊慢慢坐起身,靠着洞壁揉揉脑袋,终于看清了潘岳的眉眼，"对了，我刚才见过你，是你说服荃姐姐跟我回去的。"

"没错，我们刚才在驿馆外见过的，我还知道你叫桃符。"潘岳略略有些得意地说出桃符的名字，见他温润的眼睛中显出探究的神色，便自我介绍道，"我叫潘岳，今年八岁，你可以叫我檀奴。"

"檀奴。"桃符重复了一遍，面上露出一点笑容来，"我叫桃符，大名司马攸，七岁了。"

"原来你果然是司马家的人。"潘岳点了点头，奇怪地问，"你不是有侍卫保护吗？还有你的荃姐姐呢？"

"我今天急着来追荃姐姐，只带了一个侍卫，结果回来的路上就遇见了那些坏人。他们把我打昏了，我也不知道荃姐姐怎样了……"司马攸说着，小嘴一瘪，眼看就要哭了出来。

"别怕别怕，我会想办法救你的！"潘岳下意识地安慰，却在司马攸刹那点亮的目光中意识到自己说了大话，耳根微微红了起来。他脑子飞快地转了转，半是掩饰半是好奇地问："不过他们为什么要抓你啊？这么神神秘秘的。"

"我不知道。"司马攸勉强说到这里，小脸已是煞白。

"你不告诉我，我怎么救你呢？"潘岳看出他有意隐瞒，不由得着急起来。

"我不用你救，爹爹会来救我的。"司马攸看着潘岳，语气认真又自信，不愧是当朝第一权贵司马家族的子弟。

"那好吧。"潘岳有些小小的失落，在司马攸对面坐了下来。

"我刚才说错了，他现在是我叔父，不再是我爹爹了。"见潘岳的脸上终于露出了一丝困惑，司马攸忍不住笑了笑，"其实说穿了也没什么。我伯父没有儿子，我爹爹就把我过继给伯父当儿子，所以爹爹就变成我叔父了。"

"你爹爹也舍得？"潘岳脱口问道。在八岁男孩的心中，只有不受父母喜欢的孩子才会被过继给别人吧。

"嗯，爹爹说伯父比他厉害，我给伯父做儿子前途会更好。"司马攸刻意维护着爹爹的形象，"我知道爹爹是喜欢我，才把我过继给伯父的。"

"明白了，所以你伯父现在才是你爹爹，对吧？"潘岳又问。

"我只称呼他父亲，不会叫爹爹。"司马攸忽然有些黯然，"我心里的爹爹永远只有一位，我知道他才是世上最疼我的人。就算所有人都嫌弃我，爹爹……叔父都一定会来救我的。"

"看你这么乖，谁会嫌弃你啊？"潘岳见他比自己小一岁，自然生出了些哥哥的心思，伸手揉了揉司马攸的头发。

"你不知道……"司马攸有些忧伤地耷拉下脑袋，忽然朝着潘岳的身边挨了挨，"檀奴，我冷。"

此刻天色渐晚，山谷中风寒露重，土洞中更是冷如冰窖一般。潘岳伸手揽住了司马攸，两个孩子就这样互相依偎着，蜷缩在土洞角落里取暖。

"别人为什么要嫌弃你？"过了一会儿，潘岳终究按捺不住好奇心，想要追问究竟。然而尚不等司马攸回答，土洞中骤然一亮，竟是有人拿着火把走了进来。

借着火把的光亮，潘岳看到来人手里还握着一把明晃晃的尖刀，不由吓了一跳。他下意识地质问："你们要干什么？"一开口才发现自己的声音由于极度恐惧而变了调。

"滚开！"一个黑衣人嫌潘岳挡路，一把将他扯开，另一人则伸手抓住司马攸的脚踝，将想要缩进土洞最深处的男孩拽出来。他们将司马攸按在地上，一把将开他的衣袖，尖刀顿时往他右手腕上划去。

"等等！"原本一声不吭的司马攸忽然挣扎起来，"别碰右手，换我的左手！"

"左手右手有什么不一样？"黑衣人有些不耐烦，却也随手放开司马攸的右手，将他的左腕抓了起来。刀刃一划，鲜血顿时从伤口中涌出，流淌进黑衣人手中所持的一个小铜罐之中。

"右手……我以后还要写字，呃……"司马攸颤声说出这句话，随即痛得脸色发白，虽然没有惨叫出声，眼泪却在眼眶里盈盈地打着转。

"等一会儿到了时辰，你命都要没了，还惦记着写字？"一个黑衣人嗤笑一声，接了满满一罐血，潦草地给司马攸裹了裹伤口，带着火把离开了。

土洞内再次一片漆黑。"桃符，你没事吧？"潘岳没有听见司马攸的动静，赶紧朝他那边摸索过去，却引来司马攸一声痛呼。潘岳只感觉到触手濡湿粘腻，似乎鲜血还在不断渗出，心中不禁恐慌起来。他连忙解下自己的腰带，摸索着找到司马攸的左腕，用力缠了一圈又一圈。

"檀奴，我害怕……"司马攸蜷缩着身子发抖，"管辂说我是凶星，爹爹是不是也不想要我了？"

管辂？这个名字似乎有些熟悉，但潘岳一时间没想起来，只能努力安慰："什么凶星，都是愚昧之人胡说八道，我才不信！你爹爹……呃，你叔父也一定不会信的！"

"可我还是怕……"由于失血的缘故，司马攸越发觉得寒气逼人。他紧紧地将自己缩在潘岳怀中，小声央求道："檀奴，我要死了，你救救我好不好？你刚才说可以救我的……"

"谁说你要死了，你叔父马上就会来的！我保证他很快就会来！"潘岳听司马攸的语声颤抖，几乎已无法连贯成句，只能紧紧抱着他，一遍又一遍地安慰。

温暖从身体接触的地方慢慢蔓延，司马攸的颤抖也渐渐平息下来。两个孩子在黑暗中竖起耳朵，想要捕捉救兵的声音，却什么也没有听到。

又过了一会儿，几个黑衣人再度走进土洞，一把拉住司马攸就往外拖。在司马攸的哭喊声中，潘岳死死抓住他的胳膊不放，却被人一脚端到了土洞角落里。等他再扑过去时，司马攸已经被强行拽出了土洞，而洞口又再度被黑衣弟子们守住了。

潘岳没法出去，却透过黑衣弟子的身体缝隙看到了外面的情形。只见山谷中的圆形高坛上不知何时点上了铜灯，将天上的星空都映衬得失去了光芒。那些铜灯围绕着高坛边缘排列，上一层是九盏大灯，下一层则是八十一盏小灯，在黑夜中化为两个明亮的圆圈。一个黑衣弟子此刻正捧着方才贮满司马攸鲜血的铜罐，小心翼翼地在每一盏铜灯内注入了一点鲜血，让灯油燃烧的味道中掺杂了怪异的血腥气。

司马攸被带出来的时候，九盏大灯和八十一盏小灯已经注血完毕。一个弟子高声喊道："时辰已到，请师父登坛！"

话音一落，土坛旁边的茅屋门随即打开，一个人迈着方步稳稳地走了出来。借着旁边的火把，潘岳看见那人是个术士模样，大概四五十岁年纪，虽然相貌丑陋，身材矮胖，但颔下三绺长髯，身披羽衣鹤氅，手持锋利宝剑，倒有几分仙风道骨的样子。

那术士一出来，四周二三十个黑衣弟子齐齐下拜，高声喊道："参见师父！"

术士微微颔首，声音颇为威严："为师现在就要登台行禳星之术，你等各持皂旗，给为师护法。"众黑衣弟子应了一声是，各自散开，将点着铜灯的土坛虚虚围住。

术士此刻才看了看被押在坛下的司马攸，严肃的面容中竟有几分悲悯："二公子，上天有好生之德，管辂原本也不想为难于你。但你身负紫微六凶星相，日后必定会引起天下浩劫，生灵涂炭。管辂只能在大错还未铸成之前，以你性命行禳星之术，以期压镇灾星，更改天命。你若怨魂不灭,日后只管来找管辂便是。"说着,命人将司马攸绑了,又堵了嘴,将他放置在第二层高坛九盏大铜灯中心。

管辂,原来这个老头儿就是父亲提到的那个天下第一术士!被困在土洞中的潘岳猛地醒悟到这一点,更加为司马攸的命运担忧起来。

高坛之上,管辂仰望着满头星斗,心中默默掐算着时间。掐算完毕,他举起宝剑,开始围绕着司马攸转起圈来。他的动作缓慢,口中念念有词,每一步都踩在特定的位置上,犹如舞蹈,正是所谓披发仗剑、踏罡步斗,欲以人力更改紫微斗数、扭转天命。

等他转完圈子,念完咒语,就会把司马攸杀死祭天吧?潘岳心惊胆战地看着管辂如妖似魔的身影,心中不断祈祷上天快快派来救兵,将司马攸那如羔羊一般柔弱纯净的祭品从屠刀下解救出来。

仿佛上天真的听到了潘岳的祈祷,这边管辂的法术才开始不久,山谷外便传来了奔雷般呼啸的声音。那声音来得极是迅疾,方才还影影绰绰的一片,转眼间就已近在咫尺,让人可以清晰地辨认出马蹄声、呼喝声,还有兵刃出鞘的凛冽风声,竟不知一时间来了多少兵马,将这山谷团团围住。

高坛之上,管辂似乎根本没有听见周围的风雷之声,依旧沉浸在他的仪式之中,只是步子踏得越来越快,口中的咒语也念得越来越急。而他的一众黑衣弟子则已团团围在了高坛周围,拔出刀剑想要为师父争取更多的时间。

当初拘押潘岳只是怕走漏风声,如今风声已经大大走漏,原本看守在土洞外的黑衣弟子便放弃潘岳,加入了为管辂护法的行列。潘岳见洞口大敞,便悄悄沿着山壁溜了出来。他躲在阴影里睁大眼睛望向山谷入口,骤然看见那里密密麻麻地排列着许多全副武装的骑士,他们身上的铠甲和手中的兵刃在火光下发出威慑的金光。相比之下,那些负隅顽抗的黑衣弟子们就显得如同挡车的螳螂,注定要被碾压成齑粉。

　　率领数百骑兵的，乃是一个精明强悍的中年人。他面如冠玉，眼睛狭长，一眼望去便知心思缜密，不怒自威。而骑马落在他身后一步开外的，正是潘岳的父亲潘芘！

　　潘岳乍见父亲，又惊又喜，一瞬间什么都顾不得了，撒腿就朝父亲奔去。幸而那些黑衣弟子只顾着护住高坛，无人阻拦一个无关紧要的孩子。潘岳才跑到半路，就见潘芘满脸喜色地催马赶了过来。

　　"爹爹，快救救桃符！"潘岳也不知父亲哪里变出这许多兵马来，不顾一切地大声喊道。

　　"快见过高都侯！"潘芘顾不得责骂潘岳，一把将他拉上马背，带着他骑马赶回那个中年人身边，见潘岳还扭着身子频频回顾，潘芘恨恨地在儿子脑袋上拍了一巴掌，"这位高都侯，可是司马二公子的亲生父亲！"

　　原来他就是桃符的爹爹……呃，现在是叔父了。潘岳一看高都侯威风凛凛的模样，心想司马攸这次一定有救了，连忙在马上躬身行礼："檀奴给君侯见礼！"

　　那高都侯名叫司马昭，正是如今权倾天下的大将军司马师之弟。他此刻眼睛一眨不眨地盯着前方的高坛，对潘岳的见礼只是轻轻"嗯"了一声，随即摘下背上弓箭，一箭就朝高坛上仗剑作法的管辂射了过去。

　　司马昭这一箭蕴满了恨意，箭势迅疾，竟直射入管辂的右臂，透骨而出。管辂右手剧痛之下宝剑落地，祈禳的阵法顿时乱了，然而管辂心志坚定，竟用左手捡起宝剑，支撑着想要继续踏罡步斗。

　　司马攸此刻被捆绑在管辂脚下，哪怕司马昭所率领的人马轻而易举就能踏平高坛，只要管辂手中宝剑轻轻一抹，就能结果司马攸的性命。因此司马昭不敢轻举妄动，只是再度搭弓抽箭对准管辂，口中大声道："管辂，你若是识时务就放了小儿，我留你一条性命！"说着，他又是一箭射出，这一次却是射中了管辂的左腿，让他摇晃着半跪在高坛上。

"管辂区区性命，本就不足挂齿。"高坛上的术士虽然模样狼狈，一双精亮的眼睛却依然盯着头顶的星空。只差一刻钟，六凶星就要入主紫微宫了，届时一场千百年来前所未有的大劫就要缓缓展开，整个天下都会慢慢滑进无穷深渊。可是如今尽管他竭尽所能，甚至不惜背上残害无辜的罪名，禳星之术还是被生生打断，看来想以人力扭转天命，必是无法实现了。

可是，还有最后一丝希望！管辂低头看了一眼蜷缩在高坛上、犹如受惊小鹿一般的司马攸，脸上悲悯的神色渐渐冰冷。

"侯爷想必还记得，十天前我对你说的话。"管辂用剑撑地，勉强站起了身子，居高临下地看着下方的司马昭，"司马家承袭天命，必为天下之主，然而司马攸这个孩子却身负六凶星相，将来必定殒身、灭家、亡国、乱天下。所以我劝侯爷忍痛割爱，以他为牺牲行禳星之术，以免亘古未有的浩劫。"

"一派胡言！我司马家忠心侍奉魏家天子，你竟说出如此大逆不道的话，休怪我箭下无情！"此时大将军司马师刚刚废黜了魏帝曹芳，另立曹髦为天子，天下人虽不敢明言，暗地里却流言纷纷。司马昭见管辂竟在大庭广众之下说出司马家必为天下之主，一时间的惶恐竟盖过了对司马攸的担忧，"何况我家桃符本性仁孝纯良，又有大将军亲自教导，怎么可能变成你口中祸乱天下的奸臣！当日我不计较你的胡言乱语，如今你竟敢劫走桃符行巫蛊之事，罪不容诛！"

"天道迢迢，阴阳轮换，此中机缘岂是你我凡人所能预料的？"管辂见天上六凶星即将进入紫微宫，不由得摇头叹息，眼泪怅然而下，"如今老夫禳星之术已破，唯一拯救天下的机会便在侯爷身上。侯爷的命格贵不可言，若能亲手射杀此子，还有改变天命的可能。届时不仅中原百姓免除倒悬之苦，司马家的天下也能国祚绵长。侯爷别忘了，《玄石录》中早有谶语……"

"住口！"潘岳到底年纪小沉不住气,见司马昭只是阴沉着脸静静聆听,只怕他会信了这术士的话亲手射杀司马攸,便忍不住大声开口,"谶纬之学原本就是旁门左道,最容易被别有用心的人用来左右天下大势,当年王莽不就是靠谶语篡汉夺位的吗?你如今想凭借谶语让侯爷射杀亲子,简直有悖人伦!以侯爷的高瞻远瞩,怎会听你妖言惑众?"

"檀奴!"见他一口气说了这么多,潘苨阻拦不及,只能忐忑观察司马昭的脸色。见司马昭意态平静,嘴角还隐含一丝笑意,潘苨的心这才放了下来。

管辂没料到自己孤注一掷的规劝竟会被一个小孩子打断,又惊又怒,盯着潘岳使劲看了看,不由得冷笑一声:"这位小公子真是一顾倾人城,再顾倾人国。却不知倾城与倾国,也是败家灭门的不祥之兆?"

此言一出,潘苨的脸顿时铁青。他一路盘算着要请管辂为潘岳相面,好借助他的吉言为潘岳的前程铺路,却不料管辂一开口,竟是如此刻薄恶毒之语。愣怔了一会儿,潘苨才怒不可遏地呵斥:"倾城倾国乃是形容女子,我家檀奴堂堂男儿,怎么能用这句话?"

管辂却不再理会潘苨。见说服不了司马昭,而天穹中的六凶星已经入主紫微宫,他顾不得自己身受重伤,拼着最后的力气,举起手中宝剑就朝司马攸刺去,口中还对坛下大声命令:"众弟子助我,铲除凶星!"那些黑衣弟子原本都抱着扭转天命、匡扶民生的志向,此刻听师父发令,当下挥舞刀剑就要拥上高坛!

管辂原本打算拼着垂死一搏,先杀掉司马攸再说,不料眼前一黑,竟是高坛上所有的铜灯齐齐熄灭。待到几个黑影冲上第二层高坛时,原本躺在九盏铜灯之间的司马攸已经踪迹全无!

司马家的手段,果然不同凡响!管辂灵台瞬间清明,意识到就在方才司马昭和潘岳吸引了自己全部注意力之时,司马昭手下死士趁着夜色掩护,无声无息地杀掉了被高坛遮蔽的部分弟子,从自己后方抢上来救走了司马攸。随后，管辂只觉得胸中一凉复又一痛，原本摇摇欲坠的身体终于颓然倒塌。最后的视线中，他只看见有死士抱着那个身负六凶星命的男孩，解开他的绑缚，交还到了司马昭手中。

"所有妖人，杀——无赦！"司马昭抱着儿子软绵绵的小身体，冷然下令。

下一刻，原本祈天禳星的法坛变成了屠场，被士兵砍杀而死的黑衣弟子们发出了痛楚的惨叫。然而就在这片惨叫渐渐平息之时，一个夜枭般阴冷凄厉的声音却从第二层高坛的中心传来，那是垂死术士用最后的生命凝结出的预言：

"木摧于秀，兰烧以薰。神州陆沉，华夏无君！"

这声音虽然微弱，却也足以让站得最近的几个人听得清清楚楚，让司马昭和潘芷都无端地打了个冷战。司马昭固然烦躁不安，潘芷心中也无法平静——无论檀奴还是桃符，他们的名字里都带着个"木"字，而'檀'更如兰一般带着薰香。那管辂这最后的预言，究竟与潘岳有没有关系？

"把这里的痕迹清理干净。今日之事，谁都不许外传，违者夷三族！"司马昭用大氅将司马攸冰凉的身子裹紧，森然下令。

"是！"数百名士兵齐齐躬身应答，将林间好不容易落下的鸟雀再次惊飞。

司马昭正要拨马回奔，却发现司马攸悄悄伸出一只手摸了摸自己的衣襟，口中喃喃地叫着："爹爹……荃姐姐还好吗？"

"叫叔父。"司马昭皱了皱眉头提醒，要是大哥司马师听到，又该不高兴了。"你荃姐姐很好，只是被那些妖人暂时打昏在地，现正在她自己家里休息呢。"司马昭疼惜地看着儿子惨白的小脸，把他想知道的答案一股脑儿告诉他，"我见你出府不归，便安排了士兵四处封路搜查，正好撞见你带的侍卫重伤垂死，还有一旁昏迷不醒的阿荃，这才找到了你的线索。"说到这里,司马昭一方面暗叹侥幸,另一方面却感叹管辂不够心狠手辣,妇人之仁终不能成就大事。

"爹爹,我知道你一定会来救我的,我一直在等着你……"因为失血,司马攸气息虚弱,但语气中却透着骄傲和兴奋。

"记住,你的爹爹,是当朝的大将军,不是我。"司马昭意识到司马攸的固执,故意沉下了脸。有大哥司马师在,他司马昭永远只能活在大哥的荫蔽下,所以让司马攸过继给大哥作为嗣子,日后继承整个司马氏的家业,对这个孩子才是最好的选择。

"我只在这里叫爹爹,回去就不叫了,别人都听不见。爹爹,爹爹,再抱紧我些……"司马攸调皮地笑了笑,将脑袋往司马昭怀里拱了拱。孩子筋疲力尽却又心满意足的模样,让心肠一向冷硬的司马昭也蓦然动容。他暗暗下定了决心,无论付出什么代价,也不能让管辂的妖言影响儿子的未来。

"侯爷,二公子没事吧?"潘芘带着潘岳策马追上司马昭,关切地问。这位高都侯是司马氏的第二号人物,潘芘为了仕途打算,自然希望能结交到这样的豪门权贵。

司马昭蓦地横过眼睛,让原本兴冲冲的潘芘立刻勒住了马,脊背蹿上一股凉意。就在这个时候,司马昭怀中的司马攸却突然转过脸朝潘岳甜甜一笑,声音软糯地对司马昭道:"叔父,以后能不能让檀奴和我一起读书?"

"檀奴?"司马昭的眼睛落在潘芘身前的男孩身上。不可否认,方才潘岳大胆斥责管辂的一幕,在他心中留下了深刻的印象。

"小儿檀奴,大名叫作潘岳,字安仁。"潘芘连忙回答。

司马昭看着潘岳清秀绝伦的小脸,心中一瞬间翻过了好几种念头。最终,他掠过怀中司马攸满是期待的神情,点了点头:"过两天就让檀奴到大将军府,给桃符做个伴儿吧。"

"多谢叔父！"司马攸大喜，原本因为伤痛疲累而黯淡的眼睛也倏地亮了起来，仿佛两颗暗夜中的星星。

司马昭的心里暗叹了一声，摸了摸司马攸的头，随即抛下潘家父子，催马直奔洛阳而去。

潘岳被选入大将军府，作为大将军司马师嗣子司马攸的伴读。这个消息对于刚刚在洛阳落脚的潘家而言，无疑是天大的好消息。然而面对喜气洋洋的父母，八岁的潘岳却显得有些抗拒。在母亲喜滋滋地为他量身裁剪新衣之时，潘岳终于忍不住开口问："我能不能不去大将军府？"

"为什么？"邢夫人惊讶地看着早慧的儿子。

"我不知道……"八岁的男孩局促地扭着自己的衣带，"我只是有点怕……"

"檀奴没去过大将军府，开始自然会怕的。"邢夫人不等潘岳说完，笑着安慰，而一旁的潘芘则闻声过来，板着面孔道："小孩子说什么傻话？你可知道成为大将军府嗣子伴读，是多少世家子弟求也求不来的福分？一旦进了大将军府的门墙，你长大以后的仕途不可限量，我潘家的门楣也要靠你来光耀了！"

听父母这样说，潘岳只是低下头没再开口。他没有告诉父母亲，他不是怕进入陌生的大将军府，而是怕高都侯司马昭眼中冷冽的神情。在邙山的夜里，那种刀一般锋锐的神情虽然只是在自己身上一掠而过，却让男孩觉得自己像一根镰刀之下的小草，不知何时就会被拦腰割成两段。

然而他的抗拒终归是无效的，就算他的父母意识到同样的危险，他们也不敢违背司马家的命令。于是三天之后，穿着簇新夹棉襦衣的潘岳被父亲送到大将军府，独自走进了设在后府的学堂之中。

学堂里早已聚集了五六个衣着华贵的男孩,大的十三四岁,小的七八岁,都是洛阳城里各显赫世家的子弟。他们显然知道今天会多一个同窗,见到潘岳进门,都十分热情地迎了上来。

潘岳的眼睛在课堂内一扫,并没有看见司马攸,便垂下眼帘,向各位同窗见礼。他本就生得粉妆玉琢,举止又温文有礼,顿时引来众人一片啧啧称赞,当下就有人笑道:"韩寿,以前别人总是夸你俊俏,现在潘家小公子一来,你可就被比下去了!"

叫作韩寿的男孩和潘岳差不多年纪,听了以后也不恼怒,反倒欢欢喜喜地上来拉潘岳的手:"既然我们两个长得最好看,以后就做好朋友吧!"

"潘小公子初来乍到,我们可别吓着他。"眼看潘岳窘迫得红了脸,一个名叫夏侯湛的十二三岁少年最是老成懂事,当下温言细语地打破了尴尬,招呼大家坐回自己的座位上。

此刻尚未到开课时间,大将军嗣子司马攸和授课的夫子都还不见踪影。就在潘岳拿起书案上一本《礼记》胡乱翻阅的时候,一个宦官模样的人忽然从后门悄悄蹩进了课堂,在潘岳耳边悄声道:"请潘小公子随我来。"

潘岳转过头,见那宦官十八九岁年纪,脸上带笑,一双眼睛透着无比的精明。他虽然不敢拒绝大将军府中人的要求,却也多了个心眼儿,站起身恭谨地问:"请教常侍贵姓高名?"

"我叫董猛,是奉侯爷之命来请潘小公子的。"那自称董猛的宦官见潘岳面露犹豫,想要伸手来拉潘岳的胳膊,却被潘岳闪避开去。

"劳烦常侍领路。"潘岳知道大将军府蒙天子特诏可以豢养宦官,处理的都是一应内宅事务,当下心中有些忐忑。他见夏侯湛和韩寿此刻都转过头来看着自己,便朝他们友好地笑了笑,跟着董猛走出了课堂。

董猛领着潘岳一路往前,不一会儿穿过花园,来到一处僻静的小院中。但见这里树木葱茏，草叶润泽，隐隐还有流水之声，却不知是从何处传来。

"人带来了。"董猛领潘岳进了门，对一个四十多岁的仆妇点了点头。那仆妇心领神会，待到看清潘岳的模样，眼中闪过一丝不忍之色，却也没说什么，只招手让潘岳跟自己进了内间。

内间里放着一个巨大的浴桶，比潘岳的身材还要高些。那仆妇见潘岳面露疑惑，强颜笑道："按照大将军府的规矩，为二公子做伴读首先要沐浴薰香，以免时疫病气会传染了二公子。现在就请小公子沐浴吧。"一边说，一边就来解潘岳的衣带。

"不，我在家里洗过澡了。"潘岳后退了两步，紧紧抓住了自己的衣带。被仆妇的手一碰，刚才还温文尔雅的男孩一瞬间仿佛变成了一只幼兽，警惕地看着面前陌生的大人。

"还是个小孩子，怕什么羞？"那仆妇心中有些焦躁，径直走上来脱潘岳的衣服，"你还小，没有旁人伺候，自己怎么洗得了？"

"不要，不要，放开我！"某种可怕的感觉如同毒蛇蹿出，让潘岳蓦地挣扎起来。他死死揪住自己的衣襟，在仆妇翻飞的胳膊中恍如一条小貂般乱窜。那仆妇追了一阵好不容易扯开了潘岳的外袍，却被拼命反抗的男孩在手腕上狠狠咬了一口，终于忍不住朝外面高声道："来人，快来帮我抓住他！"

"一个小崽子都制不住，你有什么用？"董猛听到动静，从外间掀了帘子进来，却被潘岳瞅了个空隙，猛地从他身边蹿了出去。

赶紧逃离这里！八岁的男孩脑子里只剩下了这一个念头，慌不择路地朝着前面的花园跑去。不用回头他也知道，董猛正迈开大步朝自己追了过来，说不定下一刻，自己就会像一只小鸡一样被他抓在手中，然后拔光羽毛淹死在那个一人多高的大浴桶中。

草木扶疏的花园小径前方，忽然多出来了一个巨大的荷花池。此刻尚未开春,荷叶尚未萌芽,只有去年的残梗如同光秃秃的旗杆一样戳在水面上。潘岳正打算绕着荷花池跑开,忽听对岸传来一声惊呼:"檀奴?"

潘岳猛地抬头,正看见司马攸穿着一身月白色的棉服,头发梳得整整齐齐,就仿佛一个精致的瓷娃娃一般站在荷花池对岸,他的身边还簇拥着好几个侍从。

就在这一愣神的工夫,董猛已经从后面追了上来,仿佛收势不住一般撞在了潘岳身上。下一刻,潘岳只觉得一股大力在自己腰间一推,当下身子腾空飞起,径直掉进了泛着冰碴的荷花池中!

"啊!"对岸的司马攸一声惊叫,指着董猛叫道,"是你把檀奴推下去的!"

"二公子明鉴,奴婢只是一时不小心撞到了潘公子。"被司马攸撞破了自己的小动作,董猛赶紧跪下请罪,然而他的语气中却毫无惊慌。

"我不管你为什么,赶紧下去救人!"司马攸见潘岳此刻正在冰冷的池水中挣扎,急得满脸通红。

"二公子,奴婢不通水性,爱莫能助啊!"董猛跪在对岸,好整以暇地回答。

见董猛一副死猪不怕开水烫的怠懒模样,司马攸急得转过身,朝自己身后的侍从们喊道:"你们快下去救檀奴,救上来我有重赏!"

"二公子,我们也不通水性……"几个侍从低下头向后退开,口气虽然恭敬,面色却都十分古怪。

"你们,你们是存心要他死吗?"司马攸见水中潘岳的挣扎幅度越来越小,身不由己地朝池底沉去,急得眼泪都流了出来。然而不论他如何喝骂恳求,整个大将军府中都没有一个人愿意跳下荷花池救回潘岳,众人只是静静地站在荷池四周,仿佛围观着落入陷阱的猎物如何吐尽最后一口气。

满眼的泪光之中,司马攸恍惚看见了爹爹司马昭的脸。那张脸隐藏在花木的阴影中,冷酷决绝,毫无怜悯地看着荷花池中发生的一切。就在那一刻,司马攸恍然明白了司马昭的用意,只觉得一阵阵寒意潮水般从四面八方涌来,顷刻间就淹没了他的头顶。

此时此刻,潘岳也听见了司马攸的呼唤,但那声音太遥远太不真实,仿佛只是他脑海中浮现的幻觉。他努力想张开嘴呼救,一开口大股的水流却涌了进来,直呛入肺腑之中,引发烧灼一般无法忍受的疼痛。他本能地伸出手求助,可无论手指怎么摸索,抓住的永远都是冰冷的池水。

最后一次挣扎着探出头的时候,潘岳感觉自己迎上了一道目光。那目光如同闪电一样犀利,顷刻间穿透水面刺入他的体内,让他情不自禁地瑟缩颤抖——那是曾经率领千军纵横驰骋的上位者的目光,绝非一个八岁的小小孩童所能承受。在那鹰隼一般的目光下,他只是一只小小的雏鸟,失却了所有的庇护,只能眼睁睁地接受自己残酷的命运。

那是高都侯司马昭的目光。

原来这一切,都是司马昭的安排。潘岳恍惚明白了一切:让自己进大将军府担任伴读原本就是司马昭的圈套,就算自己没有被害死在浴桶中,也会溺毙在这方荷花池里。无论采用什么方法,司马昭的计划中一开始就没有自己的生路。

"以后进了洛阳,你们都给我小心些。那里满是高官贵胄,一旦出事,就是爹爹我也护不了你们。"父亲潘芘在进洛阳之时的告诫又在脑海中响起,让潘岳越发感到冰冷和绝望。一个小小的伴读在大将军府中意外死亡,原本也不是什么大不了的事情,潘家门第不高,更是不敢多问一句。在达官贵人的性命都常常朝不保夕的乱世,一个八岁孩童的死,根本就无足轻重。

如今他终于知道，在这个等级森严的世上，就是父母也无法依靠。可自己究竟做错了什么，竟引来司马昭如此深重的杀意呢？唯一的解释，就是邙山那一夜……

潘岳想不下去了。挣扎中他的发髻散开，头发像水草一般在水中散佚，遮住了头顶的天光，也遮蔽了他的一切感觉。他渐渐放弃了挣扎，安静地躺在一人多高的水池深处。水仍然不断地从他的口鼻中涌入体内，但他已经不会再感到难受。溺水太久的人，除却刚开始的惊慌，后面会变得越来越平静：身体仿佛化成一片落叶，随着水流缓缓漂荡，而意识也会变成一块糖果，在平静的甜蜜中渐渐消融……

就在潘岳准备沉入那片无知无觉的黑暗时，身边的水波突然一震，一双手臂紧紧箍住了他的身子，仿佛生根一样牢不可破。与此同时，一个稚嫩朦胧的声音也钻进了他最后残存的意识："檀奴，他们不救你，我救你！"

是司马攸。可是他人小力弱，又怎么救得了自己呢？潘岳的脑中恍恍惚惚闪过这个念头，本能地反手紧紧抱住了对方。

他抱着的身体幼小荏弱，却带着让人心安的绵实和温暖，就像他们被管辂的弟子关在简陋的土洞里，两个人挨着取暖时一样。黑暗冰冷的世界里，连平素最信赖的父母家人都已消失不见，唯一可以依靠的，只剩下怀抱中那个微温的身体，提醒着他还不曾被整个世界抛弃。

原来在这世上，还是有人不顾尊卑不顾生死来救自己的……潘岳冰冷的身体中仿佛涌入了一股暖流，让他的唇角情不自禁地勾出了一个笑意。

醒来的时候，潘岳发现自己已经躺在家中的床上，穿着舒适干燥的中衣，盖着温暖柔软的被子。就仿佛在大将军府中经历的一切，只是一个太过逼真的噩梦。

"檀奴！"母亲邢夫人的声音蓦地在耳边响起，带着无法抑制的哽咽，"你可吓死娘了！"

潘岳在枕上轻轻转头，顿时看见了母亲深黑的眼圈。听着母亲一迭声地打发人去叫父亲潘芘和兄长潘释，潘岳努力地发出声音："我怎么……回家了？"

"你失足掉进了大将军府的池塘里，是二公子跳下水，亲自把你救上来的！"邢夫人庆幸地抚着胸口，"大夫说醒过来就没事了，否则你让娘怎么活？"

失足落水？潘岳忽然想起那道冷冽的带着杀意的目光，那些在岸上默默围观自己的人群，还有那个紧紧抱着自己的温暖的小身子……他皱眉忍过了一阵阵袭来的头痛："桃符他怎么样了？"

"不知道，大将军府的马车送你回来时，没有多说……"邢夫人刚说到这里，潘芘已经闻讯走了进来。他走到床边看了看儿子茫然枯寂的眼睛，终于忍不住问出了盘桓良久的疑问："檀奴，你真的是失足掉进池塘里的吗？"

潘岳抬眼看着父亲憔悴的脸，明白父亲定然已经猜到了端倪。可是他仍旧不明白，既然司马昭已经对自己起了杀心，为什么还会好好地把自己送回家来？这个问题对八岁的孩子而言太过深奥，于是潘岳只是疲倦地点了点头，没有多说什么。

虽然在冰冷的池水中受了寒，但在家人的精心照顾下，潘岳的身体一天天好了起来。躺在床上发呆的时候，潘岳常常会想起司马攸，想起那个在绝境中让他感到勇气和善意的拥抱。他想自己以后大概很难再看见那个男孩了，高都侯司马昭能放过自己一条命已是侥幸，怎么可能重新让自己担任大将军嗣子的伴读呢？

然而就在他醒来的第四天夜里，大将军府的马车重新停在了潘家新租的宅院前。

"小人奉命,请潘岳小公子入府。"大将军府的管事用词虽然客气,口气却绝对不容拒绝。

"敢问大将军为何连夜宣召小儿?"潘芘这些日子一直心神不宁,此刻更是忐忑不安,迫不得已赔着笑脸打听。

"主人有令,小人们只是奉命执行而已,还望潘府君见谅。"管事显然不愿意透露更多,只是不断催促潘岳上车。

"娘,我怕……"无际的恐惧再度在潘岳心中蔓延开来,他紧紧抱着邢夫人不肯放手,生怕这一去就再也无法回来。

"别耽搁了,快去吧。"潘芘见邢夫人落泪不止,就仿佛生离死别一般,忍不住跺脚叹道,"不论大将军府是为了什么宣召檀奴,为了潘家满门,他必须得去!"说着,他用力掰开潘岳抱着母亲的手,将他强行塞进了大将军府的马车之中。

车夫一甩马鞭,马车便在暮色沉沉的洛阳城中奔驰起来。潘岳忍不住想要透过车帘去望父母的身影,同车的管事却一把拉住了他:"潘小公子不必害怕,大将军这次召你,是为了救二公子的命。"

"桃符怎么了?"潘岳一惊,脱口问道。

"这个,你去看看就知道了。"管事没有再说什么,只是不断催促着车夫,没多久就来到了戒备森严的大将军府前。

一路穿过层层叠叠的庭院和楼阁,潘岳跟着管事进入了大将军府的内宅。他惴惴不安地埋头跟上管事的脚步,几乎是小跑一般,终于走进了一间被侍女仆从团团围住的屋子。

屋内烧着火盆,温暖如春,可嘤嘤的哭泣声却让潘岳遍体生寒。他一眼看见屋内放着一张大床,雕花精致,帷帐绮丽,比自己家的床不知华贵了多少倍。可那样一张大床,反倒显得躺在上面的人儿越发瘦小荏弱,单薄得仿佛纸片一样随时都会被风吹走。

围在床前的人们自动让出道来,潘岳就那么直勾勾地盯着床上一动不动的小人儿,一步步走到了司马攸的身边。他看着司马攸紧紧闭着的眼睛、毫无血色的小脸,忍不住心中一痛,大颗大颗的泪珠滴在了司马攸胸前的被子上。

"是潘小公子吧。"一位华衣美服的妇人擦去眼角的泪水,低哑着声音对潘岳道,"桃符自从被人掳去失血过多,一直没有将养过来,这次又在水中受了寒,已经昏迷了五天,太医说今天再不醒就不中用了。他昏迷中会喊你的名字,说不定你唤唤他,能将他的魂魄给唤回来……"

"是,夫人。"潘岳后来知道这位贵妇人乃是大将军司马师之妻、司马攸的嗣母羊徽瑜,含泪点了点头。他想起自己落水之际,若非司马攸跳下水死死抱住自己,那些仆从是绝不会将自己一同救上岸的。如今自己已无大碍,司马攸却徘徊在生死线上,让他心中如何不感怀惨伤?

"桃符,我是檀奴,我来看你了。"潘岳在司马攸耳边轻声唤着,抓住他垂落在身边的左手放在胸前。那只手腕细弱得如同稚嫩的树枝,上面却突兀地横亘着一道疤痕,正是在邙山被管辂的弟子放血时割出来的。此刻司马攸的整只手冷得像冬日的寒铁,唯有那道丑陋的疤痕滚烫无比,让潘岳的心难过得都要化了。

"檀奴……"仿佛听见了潘岳的声音,深陷在大床上的小男孩睫毛颤动了几下,口中低低地回应。就在一旁守候的太医惊喜地宣布二公子脱离凶险之际,昏迷中的司马攸突然睁开眼睛,发出了一声低弱却清晰的呼喊:"救救檀奴……该死的人……是我……"

这句呓语的前半句司马攸昏迷中说过好几次,众人并不以为意,然而下半句一出口,整个房间内的人都瞬间呆了一呆,显出一种突兀的寂静来。潘岳生怕司马攸半昏半醒之际还会说出什么不该说的话,慌忙一把将他抱在怀中,贴着他的耳朵安慰道:"桃符,我没事,你先别说话……"

"都退下。"一个威严的声音忽然在室内响起,令在场的所有太医、侍从和奴婢刹那间都无声地离去,甚至连司马攸的嗣母羊徽瑜和生母王元姬也对视一眼,暂且避开。潘岳惊愕地转头,发现高都侯司马昭不知什么时候已经站在了门口。

"爹爹……"刚刚醒过来的司马攸也看到了司马昭。他费力地从潘岳的肩头望向自己的亲生父亲,断断续续地道:"我将来……会亡国乱天下,还是死了最好……爹爹不用杀人为我遮掩……若是檀奴死了,我更……更活不了……"

"别说傻话。"司马昭大步走过来,将潘岳拨到一边,重新让司马攸在枕上躺好。"管辂那个妖人的鬼话,爹爹不会信,你也不要信。"说着,他将被角在司马攸肩头掖好,轻轻摸了摸他病弱苍白的小脸,"檀奴没事的,你再睡会儿吧。"

得了司马昭的承诺,司马攸心下一松,再度虚弱地闭上了眼睛。司马昭叫来太医,见屋内伺候的众人陆续回来,便对依旧跪在床边的潘岳道:"你出来。"

潘岳跟着司马昭走出房间,来到院后一个僻静的角落中。他忐忑偷窥了一眼司马昭的神情,见他的眼神依旧锋锐冷酷,顿时垂下头不敢直视。此刻潘岳已经明白,如果不是顾念着司马攸垂危的病况,无论五天前还是现在,高都侯司马昭都不会让自己活着离开大将军府。

司马昭并不说话,只是静静地盯着面前羔羊般柔弱的小男孩。他一向心冷如铁,为了自己和儿子的利益宁可杀错也绝不放过。可当他命宦官董猛毫无痕迹地将潘岳溺死时,他最寄予厚望的儿子却不顾生死跳下寒塘,即使被仆从救上岸时已经丧失了神志,也依然紧紧抱着潘岳不肯放手。这两个孩子的命运,就仿佛两株紧紧交织在一起的藤蔓,若是强行分开,只怕对双方都有损伤。

"君侯……"见司马昭迟迟不开口,潘岳知道自己的生死就在他一念之间，鼓起勇气道，"管辂的妖言，我一个字也不信的。"

"你不信，我也不信，但是只怕有人会信。"司马昭冷冷地回答。司马攸是大将军司马师的嗣子，以后必定要接替司马师的位子，成为整个司马家，整个魏国，甚至整个天下的主宰，所以司马昭绝不允许任何可能的谣言影响司马攸的前途。但凡挡在他父子前方的人，哪怕只是无辜路过，他也一个都不会放过。

"君侯不必为难，二公子对我恩深义重，我绝不可能将管辂的妖言外传。潘岳今后，必定忠心守护二公子的安危，绝不让任何人伤害他！"潘岳说到这里，不知如何表达自己的诚意，想了想只能将手指横在唇边道，"侯爷若是不信，潘岳可以啮指盟誓！"

"盟誓就不必了。"司马昭一代枭雄，自然不屑于小孩子的誓言。实际上，能让这位铁石心肠的侯爷改变主意的，乃是两个孩子在生死之际紧紧相拥的情意。让素有"神童"之誉的潘岳日后忠心辅佐司马攸，其实比杀了他更对自己父子有利。至于潘芘，有了这次潘岳的教训，应该已经知道如何管住自己的嘴。

"记住，桃符虽然把你看作朋友，你心里却不可忘了君臣之分。"临到最后，司马昭补充了一句，"若是再让他为你涉险，我绝不饶你！"

"是。"潘岳垂头应了，终于还是忍不住小声嘀咕了一句，"其实朋友之情，会比君臣之分更持久坚定吧。"

对于潘岳的誓言，司马昭并没有太在意，毕竟管辂那"殒身、灭家、亡国、乱天下"的预言太过骇人听闻，未来世情转换，人事更迭，人心更是难以预料。然而司马昭却没有想到，这个誓言果真伴随了潘岳和司马攸的一生，哪怕风雨摧折、遍体鳞伤，始终生死与共、不离不弃。

第 二 章

檀 郎

焕若隋珠擢重渊，灼若列星出云间。

——潘岳

九年之后的洛阳道，依旧和潘岳进京那年一样，人来人往，络绎不绝。每个人都有自己必须来到洛阳的理由，也有自己必须离开洛阳的理由，石崇也不例外。

将疲惫的马匹交给驿卒去喂草料，石崇拍了拍因为长途跋涉惹来的满身风尘，走进驿馆内坐下，很自然地感受到旅客们朝自己投来的惊羡目光。

这种目光，石崇一向是习惯的了。他是英姿勃勃的少年郎，身材挺拔，面容俊美，加上腰间一把镶金缀玉的七尺宝剑，更显得目若朗星、神采奕奕，走到哪里都是人们目光的焦点，除了——

石崇闭了闭眼睛，压下心中的不平，正想唤驿卒送上饭菜，却隐约听见邻桌两个食客悄声议论着自己："这位小哥仪表非凡，今天的洛水边上，怕是更要热闹了。"

"话是不错，但我看他再怎么出众，也盖不过檀郎……"另一个食客刚说到这里，忽然发现石崇正侧头望着自己，不由一愣，赶紧住了口。

见他们尴尬，石崇爽朗一笑："二位刚才提到洛水，却不知今天有什么热闹？"

"公子难道忘了，今天是上巳节。"两个人见石崇衣衫华贵，腰佩宝剑,必定是仗剑游侠的世家公子,语气顿时十分恭谨。

"原来是上巳节了。"石崇心中苦笑了一下。三月初三,上巳节,距离离开她,已经三个月了。自从得知她去了洛阳,这一个月来,他风餐露宿,甚至舍弃了舒适的马车而换成单骑,就是为了尽早来到洛阳,尽早看到她……不,也是为了尽早看到那个人。看他,盛名之下,其实难副。

"公子是从很远的地方来吧?"一个食客见气氛再度尴尬,生怕石崇怒气未消,只能没话找话。

"嗯,从荆州来的。"石崇说到这里,眼睛忽然一抬,重新焕发出少年人的夺目神采,"刚才你们提到什么檀郎,是不是大名叫作潘岳的?他真的有传说中那么美吗?"

"檀郎确实就是潘岳……"两个食客面面相觑,斟酌了一下才回答,"其实我们也没见过他真正的面目,只是听说他俊美无双、风采绝世而已……"

"你们住在洛阳附近都不曾亲眼见过,可见传说未必可靠。"石崇倨傲一笑,也不再理会两个食客,自顾喝酒吃菜。酒足饭饱之后,他又向驿丞要了热水,洗去一身仆仆风尘。待到离开驿馆时,石崇已经收拾得光鲜齐整,比来时还要引人注目。

这天不愧是上巳节。距离洛阳越近,官道上的行人和车马就越发密集,让石崇不得不放慢缰绳,随着人流车流缓缓前进。根据习俗,上巳节这一天,洛阳城中和附近的居民无论男女老幼,都要聚集在洛水河边,祭祀沐浴。人们用兰草柳条蘸水洒身,或者互泼撒满花瓣的清水,借以祛病祈福,闺中仕女们更是趁机结伴出游,遇见喜欢的男子便赠以花草瓜果,表达爱慕之情。

石崇姿容英挺,堪堪走到洛水边已经收到了不少女子送来的花草。眼看洛水边更是人头攒动、热闹非凡,他索性弃马步行,握着那些花草走进了欢乐的人群之中。

才没走多久,就有几个娇憨的少女咍咍笑着,用蘸水的柳条点在了石崇的脑门儿上。石崇一把抹去脸上的水珠,笑眯眯地对那几个少女问:"请问几位小姐,可知道潘岳在哪里?今天过节,他一定会来的吧?"

"公子所说的潘岳,就是檀郎吧?"一个少女见石崇模样,不由笑道,"公子找檀郎做什么,难不成是想找他比美的?"

"是又如何,难道本公子比不过檀郎吗?"石崇故意问。

"那好,我们带你去找檀郎,到时候你就知道比不得过了。"少女说完,几个同伴都掩着嘴笑了起来,似乎这种事情她们已经不是第一次遇见。

"那就烦请小姐们带路了。"石崇避重就轻地躬身行礼,心中暗自庆幸。看这人山人海的模样,凭自己想找到那个人,可实在不容易。

几个少女窃窃私语了一阵,含笑带着石崇往人群深处走去。走了一阵,前方果然又聚集了大批女子,个个手持鲜花香草,正笑闹着围着一个人流连不去。

领石崇来的几个少女见挤不进去,便大声喊了一句:"有人要来与檀郎比美了!"这一声颇为有效,一时间许多女子赶紧侧过头来打量石崇,人群也纷纷让出道来,露出了人群中心一个身穿白衣的翩翩少年。

石崇见那少年和自己差不多年纪,中等身高,略有些纤弱,却眉目如画、身段风流,果然是一等一的美貌。石崇只看到第一眼,就知道自己容貌远不及他,却犹不甘心,一心想在少年身上找出更多的缺陷来。

见石崇只是上上下下打量自己,那少年忍不住笑问:"看阁下的样子,果真是来与檀郎比美的?"

"洛阳檀郎,确实名不虚传。只是……"石崇忽然脸上带笑,故意顿住了。

"只是什么?"少年果然沉不住气地追问,显然对自己的容貌颇为自负。

"只是如同女人手上柔弱招摇的兰草，与在下仗剑游侠的松柏之姿截然不同。"石崇说着，摇了摇头转身离开，"久仰大名，却原来不过如此。"这句话他一路上在心底盘桓了千百次，只盼着见面时能云淡风轻地甩在潘岳脸上，如今终于说出口来，不由大是畅快，只觉得这一路的辛苦跋涉都值得了。

见他当真要走，围观的女子们不由再度嬉笑起来，有人更是快言快语地拦住了他："公子认错人了，这位可不是檀郎，是韩寿韩公子！"

不是潘岳？石崇一惊，顿时停住了脚步。而身后的韩寿也含笑走了过来，对着石崇拱手为礼："兄台气宇不凡，不知如何称呼？如果真找檀郎有事，在下可以代为引见。"

见韩寿彬彬有礼，一派洛阳子弟的清贵气象，石崇也不愿失了风度，赶紧还礼："在下石崇，从荆州而来，确有要事需见檀郎一面。"

"荆州？"韩寿若有所思。

"不错，在下是从荆州杨肇杨刺史那里来的。"石崇见韩寿的神色更加关切，心知事情有了希望，"只不知檀郎今日是否也来了洛水？"

"他确实是来了，不过……"韩寿看了一眼周围往来如织的游人，小声道，"他不敢太张扬，现在肯定是在哪里躲着呢。"见石崇面露失望之色，韩寿又笑道，"没关系，兄台既然是从荆州杨家来的，我一定能带你找到他。"说着，带石崇离开了人群，向着游客稀疏的北边走去。

方才他们经过的是平民百姓的踏青之处，而高门世家自恃身份，不肯与庶人混杂，便专辟了一块河岸，搭建起许多步障。所谓步障，乃是将木柱立于地上，木柱之间牵拉绳索，再悬挂以绢帛之类作为幕布，用以遮蔽风尘，也防止闲杂人等偷窥。

韩寿带着石崇一路查看，终于兴奋地朝前一指："看，那是檀郎家的马车，他一定就在附近！"

石崇的心突突跳动起来,他顿时加快脚步,走到了韩寿的前头。而就在这个时候,马车后转过来一个身穿玄色长袍的少年,正在指挥几个仆人架设步障。

听见脚步声响,少年转过身来,石崇眼前顿时一亮。这个玄衣少年双十模样,比石崇和韩寿略大两三岁,眉目间脱去了少年的稚嫩妩媚,越发显出年轻男子的疏朗清俊。更难得的是,这个少年气质典雅,年纪轻轻已有当世所推崇的名士风范,恰如空山新雨,让人一见忘俗。

原来……这才是真正的檀郎!难怪她曾经说过,檀郎不仅有一副绝世的容貌,还有无人可及的锦绣才华,当年不过十二岁,就早已有神童之称,更被她的父亲誉为国士无双。一念及此,石崇忽然有些心灰意冷。

"这位是……"玄衣少年见石崇的眼神忽惊忽忽,不由把询问的目光投向了赶来的韩寿。

"这位是石崇公子,从荆州杨府来的!"韩寿说完,转向石崇笑道,"石公子不会又把他当作檀郎了吧?"

"在下夏侯湛,并非檀郎。"那玄衣少年性情最是温润柔和,当下赶紧表明身份,朝石崇行礼。

石崇强压着心头的不耐向夏侯湛回礼,眼睛却死死盯住了夏侯湛背后遮蔽得严严实实的马车:"敢问潘岳潘公子在哪里?"难道,潘岳就像个女人一样躲在车厢内,生怕外人见到吗?

"潘岳在此。"石崇话音刚落,车帘已被人从里面掀开。下一刻,一个人影便从马车上走了下来。

待到看清面前的人影,石崇只觉得心中被铁锤大力一敲,一时竟说不出话来。若说韩寿是皮秀,夏侯湛是骨秀,那面前的这个少年就应称之为神秀。明月出海,漫天星辰顿时黯然无光。

"石崇公子是从荆州杨府来的?"潘岳似乎早已习惯了人们乍见自

己的惊诧,只是礼貌而又关切地问。显然,"荆州杨府"四个字对他而言,有着与众不同的分量。

"不错。"石崇回过神来,撑起自己所有的傲气,向着面前的潘岳神秘一笑,"潘公子,我有一件要紧事要告诉你。"

见石崇的眼睛斜斜瞥向夏侯湛与韩寿,潘岳会意:"请车上叙话。"说完与石崇一起钻进了马车,放下了遮蔽的车帘。

"石公子前来,究竟所为何事?"见石崇一直不开口,一双精明的眼睛只是上上下下打量自己,潘岳感到有些不自在,轻咳了一声。

石崇回过神,面上露出倨傲的神色:"你知道我是谁吗?"

潘岳微微一愣,随即释容一笑:"久闻镇守淮南的征东大将军膝下第六子名唤石崇,不知是否就是阁下?"

"你居然知道我?"石崇此刻尚未出仕,一向只在南方仗剑游侠,顿时震惊于远在洛阳的檀郎竟然知道自己的来历。不过他也是聪明人,想了想随即恍然,"你是二公子一党,自然对我父亲颇为关注。"

潘岳轻轻一笑,没有否认。石崇的父亲石苞出身寒微,全靠前大将军司马师一手提拔到了如今一方诸侯的地位。如此重要的角色,他怎么可能不了解?

"如今大公子和二公子的夺嫡之争已经摆上了台面,双方都想争取更多的朝臣支持。"石崇朝着潘岳前倾起身体,"如果你能为二公子争取到我父亲的协助,是不是就可以立下大功呢?"

"这是自然。"潘岳看着石崇晶光闪烁的眼睛,声色不动,"不过需要我做什么,还请石公子明示。"

"和我做一个交易。"石崇笑了笑,他知道自己抛出的诱饵太诱人,潘岳已经动心了。毕竟二公子司马攸虽然是前大将军司马师的嗣子,可现任大将军司马昭的嫡长子却是大公子司马炎。两位公子都具备继承大将军位置的合法性,可未来的大将军只有一个。一步之遥,就是天渊之别。

"什么交易？"潘岳问。能用自己最关心的二公子作为筹码，这个石崇果然不简单。

"各取所需的交易。"石崇顿了顿，终于说出正题，"我说服父亲支持二公子夺嫡，而你——和杨家退亲。"

"你喜欢杨家小姐？"潘岳恍然一笑，莹润的面孔在晦暗的车厢内熠熠生辉，"你想娶她？"

"对，今生我非她不娶。"石崇避开潘岳的脸，笃定地点了点头。这是遇见她之后，他苦思多日想到的唯一出路。父亲石苞手握重兵，多年来占据淮南富饶之地，他的支持，对于二公子司马攸不啻一个举足轻重的筹码。而潘岳若能立下这个功勋，必能一辈子仕途无忧，连带潘家一门都会荣宠无限，这对于想要建功立业的男人来说，是无论如何也无法抗拒的诱惑。

"我明白了。"潘岳继续笑着点头，忽然掀开车帘，向石崇做了个请的手势，"石公子可以回去了。"

"你什么意思？"见潘岳脸上犹自带着无懈可击的笑容，语气却明明白白带着寒意，石崇的脸腾地红了，"你不想做这个交易？"

"石公子的条件确实很优厚，可惜——"潘岳低下头轻笑，含着不屑一顾的轻蔑，"无论什么情况，我都不会用她来做交易。"

"你！"石崇气急，指着潘岳道，"你只是五年前见过她一面，连话都没有说过一句，现在就算她站在你面前，你也认不出她来了。在我面前装什么情深义重，岂不是太虚伪可笑了吗？"

"我不敢猜测石公子对她的情意有多么深重，可你既然想用她做交易，就证明你配不上她。"潘岳终于不再掩饰自己的傲气，再度朝车厢门口伸了伸手，"石公子请。"

潘岳的姿容本就绝美，此刻露出淡淡的嘲讽睥睨之态，更是恍如下凡的神祇，迫得石崇心中一紧，才发现原来潘岳所谓的低调内敛都是幌子，这个人的骨子里其实比任何人都清高张狂。石崇只觉得满腔怒火无处发泄，蓦地一把抽出腰间宝剑，唰唰两剑便将车帘割下，口中笑道："她现在就在欢庆上巳节的人群中。你既然自认配得上她，就把她找出来吧！"说着他纵身跳上车夫座位，狠狠一抽马鞭，竟驾驶着马车往前冲去。

"石公子，可开不得玩笑！"等在路旁的夏侯湛和韩寿想要阻拦，却哪里拦得住一辆偌大的马车，只能眼睁睁地看着石崇驾驭着奔马，一直冲到了官道下方的洛水河畔。

此刻河畔都是踏青沐浴的过节人群，石崇无法前行，索性停住马大喊了一声"檀郎在此"，便跳下马车混入了人群。他是家中幺子，从小受父母宠溺，心高气傲，这两年游侠四方也是快意恩仇，随心所欲，此刻若不行此恶作剧，又哪里能平息这一个月，不，是认识她三个月来被潘岳打压的懊恼？

仿佛一颗石子投入湖水，随着石崇的这声高呼，顷刻之间，四面八方的人们都朝着马车的方向望过来。有人快步跑到失去了车帘的马车前，只举目一望，就惊喜地大声叫道："是檀郎，真的是檀郎在这里！"随着一声又一声的惊呼，越来越多的人朝着马车拥来，就仿佛马车所在之地形成了一个漩涡，拖动着周围的人群如流水一般源源不断倾泻而下。

"你不是遮遮掩掩怕人看见吗？我就来帮你暴露在光天化日之下！"石崇心中得意，身体却被周围人潮推得站不住，便奋力想挤到外围去，正看见韩寿带着奴仆们也挤了进来，却根本无法前进一步。

"石崇，你这个卑鄙小人，看我以后怎么收拾你！"韩寿气得俊脸发红，踮着脚尖想寻找石崇，却只见四周人头攒动，男女老幼五彩缤纷，哪里找得到石崇的影子？

"看檀郎,快来看檀郎啦!"源源不断拥来的人群快乐得叫喊着,高举着蘸水的柳条、兰草,祈福的水滴如同小雨一般从众人头上洒落,一颗颗的桑葚、樱桃和青梅也流星般在上空划过,力图落在人群中心的马车上。而在这狂欢的人潮中,只有那辆青布油壁的马车岿然不动,仿佛一座无知无觉的小岛,连一丝最小的虫鸣也无法捕捉。

这样热烈壮观的场面,就算石崇是始作俑者,也始料未及。看样子,围观的众人不挤到马车正面去看一眼檀郎绝不离开。可人潮汹涌,这片被石崇掀起的热闹和混乱,真不知什么时候才能结束。

"闪开,都闪开!"忽然,一阵杂沓的马蹄声传来,间或夹杂着兵刃撞击的声音,却是一队盔甲鲜明的禁军冲了过来,大声呵斥着驱赶人群。

"舅舅,檀郎就被困在那辆车里!"骑在马上的夏侯湛对卫将军羊琇指明了方向。借着禁军们的威势,好不容易才疏散了围观的人群。

见马车前终于空出了道路,一直端坐不动的潘岳走出车厢,径自坐在车位上拉住了缰绳。只见他轻轻一抖缰绳,拉车的马匹便听话地转了个圈,沿着来路慢慢走了回来,而他身后的车厢内,早已经滚落了一地的水果和鲜花。

因为怕马车误伤行人,潘岳坐在马车上专注地控制着缰绳缓辔而行。春风和煦,吹动了他身上月白色的锦袍,飘飘竟不似人间情形。围观众人顿时屏住了呼吸,不由自主地联想起日御羲和、月御望舒,仿佛潘岳所驾的并非普通的马车,而是天上璀璨的日月。日月一出,天下再无光辉可与之争锋。

看到潘岳已经驶入士族所设的步障区,刚才那场闹剧应该是结束了,前来救场的夏侯湛舒了一口气。却不料马车才走了两步便又被迫停下,竟是十几个女孩钻出步障,手拉着手拦在了马前!那些女孩们个个衣饰华贵,一望都是高门世族家的小姐,就连禁军也不敢强行驱赶。

这场面，竟是比刚才千百人的围观更加难以对付了！

"羊伯伯，我们只是想让檀郎多停一会儿，您就行个方便吧。"一个长相最为美丽的女孩朝禁军首领羊琇打了个招呼，随即笑意盈盈地望向了驾车的潘岳。她的手中拈着一朵开得正盛的芍药花，用力一掷，那朵花便不偏不倚地落在了车上少年的怀中。

见她抢了头筹，其他少女也赶紧把怀中的鲜花和水果扔了过去，一时间莺声燕语，笑闹不断。而端坐在马车上的潘岳，却始终只是微笑地看着她们，一言不发，恍如一座温润而又沉默的玉雕神像，将先前隐隐闪露的棱角都掩藏在柔和的辉光之下。

"那个长得最漂亮胆子也最大的，叫胡芳，是征南将军胡奋的女儿。那个弱不禁风羞羞怯怯的叫杨芷，来自弘农杨氏，别看她平素胆子小，见了檀郎居然什么都不顾了。还有那两个穿织金翠裙的，不用说你也知道是我的两个妹妹南风和阿午。阿午那丫头被我爹宠坏了，什么事都敢做。至于南风，她知道自己长得没有其他女孩好看，就只是远远地站在外围……"一处掀开一角的步障内，一个十八九岁的少女一边张望外面的情形，一边小声地解说。

"荃姐姐，你跟我说这些做什么？"步障内的座席上，一个素衣少女放下手中的竹简，有些不耐地问。

"你这丫头明知故问。要不是为了你，我犯得着在这里偷窥吗？我和潘岳从小就认识，别人争着抢着看檀郎一眼，我才不稀罕看他！"这十八九岁的少女正是贾荃。此刻她仍旧从步障的缝隙里看着外面的情形，有些着急地道，"潘岳要走了，你赶紧过来还能再看一眼！"

"我刚才已经看过一眼了。"素衣少女不为所动，点了点自己的脑袋，"我记得他的样子了，再看也是一样。"

"哎呀，我这里没有花，要不你抓点干乌梅去扔他车里，也算是可以近距离接触接触。"贾荃仍然兴致勃勃地出主意。

"干乌梅可以治肺热久咳、虚热口渴,扔到他车里岂不是浪费了?"素衣少女眼皮都不抬一下。

"喂喂,拜托你对我们名满洛阳的美少年给点面子好不好?"贾荃一直看到潘岳的马车离开了贵族少女们的包围,终于气馁,折返回来坐在素衣少女身边,作势去挑她的下巴,戏谑道,"莫不是我们阿容害羞了?说说,觉得檀郎怎么样?"

"确实比我小时候见的那次还要好看。"素衣少女阿容侧头躲开贾荃的手指,淡淡回答。

"对呀,你们定亲的时候见过一面的!"贾荃又兴奋起来,"快说说,你们那次见面是什么情景?"

"还能是什么情景?"阿容有些敷衍地说,"那时候他才十二岁,一本正经地坐在大人们身边,我就从帘子后面出来给他和他父亲行了个礼,然后就走了。没过几天,我爹爹就带着全家离开洛阳,去了荆州赴任。"

"这也太简单了吧,别说我,外面那些你的情敌听了都不满意。"贾荃故意夸张地指了指四周,又指了指自己,"或许洛阳之大,只有我才不是你的情敌。"

"我和他只是定亲,话都没说过一句,哪里来的情?又哪里来的情敌?"阿容神色仍旧淡淡,却十分严肃,"再说,有没有情敌,并不关我的事。"

"不关你的事,那关谁的事?"贾荃无奈叉腰,心想这丫头真是看书看傻了。

"自然是他的事。"阿容随口一答,又想去看书,见贾荃仍不依不饶地靠过来,敛容微嗔道,"荃姐姐别闹了,这本《黄帝外经》是我好不容易从邱老博士那里借来的,汉文帝时的珍本,他催着我明天就要还呢。"

"什么黄帝内经外经,能比得过你的终身大事重要?"贾荃猛地伸手,从阿容手中夺过那卷竹简藏到身后,"我今天带你来,可不是为了让你到洛水边读书,而是为了让你看清楚你的未婚夫婿的!因为你爹爹五年前就很有先见之明地为你和潘岳定了亲,你可知道这天下有多少女子为这个消息痛断肝肠?又有多少女子对你既羡慕又嫉妒?若是她们知道未来的潘岳夫人对夫君还不如对一本破书有兴趣,别说她们,就连我也恨不得……"

"恨不得什么?"阿容见贾荃顿住,随口问。

"恨不得劈开你的脑袋,看看里面都藏了些什么!"贾荃气呼呼地说完,趴在案几上噘起了嘴。

阿容见她真的生了气,只好凑过来赔笑着说:"其实我刚才看得很仔细啊。檀郎……嗯,潘岳公子的外貌举止确实无可挑剔,就连他对那些女孩子们的态度,既不冷淡显得生硬,也不亲和显得轻浮,举止十分潇洒合度,所以才被称为'容止无双'。可是……"阿容忽然低下头,轻轻咬了咬嘴唇,"得这名满天下的人为夫婿,未必是我的福气。"

"这又是为什么?"贾荃急道,"我和潘岳从小就认识,他的家世人品我再清楚不过了。虽然走到哪里都被人围观,他却从未做过任何有辱名声的事情。你若是还对他不满,只怕这天下再没有一个人能入你的眼了!"

"桃李不言,下自成蹊。"阿容的眼睛落在被贾荃扔在角落的那卷竹简上,顿了顿,避重就轻地道,"他的美名如此之盛,就算行得正坐得直,只怕今后还是免不了流言蜚语。我可不愿意一辈子都搅和进这些无聊的事情里去。"

"我明白了!"贾荃忽然拍手笑道,"我还当你果真是修行得心如止水,其实心里装的全是醋吧?你不肯去看他,其实就是吃醋了,你还敢不承认？"

"承认。"杨容姬居然真的点了点头，伸手把角落里的竹简又捡回来，"与其看他在万花丛中得意的样子，不如眼不见心不烦。"

"好好好，眼不见心不烦，有本事你一辈子都不见他！"贾荃气极反笑，"那你理想的夫婿，是什么样子的？"

"情投意合，推心置腹。"阿容略有些羡慕地看着贾荃，"就像荃姐姐和司马家二公子那样。"

"可是我和桃符，却总是无名无分……"贾荃提到伤心事，忽然有些脱力。她与司马攸青梅竹马一起长大，落在别人眼中都是天生一对，偏偏大将军司马昭和自己的父亲贾充都对此视而不见。哪怕贾荃厚着脸皮去问过父亲，贾充却只是高深莫测地一笑："我的女儿，自然要嫁就嫁最好的。再说二公子今年才十六岁，大将军并不急着给他定亲，难不成阿荃不愿意多陪爹爹两年吗？"话到最后变成了玩笑，羞得贾荃不好再说什么。

最好的……贾荃知道父亲的意思。作为司马家的心腹重臣，贾充只会把女儿嫁给未来的司马家主君。而司马昭之心，路人皆知，司马家迟早会取代如今的魏家天子，那未来的大公子司马炎和二公子司马攸，迟早有一个会成为天下之主。

正因为抱着这样的心思，哪怕大公子司马炎已经娶妻生子，也不妨碍贾充的嫁女之心。当然，如果继承人是司马攸，就更加完美了。可是未来的司马家主君，究竟会是谁呢？

贾荃自以为猜中了父亲的心事，却不知贾充心中还有一个无法出口的念头：如果司马攸在夺嫡之路上输给了司马炎，那么与他联姻带给贾家的只会是麻烦，甚至是灾祸。

就在河岸上万众争睹檀郎风采的时候，一艘装饰华美的楼船正静静地停泊在洛水中心,仿佛九天之上的神人冷冷俯瞰着喧嚣凡俗的人间。

大将军司马昭此刻正端坐在楼船之内。作为魏国天下真正的主宰,即使只是依照上巳节习俗来洛水踏青祈福,他身后也簇拥着大批朝臣和司马家子弟。

众人原本正热烈地谈论着镇西将军钟会率领大军南下征伐蜀国的战果,借此机会称颂司马昭的圣德和功绩,岸上却突然传来了震天的喧哗。负责护卫的大公子司马炎吃了一惊,立刻带人奔到舷窗前,生怕发生对大将军不利的事件。

"怎么回事?"司马昭也皱起了眉头。他好不容易抛下沉重的政务泛舟洛水,原本就是为了在良辰佳节与民同乐,却不料这番平安喜庆的气氛竟会被中途打断。

"儿子这就派人去打探。"司马炎抹了一把鼻尖上的汗水,若是民众拥挤引发踩踏还好,万一是宫中的魏家天子搞出了政变,怎么事先没有听到一点动静?

楼船上的群臣们也是个个脸上变色。三年前,天子曹髦不堪司马昭专权,亲自带人杀出宫城,想要灭掉司马氏,却被贾充命人刺死。贾充虽然更加获得了司马昭的信任,司马家却也背上了弑君的罪名。如今若是再来一次天子政变,司马家会二次弑君吗?这曹家与司马家权力的天平,又该往哪边倾斜?

仿佛看穿了朝臣们首鼠两端的心态,大将军司马昭不以为然地笑了笑。他见次子司马攸也想跟着长子司马炎出船舱去查看动静,便开口叫住了他:"桃符回来。你是我大哥的嗣子,我这位子将来可是要传给你的,你一定要自重身份,学会爱惜自己。"

"是。"司马攸应了,听话地回到司马昭身边,在离大将军最近的座席上坐下。他今年十六岁,一双长眉斜飞入鬓,颇得司马昭的神韵,性格更是安静乖巧，司马昭从来都不掩饰对他的喜爱和偏重。而背对着他们的大公子司马炎听到司马昭的话，面色陡然一僵，随即狠狠咬了咬牙，推开舱门出去了。

过了一会儿，司马炎回来向司马昭禀告："父亲，已经查清楚了，并非发生了什么大事。人群涌动喧哗，只是为了争睹檀郎风采，据说抛掷的水果花卉把他的马车都装满了。"

"檀郎是谁？"司马昭原本言笑盈盈的脸陡然一沉，望向了一旁的司马攸。

司马攸一惊，赶紧跪直身体。虽然知道司马昭是明知故问，还是不得不小心回答："回禀叔父，檀郎就是潘岳。只因他小字檀奴，洛阳人便都称他为檀郎。"他自从被过继给伯父司马师后，便只能称司马昭为叔父，如今年岁大了，这声叔父已经叫得非常自然。

见司马昭脸色阴沉，而河岸上的喧哗依然一浪高过一浪，并无止歇的意思，司马炎想要开口，衣袖却被人轻轻拉了拉，侧目一看正是与自己交好的越骑校尉冯纨，便谨慎地闭上了嘴。

"原来便是这个檀郎。"冯纨止住司马炎，自己却笑着开口道，"我记得他小时候还曾经担任过二公子的伴读，后来却被大将军逐出了门墙，却不知为了什么缘故？"

"当日父亲逐他，是不喜欢他恃才放旷。"司马炎一边观察着司马昭的神色，一边状若无意地回答，"不过如今看来，这个潘岳不仅恃才还会恃貌，引得无知小民趋之若鹜，当真是放浪形骸，哗众取宠。父亲不让他和桃符相交，果然有先见之明。"

"叔父明鉴。潘岳自从离开大将军府之后，一直深居简出，谨言慎行。正因为以前也发生过类似围睹之事，他但凡出行都紧闭车帘，行事极为内敛低调。侄儿觉得今日之事，一定不是他的本意。"司马攸见冯纨和司马炎一唱一和地诋毁潘岳，不得不开口申辩。

"桃符你不是遵从父亲之命与潘岳再无往来吗？怎么又知道他一直深居简出、谨言慎行？"司马炎故作惊讶。

"桃符虽然与他素无往来，但潘岳才名太盛，洛阳众人传诵，总不免略有耳闻。"司马攸虽然不想和大哥司马炎顶撞，但也知道司马昭一向厌恶浮华，对沽名钓誉的名士风度最为痛恨，因此不得不再三申辩。

司马氏最有可能接任大将军之位的两位公子发生争执，其他人顿时不再开口。而司马昭却仿佛没有听见一样，只是手指轻轻敲击着身前的几案，眼光有意无意地从窗户望向岸边。不知为什么，那里的喧闹终于渐渐平息了下去。

冯统最会察言观色，见状连忙向司马昭回禀："刚才得到消息，是卫将军羊琇率领禁军驱散了人群。"

"居然要劳烦禁军为他开路，这个檀郎的面子可真不小啊。"司马昭语气轻松，仿佛只是在开玩笑，却让司马攸的心里一紧。他明白，每当司马昭露出这样的表情，那就说明他的心里真正发怒了。

"是啊，而且庶民虽然被禁军驱散，那个檀郎的马车却还是走不了。"冯统将在座的公卿大臣们扫了一遍，笑着说，"洛阳檀郎，容止无双，就连许多名门仕女也想趁此机会一睹风采呢。此刻包围了潘岳马车的，都是一些来自世家大族的闺秀，羊琇将军就算手握精兵，也束手无策。"此话一出，一些朝臣顿时面色尴尬，因为楼船离世族步障区并不远，有些眼力好的大臣已经认出了岸上女儿的身影。

"大将军，下官对两个女儿疏于管教，还请大将军责罚。"一直冷眼旁观司马炎和司马攸争斗的权臣贾充当先走了出来，拜伏请罪。他已经看得清楚，后妻郭槐所生的两个女儿贾南风和贾午此刻正围在潘岳车前，抓着果子往他车内抛掷，一派欢喜雀跃之态。

"末将也请罪。"征南将军胡奋早就发现挑头的就是自己的独生女儿胡芳，知道躲不过去，只好跪在贾充身边。他们两个一带头，顿时又有几个大臣一起跪下,方才船舱内喜庆的节日气氛荡然无存。

司马昭见这些人都是自己的心腹股肱,断不能因为一个潘岳就一并怪罪,当下缓和了神色笑道:"知好色而慕少艾,本就是人之常情。何况各家小姐年纪尚幼,一时兴起玩乐,并不会有损闺誉。诸公赶紧起来吧。"

他这么一说,船舱内的气氛顿时和缓起来,只是再没有先前那般轻松愉快,只能草草散场。

下船之际,司马炎见冯纨朝自己使了个眼色,连忙走了过去。

"大公子可知道,今日大将军为什么那么生气吗?"冯纨笑着问。

司马昭一向在人前十分宽和,哪怕阮籍、嵇康等名士屡屡冒犯也从不曾发作,何况只是一个小小的潘岳?司马炎虽然对他今日之怒有些奇怪,但一想到因为潘岳而打击了二弟司马攸,心中便十分舒畅,随口笑着问:"难道是因为掷果盈车增添了潘岳的传奇,却损害了京中诸多名门闺秀的名节?"

"别人家的名节,人家父母都不在意,大将军又怎么会去操心?"冯纨摇了摇头,在司马炎耳边低声道,"百姓无知,大将军的威仪竟还比不过一个少年的美貌,这件事若是流传出去,岂不是让大将军面上无光?"说罢,拱手告辞。

司马炎呆立在原地,细细咀嚼着冯纨的话,想起潘岳一现身,原本在岸边向大将军楼船欢呼跪拜的百姓们纷纷转头跑开,终于明白了司马昭的怒气从何而来。而他现在也终于明白,为什么五年前父亲会因为一点小事将伴读的潘岳逐出大将军府,因为无论继承父亲之位的人是自己还是二弟司马攸,父亲都绝不允许未来的大将军被旁人的光辉遮蔽。

"大公子,请上车。"司马炎正出神,府中的侍从已经将马车赶到岸边,伺候他上车回程。离开洛水之时,司马炎撩起车帘往外张望了一眼,正看见司马攸站在车前,与贾充拱手告别。

司马炎放下车帘,重重往座位上一靠,刚才在船上胜过司马攸一局的好心情荡然无存。若非在继承人问题上贾充还有观望之意,贾荃嫁给司马攸就是板上钉钉的事情了。到那时候,作为权臣贾充的女婿,司马攸的继承人之位更是难以撼动。可又有什么办法能够破坏贾家和司马攸联姻呢?贾荃那个女子,听说烈性得很……可是越是烈性的女子,爱得深,恨起来更深,不是吗?

想到这里,司马炎的脸上忽然露出一丝微笑。他掀开车帘,叫过一名亲随吩咐道:"马上去请匈奴的刘渊王子到我府上来。记住,不要让别人知道。"

当喧闹的上巳节终于过去,夕阳的光射在紧闭的木门上,也照亮了站在门前的少年和他身边载满瓜果鲜花的马车。此刻,穿着月白锦袍的少年踩着自己斜长的影子,眼角带着洛水边遗留的风发意气,微微颤抖的手指却出卖了内心的忐忑——由于路上又被洛阳百姓堵车围观,他早已过了应该回家的时辰。而前去侍奉大将军司马昭的父亲,想必早已回来了。

大门吱呀一声打开,站在门后的,竟然不是看门的仆人,而是大哥潘释。

"你终于回来了!"潘释抱着手,挑起嘴角上下打量了一下潘岳,"今日你出了这么大的风头,'掷果盈车'都要成流芳千古的典故了,可真给我们潘家长脸啊。"

"大哥此言,檀奴愧不敢当。"潘岳听出潘释话中有话,心中微微有些发凉,只好岔开话题问,"父亲回来了?"

自从八岁那年潘岳被选为大将军嗣子的伴读,此后九年间兄弟俩的差距越来越大,感情也不再像以前那般亲密无间。有时候潘岳甚至觉得,难得见面的二公子司马攸反倒比天天相处的潘释更像自己的兄弟。

"父亲早就回来了,一直在上房等着你呢。"潘释收敛了嘴角的笑,好心地提醒了一句,"父亲心情不好,你一会儿回话当心些。"

"多谢大哥。浮华非我所求,谣诼亦非我所惧。"潘岳默默挺了挺脊背,朝潘释感激地笑笑,迈步朝父母所住的上房走去。刚走进房间,还没来得及见礼,一个茶杯就朝他飞了过来,正砸在他身前的地砖上,碎了一地。

"父亲。"潘岳仿佛没有看见那个茶杯,端端正正要跪,一旁的邢夫人赶紧冲过来拉住他,又一迭声地叫外面老仆来打扫碎瓷。

"你发这么大火做什么?今天的事我听说不怪檀奴,是上巳节人太多,才困住了他的马车。"邢夫人不满地瞪着潘芘,"我家檀奴又不是深闺弱女,给人家看看又怎么了?"

"都是你把檀奴宠坏了!再宠下去,他以后还不知要怎么讨大将军憎恶,连累父母,祸及家门!"潘芘说到这里,狠狠朝潘岳呵斥道,"我早就告诫过你要谨言慎行,为什么不听?今日在洛水边引出这么大的乱子,早知道就该把你关在家里,一步都不许出去!"

"儿子今日并未做什么十恶不赦之事,就算民众围堵,也未酿出任何伤损,实在不知父亲怒从何来?"潘岳跪直身子,定定地注视着盛怒的父亲,心中满是委屈。

少年的目光清澈明净,因为先前受到万众欢呼,飞扬的神采至今未曾熄灭,仿佛日月一般熠熠生辉,晃得潘芘闭了闭眼睛。他在心中无声地叹了一口气,睁开眼睛训诫道:"难道你忘了当初为什么被赶出大将军府吗?恃才放旷、哗众取宠本就是大忌,更何况你一举一动都引人注目?若再不加收敛,只怕要招来大祸。"

潘岳原本想要向父亲解释石崇捉弄自己的事情,不料父亲又翻起旧账,心中顿时愤懑,赌气冷笑道:"谁说如今恃才放旷是大忌?竹林七贤的阮籍、嵇康、刘伶等人才是真正的恃才放旷、不羁礼法,却不但不被怪罪,反倒被奉为天下名士,万众景仰,连大将军都青眼相加。儿子不过是效仿他们的举止风度,怎么又会招来祸端了?"

"你!"潘芘被这几句话噎住,气得伸出手指着潘岳,喘息了一会儿才压低声音道,"我说你糊涂你竟然还真糊涂,阮籍、嵇康那些人是学得的吗?他们佯狂放任其实是要掩饰什么,你以为大将军心里会不明白?难道你忘了,嵇康现如今已因吕安一案牵连入狱。你且睁大眼睛好好看着,看看所谓蔑视名教的名士风度,最后都落个什么下场!"

"嵇康先生虽然入狱,但普天之下都知道他是无辜的,更有无数名人高士自愿入狱陪伴嵇康先生,被天下传为美谈。儿子虽然不敏,若是日后能赶上嵇康先生一星半点的风采,虽死无恨!"潘岳针锋相对地回答。

"好好好,看来你真是准备好要流芳千古了!"潘芘气得发抖,却见潘岳紧紧抿着嘴唇,一副不以为然的模样,知道自己一时之间无法说服青春叛逆的少年,只能色厉内荏地甩了甩袖子:"别在这儿碍眼,到院子里跪着反省去!"

"是。"这次潘岳应答得倒是快,话音一落便站起身利落地走了出去。他在堂前院子里看了看,迈步绕到僻静无人的后院,仔细选了块松软的草地,这才撩起衣襟跪了下去。

其实父亲说的话潘岳也不是不明白。大将军司马昭对那些佯狂避世的名士不是不憎恶,只是暂时找不到借口一起惩治他们。嵇康之事,也许只是开端而已。这个表面上风流蕴藉、纵情豪迈的年代,仿佛一条气象万千的大河,绚丽波光下面,其实都是腥臭腐烂的泥淖。

父亲所忧虑的,不过是怕自己也会陷入这片没顶的泥淖中去。可是始终只能沿河观望而不能掬水弄月,这对十七岁意气风发的少年而言,不啻束缚手足的桎梏,比死还难以忍受。

跪了一阵,潘岳忽然听到不远处传来一声惊呼,转头一看,正见墙头上露出一张雪白俏丽的脸来,明媚如同她今日扔在他怀中的那朵芍药花。

"檀郎!"女孩灵活的大眼睛四下张望了一下,确定院中无人,便双手用力一撑,坐在了墙头上。

潘岳认得她就是今天带着一群贵族女孩拦住马车的那个少女,心道这下子丢脸丢大了,便假装没有听见,只盯着膝下砖缝中的青草。

"我叫胡芳,芳草的芳。"女孩也不恼怒,自我介绍完了,乌溜溜的黑眼珠关切地看着潘岳,"你为什么跪在这里? 你做错事了吗? "

见她天真烂漫的模样,潘岳根本无法解释原因,索性一言不发,装起了哑巴。

胡芳性情开朗,也不以为忤,只是坐在墙头,认真努力找话说:"幸亏我今天叫马夫远远地跟着你们的车,才找到了你家。说实话,你家的围墙没有我想象的高,那以前是不是也有很多人像我这样爬墙来看你呢? "

潘岳此刻巴不得她走得越快越好,哪里有心思和她闲聊,便板着脸道:"小姐是高门贵女,这样青天白日地逾墙偷窥,实在会有损清誉,请快快回去吧。"

"我才不怕呢。就算我爬墙丢脸,你罚跪就不丢脸了? 所以今天的事,我不说,谅你也不会说。"胡芳俏脸一仰,轻嗔薄怒转瞬变为得意扬扬,容色越发娇艳动人,"我爹爹是将军,我爷爷、我伯伯也是将军,所以他们都说我是将门虎女,和那些风一吹就倒的娇小姐截然不同。如果你真的讨厌我,那以后你就躲起来不让我看好了。"

"好,下次我一定会躲起来。"潘岳故意认真地说。

"没关系,你要躲,我就找,迟早能抓到你。"胡芳说着便咯咯笑了起来，倒仿佛在谈论一个有趣的游戏。她笑的时候，两只穿着红色绣鞋的脚就在墙头上晃悠，仿佛一对在水中活泼游动的金鱼。

潘岳无语，将门虎女果然是他惹不起的。忽然，他心念一闪——阿容的父亲也是领军驻守的一方儒将，那她也算是将门虎女了吧，五年过去，也不知她现在是什么样子了。莫非真像石崇所言，现在哪怕她站在自己面前，自己也认不出她了吗？

胡芳自以为行动谨慎隐秘，却不妨自己的一举一动、一颦一笑都落在了一个人的眼中。那人站在街角默默地看了一阵胡芳的身影，随即转身离开。

"阿容？哦不……杨小姐。"忽然一声惊喜的呼唤，让微微出神的素衣少女阿容回过神来，"石崇公子，你怎么也来了？"

"我……我听说你来了洛阳，就跟着过来了。"石崇摸了摸头，有些不好意思地解释，"我猜到你会来看潘岳，就打听了潘家的住址跑过来等你，没想到还真遇上了……"

比起石崇的尴尬，阿容的神色倒是颇为平静。她打量了一下石崇，见他脸上带着瘀青，凌乱的衣服被扯破了几处，不由皱了皱眉："你又和人打架了？"

"什么叫'又'打架？明明是韩寿那个家伙叫人来挑衅，我被逼无奈拔剑自卫！"石崇说到这里，忽然眼一闭嘴一歪，哎哟哎哟地呻吟起来，"啊，我这里好痛，是不是骨头断掉了？"见阿容果然神色专注地望过来，石崇顺势往街边一倒，双手胡乱在身上指指点点，"还有这里，这里，痛死我了！杨小姐麻烦给我包扎一下！"

阿容站在石崇身边，看着他叽叽歪歪痛不欲生了好一阵，这才冷冷地开口："骨头没断，衣服上的血只是鼻血蹭的，不包扎也不会死。"

"别那么快就拆穿我行吗？"石崇有些哀怨地看着阿容，"还是我们第一次见面的时候好。那时候我是正义的游侠，行走到荆州地界，因为打抱不平身受重伤，却偶遇了荆州刺史的女儿杨容姬。那杨小姐不仅貌美如花，还心地善良、医术高超，给我细心地包扎伤口、开方熬药，我顿时觉得哪里都不疼了……"

"我只是开方子，给你包扎熬药的是我的丫鬟。"杨容姬纠正，"而且你那时不过胳膊上被划了道口子，不算重伤。"

"不管伤重不重，你那时温柔得就像……"石崇依然陶醉在美好的回忆中。

"像什么？"杨容姬清冷的语调打破了石崇的幻想。

"像……像我娘，行了吧？"石崇抱着头，极轻地嘀咕了一声，"连阿容都不让叫，还威胁给我药里加黄连，我到底是看上了你什么……"

杨容姬没理会石崇的抱怨，转身就走。石崇朝潘岳家的方向望了望，正看见胡芳从墙头跳下来钻进了自家的马车，猛地醒悟了什么，赶紧朝着杨容姬追了上去："杨小姐，等一下！"

杨容姬有些不耐，停下来淡淡地对石崇说："我到洛阳是有正事要做，麻烦石公子就不要缠着我了。"

"我知道你伤心了，怪不得对我态度不好。"石崇指了指潘岳家的宅子，一副恍然大悟的模样，"原来你是看到有女子跑来和那姓潘的小子私会！这样行为不检的未婚夫，要是被你父亲和兄长们知道，怕是要活活气死！不过你父兄都还在荆州，远水解不了近渴，干脆我帮你揍他一顿出气？看那小子长得比女人还美，只会动笔杆子，就算三个一起上我也把他揍趴下！"

石崇自己说得畅快，浑然忘了刚才还被人痛揍一顿的狼狈。直到豪气干云地说完了，才发现杨容姬听着听着，嘴角竟然现出了笑容。

"谢谢石公子，不过我一点也不伤心。"杨容姬说着点了点头，"告辞。"

"不会吧。"盯着少女离开的背影，石崇疑惑地摸了摸脑袋。看杨容姬的表情,好像是真的不伤心;不仅不伤心,甚至还有一种解脱般的轻松愉悦。这到底是为什么?

难道,阿容其实并不喜欢那个未婚夫潘岳?想起自己一个月前去荆州刺史府求亲,却被杨容姬的兄长们嘲笑了一番,石崇的心里顿时燃起了熊熊斗志——虽然论才论貌论门第自己都比不上名满天下的檀郎,可只要心诚,还是有机会的!

看着远处大门紧闭的潘宅,石崇发下了誓愿:就算当不了天下第一美男子、第一才子、第一侠士,自己也一定会成为天下第一。至于是天下第一什么,就……再说吧。

第 三 章

隐　秘

回小人之腹,为君子之虑。

——潘岳

若是说到魏国景元年间洛阳城中最有权威的所在,第一等无可争议是大将军府,而第二等的名单不论由谁拟定,都必定少不了新建不久的临沂侯府。

此刻的临沂侯贾充以散骑常侍身份兼任廷尉,深得大将军司马昭宠信,而贾充也勤勤恳恳夙夜在公,家中事务不论大小均由后任夫人郭槐做主,久而久之,竟落了个惧内的名声,贾充却也浑不在意。唯一感到不平的,是贾充前妻所生的大女儿贾荃。但她势单力孤,加上后母郭槐对这个继女也不算苛待,多年来整个侯府内宅也算是风平浪静。

可是表面的平静之下,偶尔也会翻起水花。

“娘,荃姐姐今天又赌气不吃饭呢。”四小姐贾午向母亲郭槐偷偷告状,“她还砸了平时最喜欢的砚台。那个砚台,她平时连摸都不让我摸……”

“哦,是司马家二公子送给她的那个砚台吗?我记得她一向爱若至宝的。”郭槐放下手里的卷宗,看着自己的两个亲生女儿淡淡一笑。她大约三十多岁年纪,容貌不过中人之姿,体态也已经微微发福,然而眼中一片精明通透,绝非小家碧玉所能比拟。

“可能是现在司马二公子纳了妾,所以荃姐姐就不要那个砚台了。”贾午心直口快地揭穿了大姐贾荃的心事。

"是啊,女人都是要嫉妒的。所以她要砸就砸吧,反正我是后娘,也不能管多了她,免得被人说闲话。"郭槐说着,执起书案上的毛笔在砚台中蘸了蘸,继续在手中的廷尉府奏报上写批文。

"女人一定要嫉妒吗?"一旁的三小姐贾南风忽然若有所思地接下了话,"可我长大了不想这样。"她只比贾午大两岁,头上和妹妹一样梳着女童的双鬟,可是神态语气却像大人一样老成。

"说说看,你要怎么不嫉妒?"郭槐停下笔,忍不住逗贾南风。这个女儿虽然长得不够美,但心思灵敏性格坚毅,倒比贾午更让郭槐看重。

"很简单,我不许我的丈夫纳妾。"尚未及笄的贾南风说。

郭槐忍住笑,一本正经地追问:"可是男人只要做了官,大多都会纳妾的,别以为他们都和你爹爹一样。"

"那是因为娘有本事,熟悉朝廷的典章律法。爹爹无论家事、公事都要与您商量,所以敬重您而不敢纳妾。"贾南风崇拜地看着自己的母亲,"我以后也要很有本事,让我的夫君敬重我而不敢纳妾。就算他敢,我也可以像娘一样,把那些人杀了……"

"好了好了,你还小,说这些做什么?"郭槐脸色一沉,"都出去,我还有正事呢。"

贾南风和贾午知道,此时父亲贾充兼任廷尉一职,母亲经常帮助他审阅卷宗,因此不敢再打扰,乖乖地退了出去。

此刻春光正盛,贾府院中更是开满了牡丹、芍药、丁香等花卉,姹紫嫣红,就连空气中都弥漫着浓重的甜香,如同轻柔的涟漪徐徐荡漾,浸透了两个女孩明艳的绢裳。贾南风和贾午正在院子里捡落花玩,却见一角素衣在侧院一闪而过,径直往大小姐贾荃的住处去了,贾午不由撇了撇嘴:"那个杨小姐又来了。"

"杨容姬?"贾南风没有抬头,捡拾落花的手却停住了。

"就是她。"贾午忽然兴奋起来,一脸神秘地对贾南风道,"姐姐,我才知道,那个杨小姐居然就是檀郎潘岳的未婚妻!也不知她哪里修来的福气,居然能和檀郎定亲……"

"这话你哪里听来的?"贾南风仍是头也不抬地问。

"胡芳姐姐告诉我的。对了,胡芳姐姐还拼命跟我打听这位杨小姐生得美不美,多高多胖脾气温不温柔呢。"贾午回忆起在上巳节看到潘岳的情形,忽然嗤笑道,"我跟胡芳姐姐说杨小姐的容貌比她差远了,若非早早地定了亲事,只怕檀郎看都不会看杨小姐一眼的……"

"谁说女子只能长得美的?"贾南风忽然冷笑了一声。

贾午一怔,蓦地想起自己这位姐姐貌不惊人,却一向心高气傲,便讪讪地解释:"不是我,是胡芳姐姐说的,杨小姐就是运气好罢了。"

"美的以后会变丑,运气好的以后也会变坏,到最后还不知怎么样呢。"贾南风站起身,将兜在怀中的落花全都抛撒在地上,用力碾了几脚,将那些花瓣全都碾成了烂泥。再抬头时,贾南风的脸上已经挂出了小女孩的顽皮笑意,"走,我们偷听她们说话去。"

两个女孩蹑手蹑脚地走到大小姐贾荃的住处,隔着纱窗窥视里面的动静,正看见贾荃拿着块手帕抹眼泪,而那个杨小姐杨容姬则坐在一旁,神色还是如往常一般清淡。

"他在大公子那里喝醉了,大公子留他住一夜,他就……他就看上了那个胡姬。天亮时他酒醒了,大公子说要把胡姬送给他,他还不肯要。"贾荃用力扭着手帕,愤愤地说。她的眼睛已经哭红了,看上去就像一只委屈的兔子。

贾荃口中的"他"自然是指大将军府的二公子司马攸。贾荃与司马攸青梅竹马,关系非同寻常。如今司马攸闹出这样的绯闻,贾荃自然恼羞成怒。

"或许只是那胡姬见二公子醉了,安排他歇息,并没有发生什么。"杨容姬安慰道。

"什么啊,现在那胡姬已经怀孕了,大公子便把人送到了他府上,而他居然接受了!"贾荃说着又恨恨地抹了一把眼泪,"男人真的没有一个好东西!"

"既然是大公子开口,二公子确实没法直接否认。"杨容姬拉着贾荃的手,眼波流转似在思索,"如果这是一个圈套,二公子唯一能做的就是等孩子生下来掐算怀孕的时间。何况他若是拒不承认的话,胡姬就会以私通罪名被处死。你常说二公子为人正直善良,他不会眼睁睁看着胡姬和她肚子里的孩子去死的。"

"为了一个匈奴女人,他宁可自己背这个黑锅吗?"贾荃一把将手抽回来,转过身不理杨容姬,"他心里肯定有鬼!反正我是死了心,再也不理他了,他爱娶多少侍妾生多少孩子都不关我的事!真是知人知面不知心!就连大将军听说了这件事,也责骂他行为不检,要他闭门思过呢——他才十六岁,急着生什么孩子!"

杨容姬一向不会劝人,宽慰两句见贾荃不听,便也无法可想,只是默默地坐在贾荃身边听她哭诉。她原本羡慕贾荃和司马攸两小无猜情投意合,如今看来,事实并没有想象的那么完美。

听了好一阵子,见贾荃絮絮叨叨还是没有住口的意思,杨容姬无奈地站起身来:"荃姐姐,我还有点事,先告辞了。"

贾荃泪眼蒙眬地看着杨容姬,见她的脸上一片纯净,竟有些事不关己的漠然。贾荃心下失望,抽噎着说:"说不定有一天,你的檀郎也会让你如此伤心。"

"我不会给他机会的。"杨容姬淡淡一笑,没有多加解释。

与此同时,位于洛阳寿丘里的舞阳侯府内,二公子司马攸正坐在书案前,专心致志地练字。自从前大将军司马师死后,司马攸作为嗣子承袭了舞阳侯的爵位,两年前与司马师的遗孀羊夫人离开大将军府,另外择宅居住。此番由于擅纳兄长司马炎的姬妾而被司马昭斥责后，司马攸更是闭门不出，只在家中以书法自娱。

司马攸写字的时候不喜旁人打扰，侍从们都远远地站在门外，屏息静气，一点响动也没有。因此当侯府长史温裕进来的时候，刻意放轻的脚步声还是显得十分突兀。

温裕今年二十一岁，两年前被举为秀才后，一直在司马攸府上担任僚属。因为温裕的父亲温老博士曾经给司马攸讲过课，司马攸对温裕格外看重，特许他随时可以不受通传，直接向司马攸禀报事务。

温裕的到来并没有打扰司马攸写字的兴致，他略点了点头，继续将手中的句子写完。虽然刚被司马昭斥责了一番，司马攸的表情还是一贯的平和淡定，仿佛他并未卷入或明或暗的夺嫡之争，只是洛阳一个锦衣玉食的普通公子。然而温裕看得清楚，司马攸笔下所写的乃是一句古诗："不惜歌者苦，但伤知音稀。"

温裕也听说因为胡姬的事情，青梅竹马的贾荃与司马攸决裂，不由想宽慰这个失意的少年主君："二公子不是专门写了一封信派人送给贾小姐吗？贾小姐看了信，必定会体谅二公子的难处。"

"信在这里。"司马攸用笔杆指了指书案角落，"她没拆，原封不动退回来了。"

贾家的女人嫉妒心重，举世皆知，那大小姐贾荃看来也不能免俗……温裕心里为司马攸哀叹了一声，面上却只能安慰："那个胡姬，公子是交给羊夫人安置了吧？其实只要等孩子生下来，是不是公子的一眼便知，只是贾小姐误会的时间会长一些了。"

"嗯，大家都说刚出生的孩子最像父亲，况且胡姬是匈奴人，她生的孩子硬要冒充司马家的后代，也没那么容易。"司马攸说着，轻轻呼了口气，"檀奴那边怎么样？"一边问，一边提起案上毛笔，继续写下去。

温裕作为司马攸的僚属，职责之一就是每天向他禀报潘岳的情况。因为碍于司马昭的训示二人不便相见，司马攸便在潘家奴仆中安排了眼线，随时可以获得潘岳的动向，再由温裕进行汇报。因此虽然五年间只见了十一面，司马攸和潘岳互相却并不陌生。

"潘公子今天照例去了太学，听齐东大儒蔡先生讲解《春秋公羊传》。"温裕回禀。

"那本书他早读熟了的，蔡璟也算不得什么大儒，我看他未必真想去听课。"司马攸握笔书写，淡淡一笑。

"二公子说得极是。潘公子去了太学之后确实没怎么听课，反倒联系了一些有门第的太学生，商量怎么上书相救嵇康先生。"温裕说着心中不由叹服，最了解潘岳之人，果然非二公子莫属。

听到"嵇康"两个字，司马攸的手一顿，刚刚写好的"愿为双鸿鹄，奋翅起高飞"的最后一个"飞"字便染了多余的墨迹。他一把将写坏的字纸团好丢弃，有些沉闷地道："嵇康先生的事情，叫他不要管了。大将军本就对他有成见，若是为了嵇康先生的事情触怒大将军，只怕对他前程有损。"

"是。"温裕知道司马昭一向看不惯潘岳声名太盛，司马攸的担忧不无道理，连忙答应。见司马攸又取过一张纸准备写字，温裕犹豫了一下，再度开口："二公子，还有一件事需要您知道。"

"说吧。"司马攸又重新提笔，写的还是刚才那四句诗。

"今天潘岳公子在太学，收到了一封信，乃是安乐亭侯仰慕他在上巳节的风采，想要约他单独相见。"温裕说完从怀中掏出一封信来，交给司马攸。

"九叔？"司马攸接过那封信后匆匆看了两眼，顿时脸色一变。

司马昭的九弟司马伦是已故太傅司马懿最小的儿子。司马懿年老时宠爱小妾柏夫人和幼子司马伦，甚至因此羞辱原配夫人张春华，导致张夫人想要绝食自杀。张夫人的亲生儿子司马师、司马昭等陪着母亲一起绝食。司马懿心疼几个优秀的儿子，这才羞惭道歉，恢复了对张夫人的尊重。因此司马伦虽然从小深受父亲宠爱，司马懿死后在司马家却颇不受待见，加上他本人不爱读书，性情愚钝狠戾，司马师、司马昭等更是冷眼相对，巴不得他躲在没人的地方自生自灭。好在司马伦虽然不聪明，对当权的哥哥们倒颇为恭敬，养几个娈童美姬之类无伤大雅地娱乐，两任大将军都懒得管他，眼不见心不烦了。

司马伦一向知道檀郎的美名，也早早打听了潘岳的住址打算结交。只是说来也怪，每次他派给潘岳送请帖的仆人总会出点状况，不是钱袋和请帖都被小偷偷走，就是当街有人泼水，把仆人和请帖一起泼了个精湿。后来司马伦下定决心放下架子登门拜访，却不料马车还没走到潘岳家，车轮辐就散了架。种种不祥之兆，让笃信鬼神作祟的司马伦心生恐惧。

司马伦不知道这些都是司马攸派人暗中搞鬼，便熄了结交潘岳的心思，消停了两年。不料今年上巳节潘岳在洛水河边大出风头，掷果盈车传为美谈，让司马伦的心思又活泛起来。想了又想，司马伦决定绕个弯子，派仆人蹲守在太学里，终于把请帖交到了潘岳手上。而潘岳推辞了几次后，终于迫于司马伦仆人的哀求恫吓，不得不收下请帖转手交给温裕，摆明了请司马攸代为推托。

"我不是早就吩咐过，不能让九叔接近檀奴吗？"司马攸面沉如水，只有司马家标志性的狭长双眉微微一挑。他知道潘岳最恨别人将他与娈童男宠做比，因此对这个有断袖之癖的九叔，司马攸一直严防死守，甚至不让司马伦亲见潘岳一面。

"是，谨遵二公子吩咐，我们已经想法阻止了安乐亭侯多次拜访潘公子的举动。"知道司马攸一向对潘岳保护得甚是周密，温裕只能辩解，"可是只要安乐亭侯存了结交潘公子的心思，我们总是防不胜防。"

司马攸拈着笔杆，没有说话。他其实也知道，想要一直把名动洛阳的潘岳从好色的司马伦眼中完全隔离,是不可能的事情。现在他唯一能做的,就是拖延这位九叔遇见潘岳的时间,直到自己有能力保护朋友的时候。

思索了一阵,司马攸忽然吩咐温裕:"去叫韩寿过来。"

魏晋之时贵族世家大多居住在寿丘里,因此韩家公子韩寿很快就到达了舞阳侯府。韩寿进门的时候,正看见司马攸从书案前直起腰,从容地放下手中毛笔,满意地看着自己新完成的作品。

"不惜歌者苦,但伤知音稀。愿为双鸿鹄,奋翅起高飞。"韩寿念出了纸上的诗句,不由笑道,"人人都说二公子的字写得好看,却不知道写字时候的二公子才是最好看。髣髴兮若轻云之蔽月,飘飘兮若流风之回雪。写字时这份气定神闲的表情,银钩铁画的英姿,就是倾倒众生的檀郎也要逊色三分。"

"算了吧,你是在讽刺我,当我听不出来?"司马攸笑着摇了摇头,随即向温裕使了个眼色。温裕会意,转身走过去屏退书房外侍立的仆从,将书房门严严地关上了。

屋内光线一暗,韩寿方才玩笑的心思顿时一敛,躬身正色道:"二公子找我来,可有什么吩咐?"

"你先看看这个。"司马攸指了指桌案上的请帖。韩寿依言看了,有些莫名其妙——司马伦要见潘岳,跟自己有什么关系?

"檀奴不能见我九叔,你想办法去挡一挡。"司马攸说。

"为什么是我?"韩寿也对司马伦的男风癖好有所耳闻,不由苦了脸,"二公子,我最近没有得罪你吧?"

"因为大家都说,潘岳是天下第一美少年,而第二美少年就是你韩寿韩德真。"司马攸有些抱歉地看着韩寿,"所以,只有你可以冒充潘岳,暂时骗过我九叔。"

此言一出,不仅韩寿,连温裕都忍不住瞠目结舌:"这算什么?三十六计中的李代桃僵？"

"二公子你太偏心了！"韩寿愣了一下，差一点没哭出来，"你不能只为了保护潘岳，把我往火坑里推啊。"

"我多派几个侍卫跟你一起去，不会有事的。"司马攸极力安慰，"我那九叔虽然脾气倔，可是心眼实，其实很好应付的。"

"可是……"韩寿还想推托，不料司马攸坐直了身子，淡淡道："其实我并不想说这是命令。"

"是。"见一向随和的司马攸难得拿出了主上的身份，韩寿无奈，只好正色敛容，毕恭毕敬地躬身领命。他自幼被司马昭选为司马攸的伴读，实际上早已确定了与司马攸的君臣身份，因此司马攸的命令，他不情愿也只能照办。

可是除了自己，应该还有别的人可以冒充潘岳吧？脑子里忽然冒出这个念头，韩寿的眼睛顿时亮了起来。

接下来的几天，无论是深居简出的潘岳、韬光养晦的司马攸，还是踌躇满志的石崇，所有人的注意力都被同一个消息所吸引——镇西将军钟会和征西将军邓艾率领的魏国军队杀入蜀国腹地，蜀国后主刘禅投降，魏军占领成都。

蜀国灭亡，一统天下指日可待，这天大的好消息让一向自持的大将军司马昭也难得地开怀畅饮，大加封赏。而当天子再次册封司马昭为晋王的诏书下达之后，司马昭终于不再推辞，晋王晋封大典也开始紧锣密鼓地筹备起来。

然而就在这片普天同庆的欢乐气氛中，一个消息却如同晴空中的乌云一般袭来，让许多人措手不及——大将军司马昭下令，两日之后的八月初五，在洛阳东市处斩大名士嵇康。

嵇康名满天下，又娶曹魏宗室之女为妻，虽然早已下狱，但罪名并不严重，加上朝野多人奔走相救，所有人都没有想到司马昭会一意孤行判嵇康死罪。一时间群情激愤，前往大将军府为嵇康求情之人络绎不绝。司马昭不胜其烦，干脆下令紧闭府门，拒不见客。

众人见不到司马昭，只好把希望寄托在大公子司马炎和二公子司马攸身上，希望他们能劝说大将军收回成命。然而不仅大公子司马炎始终袖手旁观，连一向对嵇康颇多敬重的二公子司马攸也是沉默以对，让前来游说的群臣颇为失望。

送走了最后一批访客，司马攸终于可以松懈下端正的坐姿，疲惫地趴在案几上，用手撑住了额头。他不是不想救誉满天下的嵇康先生，也清楚嵇康的罪名都是栽赃和陷害，可是他更明白司马昭的用意。蜀国已灭，司马家的新天下指日可待，而不肯归顺的士林领袖嵇康，势必要成为新朝的牺牲品，用以震慑其他心怀异志之人。这个时候，无论谁去为嵇康求情都是徒劳，他作为司马昭的亲生儿子，更是不能触碰司马昭的逆鳞。

等到终于抬起头，司马攸看见温裕不知何时走了进来，正站在一旁安静地等待自己。

"檀奴怎么样？"司马攸知道温裕是特地来禀告潘岳情况的，"我告诉过他不要在嵇康先生的事情上轻举妄动，他做到了吗？"

"潘公子确实没有做什么，今天甚至连太学都没有去，只在家中闭门不出。"温裕回答。

司马攸暗暗松了一口气。太学生们年轻气盛，对嵇康之事反响最大，潘岳与他们保持距离，无疑是最明哲保身的行为。"那他说了什么没有？"司马攸疲惫地问。

"潘公子说，二公子若愿意相救嵇康先生，是勇是义；若不愿相救，则是明是智。无论二公子如何取舍，他都没有异议。"温裕一字不差地回禀，让司马攸于焚心的煎熬中获得了几分慰藉。相交多年，潘岳毕竟是理解自己的。

"不过……"温裕犹豫了一下,继续道,"潘岳公子还提到了三年前和您一起拜访嵇康先生的事,说情景如昨,言犹在耳。不知二公子是否还记得?"

"他问我是否还记得?"司马攸眼神一黯。他怎么可能不记得?三年前,他好不容易跑出府和潘岳见面,两个人相约到洛阳西北角去看名士嵇康打铁。嵇康的铁铺子在一棵枝繁叶茂的大柳树下,柳树下挖了一个坑,引来山泉形成了一个水池。他们到达的时候,嵇康正从水池中游泳出来,身上只穿了一条犊鼻裤,赤裸健美的上身还沾满水珠,在阳光下熠熠生辉。

嵇康的目光从两个少年的脸上掠过,却没有任何特别的神色,只见他擦干身体就走到铁铺子里,而他的朋友向秀早已在那里拉着风箱,将要锻打的铁器烧得通红。嵇康将烧红的铁器移到一个大铁墩上,抡起大锤重重地敲打在铁器上。敲打之时他手臂上的肌肉虬结,结实的胸膛被四溅的火花映红,充满了成年男子健康与自然之美,而向秀则在一旁手持铁钳,为他翻动被锻打的铁器。两个人神情专注,一刚一柔配合默契,仿佛这简陋闷热的铁匠铺就是他们安身立命的家园。

"萧萧肃肃,爽朗清举。"司马攸忍不住赞叹,"我以前一直奇怪,以嵇康先生的清雅怎么会做打铁这种苦事。如今却发现,做人应该就是这个样子,潇洒磊落,哪管旁人诽谤非议。"

"我看重的,却与桃符不同。"潘岳目不转睛地看着嵇康和向秀默默合作的身影,羡慕道,"要想打出合格的铁器,不仅要有抡锤人大力锤打,也要有助手帮他持钳翻动。这样默契的配合,只有心气相通的朋友才能完成。嵇康先生能得向秀这样的人物为友,也是人生幸事。"

"如果有一天我也抡锤,不知檀奴可否为我持钳?"司马攸心中一动,转头问潘岳。

"那就要看你想锻造的是什么了。"潘岳故意笑道,"是锄头、剪刀还是锅铲？"

"我要锻造的，自然是绝世之剑！"十三岁的司马攸难得露出了深藏的豪情，"上保社稷，下安黎庶，斩尽天下不平之事！"

"好，那我不仅为你持钳，还可以为你拉风箱、烧炉子、劈柴火，做什么都行！"潘岳说着，伸出手和司马攸重重一击，两人握着手一起放声大笑，只觉知己难得，足慰平生。

三年之后的今天，司马攸想起当日两个小小少年击掌许愿的场景，不由轻叹了一声。虽然在救不救嵇康的事情上潘岳说没有异议，但救是义勇，不救是明智。义勇与明智，潘岳其实内心已经有了取舍。

而司马攸，又怎么能让朋友失望，又怎么能让三年前的自己失望？

"备车，我要去大将军府。"一念及此，司马攸站起身来。

"二公子！"温裕不知道他想起了什么，却猜到他是要去大将军那里为嵇康求情，不由担忧地唤了一声。

"我知道，现在去求叔父很不明智。但是如果不去，大概我一辈子都良心难安。"司马攸看着忠心耿耿的属下忧虑的表情，宽慰地笑了笑，"放心，我知道怎么说服大将军。"

马车还没靠近大将军府，司马攸远远就看见各色官民聚集在大将军府门前，人声鼎沸，全都是来为嵇康求情之人。而大将军府的大门则紧紧关闭，门口的侍卫们密密麻麻站了一圈，显然在严格执行着司马昭拒不见客的命令。

"走角门。"司马攸吩咐了一句，马车便绕向了大将军府的后墙。作为司马师的嗣子、司马昭的亲子，司马攸进入大将军府并不需要门房通传，顺顺当当就进了后宅。听说大将军此刻并不在办理公事的前厅，司马攸径直就往后宅的书房走去。

才没走多久，司马攸迎面就遇见了大哥司马炎，连忙向他躬身行礼。而司马炎身边，还站着一个身材高大的青年。这青年虽然也是世族公子打扮，但高鼻深目，头发微微有些卷曲，一望便知并非中原人士，正是匈奴送到洛阳为质的王子刘渊。

似乎猜到了司马攸的用意，司马炎对司马攸意味深长地笑道："父亲今日被那些外臣闹得心情不好，刚刚才看刘渊王子演示骑射疏解了一些。桃符前去请安，说话可要仔细些。"

"多谢大哥提醒。"司马攸神色恭谨地道了谢，又与刘渊拱手作别，一丝不苟地尽完了礼数，这才走向后宅。

"二公子这些年越发沉稳了。"刘渊看着司马攸的背影，轻声评论。

"是吗？"司马炎轻笑了一声，"可惜他还是太年轻了。十六岁的孩子，不管再怎么刻意收敛，脑子里还保存着拯救天下的梦想，心中的热血也免不了会沸腾，一不小心就会引火烧身。"说到这里，他自嘲地笑了一下，自己十六岁的时候，其实比司马攸还要意气用事，明知道是错误的事情，也会如飞蛾扑火般不顾一切地去做。不过庆幸他比司马攸大了十二岁，过去的错误他不会再犯，而司马攸，此刻却必须为他的青春年少付出代价。年轻的冲动，真是让人羡慕，却又让人怜悯和嘲弄。

"是啊，太年轻了。"刘渊也附和着点了点头，"所以就连常侍贾充，最近也开始对大公子亲近起来了吧。"

"贾充那个老狐狸，一贯的见风使舵。"司马炎语气虽然不善，唇边却带出了笑容，"多亏你那条美人计，让贾荃和桃符彻底闹翻。而父亲一向家风严谨，不喜欢孟浪放纵之人，贾充这下子对桃符更没有信心，可不得上赶着来巴结我？"

"二公子一向持身谨慎，能让他落入圈套有苦难言，也多亏了大公子的布置。刘渊怎么敢居功？"刘渊开怀笑道。

"可是……"司马炎忽然想到一事，眉头一皱，"万一你安排的那个胡姬生下孩子，却完全不像我司马家的后代，岂不是会惹人疑心？"

"大公子放心，决然不会有破绽。"刘渊高深莫测地一笑，信心满满，"就连那个胡姬，也会对大公子忠心耿耿，将来必定能派上用场。"

"哦，这是为什么？"司马炎好奇地问。刘渊随即在他耳边低声解释了几句。

"我果然没有白交你这个朋友！"司马炎大喜，拍了拍刘渊的肩膀，"你放心，将来我若是得偿所愿，必定放你回归匈奴，助你夺得大单于之位！"此言一出，两个人都心领神会地笑了起来。

司马昭的书房乃是府中最清净的地方。一棵巨大的紫藤沿着窗框和木梁攀缘而上，将书房包裹得如同巨龙看护的宝珠。而此刻正是花期，一朵朵在风中微颤的紫色小花就如同抖动的鳞片，让整棵紫藤更像从泥土中跃然飞天的巨龙，充满了众人隐隐相传的祥瑞之气。

司马攸走到司马昭书房时，被侍从们客客气气地挡在了外面："二公子，大将军说今日因为嵇康的事情，任何人非宣召不得求见。"

"连我也不行吗？"司马攸目光一凝，随即笑道，"那就烦请禀报叔父，我并非为嵇康之事求见，而是另有要事。"

侍从们知道司马攸一贯受大将军宠爱，当下不敢怠慢，立刻进去通禀。果然没一会儿，就有人领着司马攸进了书房。

"桃符见过叔父！"见司马昭正坐在上位看书，司马攸赶紧跪下见礼。

"起来吧，坐这儿来。"司马昭放下书，朝司马攸慈爱地笑笑，指了指身边最近的座位。书房内的侍从则按照惯例退了下去，绝不敢打扰了父子两人的独处。

"你母亲这些时日可好？等我处理了棘手的公事，就去向她请安。"司马昭端详着司马攸日益长大的面容，目光中都是欢喜。

司马攸知道司马昭说的是司马师的遗孀羊夫人，连忙代自己的嗣母道谢。见司马昭又闲闲地说着家常，似乎根本不在意外面激愤的人群，司马攸到底按捺不住，起身长跪道："叔父，桃符今天来，是为了一个人。"

"不是说不谈嵇康吗？"司马昭脸色一沉，似乎早已料到了司马攸的来意。

"桃符想说的不是嵇康先生，而是现正领兵伐蜀的镇西将军钟会。"司马攸说到这里，见司马昭果然神色一凛，便继续说道，"桃符以为，如今有碍我司马家大业的，不是嵇康这种不遵礼法、放浪形骸的狂士，而是钟会那种手握重兵居心叵测的大将！"

"为什么？"司马昭长眉一挑。钟会是他最信任和倚重的大臣，否则他也不会放心让他率领十万大军远征蜀国。而且最近钟会还密报副帅邓艾有谋反之心，司马昭已经密令将邓艾父子擒拿，用囚车押送洛阳。只是这件事，司马攸还不知晓。

"钟会这个人，性情奸猾，心胸狭隘。如今天下人都知道嵇康下狱乃是钟会陷害，而起因不过是因为嵇康生性高傲，对钟会不屑一顾而已。叔父若是为了向钟会示好而斩杀嵇康，只怕天下人都要嘲笑叔父受小人的蒙蔽和挟制了……"

"如果你再提嵇康，就直接滚出去。"司马昭打断了司马攸的话，不耐烦地取过案上奏疏，假装重新阅读。他的语气虽然不严厉，但司马攸知道司马昭已经动了怒，只能趁着自己还没有被赶出去之前，把想说的话说完。

"是。那桃符便不谈嵇康，只说钟会。"司马攸顿了顿，忽然对着司马昭庄重地行了一个大礼，正色道，"大将军，我父亲之死钟会嫌疑甚大，请大将军明察！"

司马昭一凛，过了一会儿才反应过来司马攸所说的"父亲"乃是自己的大哥司马师，面色顿时铁青，冷笑一声道："众所周知我大哥是眼疾复发而死，与钟会有什么关系？"

"不错，父亲是在征讨淮南叛乱时，因为受到敌军惊吓眼疮迸裂，年仅四十七岁便与世长辞。可是这些年来我细细思索，觉得父亲之死仍有诸多疑点，而这些疑点却都与钟会有关。"司马攸见司马昭只是定定地看着自己不说话，便将自己的怀疑和盘托出，"疑点一，当初淮南叛乱时父亲刚刚割除了眼瘤，大夫吩咐要卧床静养，大臣们便建议由您带兵去清剿叛军，可钟会却说服我父亲抱病亲征。疑点二，我父亲身为中军主帅，身边重重大军守卫，怎么可能任凭对方几百人就冲杀到中军帐旁，甚至一夜之间往返六次，导致我父亲受惊发病？而钟会当时担任驻守中军的参谋，一应警戒都由他负责，要做手脚太过容易。疑点三，害死我父亲的叛将文鸯后来投降，众人都说要杀他报仇，偏偏钟会为他求情，让他不仅无罪，还得封关内侯……"

"好了，那关内侯的爵位是我封的，你不会想说我和钟会是同谋吧？"司马昭猛地一掀几案站起身来，冷笑着盯住司马攸。

"叔父与父亲兄弟情深，桃符自然不敢生此悖逆之念！"司马攸觉察到司马昭神态有异，一时却只当他信任钟会多年，自然要为钟会分辩遮掩，当下膝行一步，继续说，"桃符只是觉得，钟会这个人行事大胆，手段狠辣，他在我父亲麾下常受打压，便刻意害死我父亲，推举您继任大将军，从而取得您的信任，掌握大权……"

"住口！"司马昭猛地把手中奏疏掼在司马攸身上，脸色已是骇人的铁青，"原来你这些年都在偷偷调查我大哥的死因，是不是？"

"是！"司马攸今日已是横下一条心扳倒钟会，索性不管不顾地说下去，"钟会既然敢害死我父亲，还有什么不敢干？如今他已经接管了蜀国的一切，那里易守难攻，便于割据，只怕现在已经在策划谋反了！若是叔父还为了拉拢他杀害嵇康先生，他日钟会谋反的消息传来，天下人岂不是要耻笑叔父是非不明……"

"住口，你给我住口！"司马昭见司马攸不听劝阻，狂怒之下一脚朝司马攸踹去，只盼能让他早点闭嘴，不要再说出那些刀子般锋利的话来。那些话虽然句句指向钟会，但听在司马昭耳中，却别有一番意味，让他在狂热的恼怒中感到一种毛骨悚然的寒意：这个孩子，到底知道了多少？

"其实要查明真相十分容易，只需将惊扰父亲发病的降将文鸯招来审问便可。可惜——"司马攸还想说，却被司马昭一脚踹在胸口，当下气息一窒，后面的话便说不出来了。

"可惜，你现在还没有权力审问文鸯，也没有权力报复钟会！"司马昭冷笑着替他补充了下面的话，又是一脚，将司马攸踹倒在地。一个可怕的想法突然在司马昭脑中炸开：如果这孩子将来有了权力，他会不会真的将司马师的死因查个水落石出？

司马攸知道司马昭宠信钟会，这番指责必定会引发司马昭的震怒，却没有料到会引来这狂风骤雨般的震怒。趴在司马昭脚下，司马攸在眼前的重重黑影中恍然明白了一个恐怖的事实——钟会对前大将军司马师所设的阴谋，司马昭全都知道，而且以事后钟会帮助司马昭接管了司马师的一切权力判断，司马昭不仅知道这些阴谋，他甚至可能就是钟会的同谋！想起司马师在世时司马昭对大哥情深义重的模样，司马攸只觉得一阵恶寒。从钟会推理到司马昭并不难，只是司马攸的内心坚决不信最疼爱自己的生父会做出这种事情，所以一意孤行地认为他只是被钟会利用而已。可是此刻司马昭的表现，却让司马攸冷入骨髓。

司马攸一向性格沉静稳重，若是认定了什么事情便十分执着，司马昭以前十分喜爱他这种性格。可如今对上司马攸坚定的眼神，司马昭却只觉得厌恶非常。这个他最喜欢的儿子，当年若非老父司马懿坚持，他断断不会舍得过继给大哥。可是如今看来，这个孩子不仅名义上属于了大哥，就连心思也一并转去了大哥那里，怎么不让司马昭感到失望和愤怒？

"这些话，是谁教你的？"司马昭森然问。见司马攸咬着牙不答，恨得又是一脚踹下。

"没有谁,是……是我自己……"司马攸不敢躲,在痛楚的喘息间吃力回答。这些话关系到司马家最大的隐秘,他怎么可能和别人讨论?也只有对内心最亲近的爹爹,他才会大胆说出心中的疑虑。可这出乎意料的结果,却让他神伤心寒。

"滚回去闭门思过,没我的命令不许出来!"见司马攸脸孔刷白,连嘴唇都失去了血色,司马昭终于有一丝不忍,回到座位上坐下。他一向对臣下十分宽和,但一旦有人触碰到他内心的忌讳,就会立刻翻脸无情。此番司马攸刺痛了他最不可告人的隐秘,若是旁人,他必定杀之而后快。

"是。"司马攸咬了咬牙,努力撑起身体跪好,却依然忍不住再度开口,"如今嵇康未死,钟会未反。大将军若能多等几天,多做一些准备,一切都还来得及挽回。"

"这些话,等你做到天下之主的时候再说吧!"司马昭冷笑着回答。

这句话比刚才的任何话语和踢打都让司马攸心中刺痛。他紧紧抿着双唇,将冲上喉头的一股血腥强咽下去,一丝不苟地行了个大礼,慢慢走了出去。

看着司马攸的背影消失在书房门外,司马昭颓然地坐在一片狼藉的书案前。他一向城府极深,即使暴怒也很少如此失控,而上一次失控则是因为大哥司马师为了赢得军心,将前锋将领的失败推到自己身上,将自己的官职全部罢免。

那一次失控,司马昭杀死了附和司马师指责自己的属官王仪,而这一次,还是因为大哥司马师,司马昭亲手打伤了自己最宠爱的儿子。

原来自己的心里,是那么忌恨大哥。司马昭的嘴角慢慢挂出了冷笑,那么,他好不容易从大哥那里夺来的地位和权力,是绝不可能再还回去的!

哪怕只是还给大哥名义上的儿子。

第 四 章

家 法

感三良之殉秦兮，甘捐生而自引。

——潘岳

这是一个漫长且黑暗的夜，没有月亮，也没有星光。

潘岳默默地坐在后院里，抬头看着头顶如墨的天空。整个苍穹就仿佛一口倒扣的铁锅，万物都不过是一盘烩在一起的食物，高尚也罢，卑贱也好，全都要被放在火上烹煮，再被无形的饕餮巨口吞噬。

夜风轻拂，却吹不散无处不在的窒闷。坐了一会儿，潘岳按捺不住地站起，绕着墙根慢慢地踱步。虽然在心里告诫自己无数次要冷静淡定，但急速跳动的心脏还是一次次地将沸腾的热血压向四肢百骸，让他耳中都听见了血液在血管内奔涌的突突声，激烈震撼，如三年前亲耳听到打铁声。

口干舌燥，却急需倾吐些什么来疏解心中的块垒，于是他下意识地在心中默念："或明于见物，或勇于决断。人情贪廉，各有所止。譬诸草木，区以别矣……明以见物，胆以决断；专明无胆，则虽见不断；专胆无明，则违理失机……"背了一阵，潘岳这才意识到，自己背诵的正是嵇康所写的《明胆论》。

"明以见物，胆以决断。"细细琢磨这两句话，潘岳再度担忧地看了看墙头。他知道，昨天司马攸已经去过大将军府，为今日午时处斩的名士嵇康求情。然而枉他一直等到凌晨，也没有任何舞阳侯府的人来通知司马攸此行的结果。

　　嵇康虽然从不对政治发表意见，但他藐视世俗礼法的行为，无疑是对司马家族的对抗。任何人为他求情，都会冒着触怒司马昭的风险。然而在潘岳心中，千百年来只有一个惊才绝艳的嵇康。只要心中还存有一点勇气和是非之心，他们都必须尽到最后的努力去挽救。

　　他相信司马攸也是这么想的。

　　坐立不安地等待了良久，终于，一颗小石子从墙外飞了进来，恍如流星一样划破这窒闷压抑的黑夜。听到动静，潘岳如同逐风的海鸟，朝着小石子飞来的方向用力一跃，双手顿时扒住了墙头。与此同时，两双手从墙头伸过来，将他从自家后院中拉出了墙外，正是夏侯湛和韩寿。

　　"没被人发现吧？"夏侯湛看了一眼潘家黑沉沉的房舍，谨慎地问。

　　"现在没有，估计天一亮就会发现了。"潘岳说着，动作敏捷地钻进了墙外一辆遮蔽得严严实实的马车里。

　　"你都这么大了，你爹还管着你。"韩寿半开玩笑地抱怨，"我看啊，如今洛阳很多世家小姐都比你自由些，就像那个胡芳小姐，还经常女扮男装去太学听课呢。当然，她不是想去听课，是想去看你……"

　　"潘伯父也是担忧安仁出事，毕竟安仁太过引人注目。"夏侯湛说着，对车夫吩咐，"去太学。"

　　"不，先去舞阳侯府。"潘岳忽然说，"桃符已经去过大将军府了，我们先去他那里打听一下情况。"

　　"那就去舞阳侯府。"夏侯湛笑了，"正好安仁还可以和二公子见一见。"

　　马车转了个弯，径直驶向寿丘里的舞阳侯府。此刻天还未大亮，当值的侯府门房睡眼惺忪地开了门，一眼看见夏侯湛，不由面露惊讶："表少爷？"

　　夏侯湛是司马攸的表兄，舞阳侯府的常客，因此很熟稔地和门房打招呼："袁伯，对不起，我们来得太早了。若是二公子还没起身，我们就在这里坐着等一会儿。"

"二公子早起身了,不……是一直没睡……"袁伯是从小伺候司马攸长大的老仆,此时看见夏侯湛就仿佛看见了救星,哭丧着脸道,"也不知道出了什么事,昨天二公子从大将军那里回来以后就把自己关在屋子里,谁也不见,连饭也不吃。老奴我都快要急死了……"

"快带我们过去看看!"潘岳一听,立刻猜到司马攸去为嵇康求情惹怒了司马昭,心中不由一紧。

"跟我来。"见袁伯一派老迈颠顶,夏侯湛带着潘岳和韩寿,熟门熟路地进了舞阳侯府。一直走到司马攸的房外,但见房门紧锁,屋内一枚灯焰明灭闪烁,却又朦胧晦暗,无端给人一种凄清萧瑟之感。

见窗户上并没有人影,众人正猜测司马攸是不是已经睡下,却听屋内传来了一声极轻的叹息,然后又是几声压抑的咳嗽。

"二公子,你醒了吗?"夏侯湛试探着拍了拍门,而里面的声响,却骤然停止了。

知道司马攸无心见客,夏侯湛只好说:"安仁来了,你要不要见见他?"

"檀奴?"屋内终于响起了一个低哑的声音,随即便是哗啦一声,似乎有什么东西摔碎了。

"桃符,是我。"潘岳一惊,赶紧扑到门前,对着里面担忧地道,"发生什么事了?你开门让我们进去。"

"没什么,只是……只是我被大将军训斥了几句,心情不好,想一个人静一静。"司马攸语气如常,加上刻意提起了力气,声音听上去便没有一开始那么暗哑。而他被烛火拉长的身影,也终于从窗纸上一晃而过,随即隐没在紧闭的门扇之后。

"是因为嵇康先生的事情吗?"见潘岳一下子怔住了,夏侯湛只好接口问。

"是。"司马攸停了停,用袖子捂住嘴艰难地喘息了几下,方才竭力平淡地说,"我尽力了,但是救不了他,实在抱歉。"

"桃符,难为你了。"潘岳想起司马攸是因为自己的暗示才去冒险求情,心中颇为歉疚,"那你好好休息,我们再想别的办法。"

"不,檀奴,我告诉过你们别管这件事!"见潘岳还是不肯放弃,司马攸一惊,想要开门阻止,手一放在门闩上却又僵住了。他背靠着门,急切地道,"没人能救嵇康先生的,再卷进来。你只怕也会受连累!从井救人,圣人不为,你千万不要做傻事!"

"桃符,你记不记得,八岁时我就说过,要永远守护你的安危?"潘岳忽然说。

"记得。"司马攸的声音低哑下去,"所以我同样也会守护你的安危。"

"可是我现在想清楚了,如果违背本心,一味怯懦畏缩,就算身体安泰长命百岁,又有什么意义呢?桃符,我不仅要守护你的安危,更要守护你的本心,希望你对我也是如此。"说着,潘岳从门前傲然直起身子,脸上散发出一种自信的光彩来,"凭我们几个人,自然救不了嵇康先生。不过若是万民请命,就算是大将军也不能不善加考虑。"

"你是说,煽动洛阳民众为嵇康先生请命?"韩寿一惊,"可是这些天大将军府门前已经有很多人了。"

"那些人还不够多,我们先把所有的太学生都发动起来。"潘岳说着,见司马攸还是没有开门相见的意思,便告辞道,"桃符,时间紧迫,我们先走了。下次再来看你。"

"就算要去,也千万别让人抓住把柄……"听到众人脚步声远去,司马攸再也支撑不住,靠着门慢慢坐在了地上。司马昭带兵多年,弓马娴熟,他盛怒之下的踢打不是自幼养尊处优的司马攸禁得起的。刚才那一番佯装无事的话,已经耗尽了司马攸的力气。

"我不仅要守护你的安危,更要守护你的本心,希望你对我也是如此。"潘岳的话回响在司马攸的脑海中,让他感到一种莫名的欣慰和默契,就像明知道为嵇康求情会触怒司马昭,他自己也义无反顾地开口一样。正因为对仁人志士有着同样的崇敬,怀抱理想,不计私利,他们才会志趣相投,才会结为知己。司马攸拦不了潘岳,也不想真的去拦。何况,谁说潘岳的计划就没有成功的希望呢? 大将军马上要晋封晋王,取代魏国天子称帝也是早晚的事,这时候的民心向背,他绝对不能不考虑。

揪住胸口的衣服弯下腰,司马攸将衣袖塞进嘴里,堵住了撕心裂肺的咳嗽,喉咙里再度感觉到了熟悉的甜腥味道。还好,刚才掩饰得不错,谁都没有发现他受伤的事情。而这件事,他也不愿意任何人知道,包括亲生父亲和生死之交。

毕竟是年轻,回来之后咳出淤血,他感觉自己正在慢慢地好起来。那么就算不告诉他人,不请医用药,司马攸相信自己也能挨过这场伤痛。

司马家的人最擅长什么? 作伪。所以他宁可被人误会为怯懦,也绝不愿被人看破自己的苦楚。司马攸自嘲地一笑,慢慢平复下呼吸,伸开了手指。他的手指修长且有力,中指一侧还带着常年握笔练字磨出来的薄茧。爹爹司马昭就曾经夸赞过他,仅凭这双手中之笔就足以颠倒乾坤。可是现在,司马攸却觉得这双手太过荏弱,挽救不了任何人,甚至挽救不了自己。

太学位于洛阳东南开阳门外,自汉光武帝建立至今,已有两百多年的历史。根据魏制,但凡六百石俸秩以上官员的子弟都可直接进入太学,同时地方州郡也可以遴选儒生成为太学生。此时洛阳太学中共有太学生三千多人。

　　太学生经过考试可以担任国家官职,加上汉代皇帝常常在太学咨询国事,太学生们便养成了以天下为己任的风气。因此,潘岳想调动民意为嵇康求情,首先想到的地方就是太学。

　　潘岳等人到达太学的时候,天色尚早,无论学生还是博士都没有人影。由于在路上已经商量好了对策,三个人下了马车后直接进了讲堂,夏侯湛铺纸,韩寿研墨,潘岳则提起笔,片刻之间就写出了一篇号召太学生为嵇康先生上街请命的招贴。

　　写完之后,夏侯湛和韩寿看了,都觉得潘岳这篇招贴文辞精简却意气慷慨,让人恨不得立刻冲上洛阳街头,为即将含冤受刑的嵇康先生振臂一呼。当下两个人和潘岳一起,将这篇招贴誊写了多遍,又将它们在太学内四处张贴。

　　等这些做完的时候,太学里已经聚满了前来上课的太学生。他们聚集在潘岳所写的招贴前大声诵读,人声鼎沸,更有好事者将这招贴传抄多份,带到外面街头张贴散发。一时之间,原本就已经因为嵇康之案而炽热如油锅一般的气氛,因为潘岳洒下的几滴水而轰然炸裂。

　　"吕巽奸污弟弟吕安之妻,反倒诬告吕安不孝。嵇康先生为吕安做证鸣冤,何罪之有?"也不知是谁带头一喊,顷刻引来了山鸣海啸一般的响应。

　　"小人横行,名士蒙冤,此正是我们为国家效力之时!"

　　"对。眼睁睁看着嵇康先生枉死,我们光读这些圣贤书有何用?"

　　"按这个招贴上说的,我们这就冲向东市刑场,请大将军刀下留人,请嵇康先生到太学来任教!"

　　"不救出嵇康先生,誓不回还!走,去东市!"

　　"去东市!""去东市!"一声又一声的呐喊此起彼伏,如同一波一波的巨浪,终于漫溢出堤岸。三千太学生有的振臂高呼,有的抱起孔子的牌位,有的招呼着路上的行人,仿佛洪水一样冲出太学,向北方的宣阳门卷去。

"你们这个样子，是打算造反吗？"潘岳正与夏侯湛、韩寿一起随着太学生们进城，忽听身后传来一声冷笑，"乌合之众，也想逼大将军收回成命？"

潘岳回头一看，见说话的正是石崇，想必他在洛阳无事，也前来太学听课。

"我们代表天下人请命，轮不到你来冷嘲热讽！"不等潘岳回答，韩寿便忍不住顶了石崇一句。

"一群乱哄哄的无头苍蝇，居然好意思代表天下人？"石崇哈哈一笑，"土匪聚众抢劫，都知道要推举头领，令行禁止。可笑你们这些蜗居在洛阳的世家公子，连乡野里打劫的蟊贼都不如，还想成什么大事！"

"你……"韩寿气得倒仰，面红耳赤还想争辩，潘岳却一把拉住了他，"石公子说得没错。我们要想救嵇康先生，确实要推举领袖，不能如乱民一般失去控制。"

"可是谁来做这统帅众人的领袖？"韩寿脱口问道。

"还能有谁，这不是现成的吗？"石崇斜斜打量了潘岳一眼，"这洛阳城中，谁能有檀郎这么高的人望？只要拿出上巳节时在洛水边的架势，别说三千太学生，就算是三万洛阳人都会跟着你奔赴东市了！"

"你居然还有脸说上巳节！"韩寿又待怒斥，却发现潘岳已经爬上了他们乘来的马车，高高立在了车辕上。

"安仁不可！"一直沉默不语的夏侯湛见状，连忙奔过去一把拉住了马缰绳，焦急地对潘岳道，"你难道看不出石崇是故意在害你吗？法不责众，招贴大家都在传抄，查出主谋不易。可你若是出头，就是明摆着和大将军作对！哪怕最后大将军迫于民情赦免了嵇康先生，你自己也免不了受到责难。二公子已经提醒过你从井救人、圣人不为，你千万不能为了嵇康先生而把自己置于险地！"

夏侯湛不提司马攸还好，一听"二公子"三字，潘岳不由神色一凛。事后细细揣摩司马攸方才的行动和言语，潘岳已经认定，桃符此番绝不是仅仅受到了大将军斥责那么简单，而这个结果，正是自己的暗示造成的。既然认定了要做一件事，他就绝不能只让司马攸一个人去承担这个罪责，这是义气，也是道德。

"夏侯兄，有些事，我必须做！"潘岳说着，在车辕上高高站直身子，就仿佛一只隐藏在鸡群中的白鹤终于按捺不住腾空而起，清唳九霄，哪怕会就此引来猎人的利箭也在所不惜。他大声朝周围乱糟糟的太学生们喊道："潘岳在此。大家若想救嵇康先生，就请听我一言！"

"檀郎，听檀郎要说什么！"潘岳容貌既美，文才又高，素来在太学生中有很高的知名度。此番他站在高处振臂一呼，周围的太学生们顿时停止了吵嚷，纷纷朝他看了过来。

夏侯湛叹了一口气。他知道潘岳平素虽然低调自持，可内心始终藏着少年特有的理想和意气，就像一把藏在袋子里的锥子，再怎么小心掩藏锋芒，也终有忍不住戳破袋子的那一天。于是夏侯湛用力把马缰绳从潘岳手中拽出，自己也爬到了车上。看着潘岳不解的眼神，夏侯湛苦笑道："既然你执意要当这根出头的椽子，我就只好给你策马护驾了。"

"还有我！"韩寿挑衅地扫了一眼站在一旁的石崇，也走到了马车边。

经过潘岳的策划和劝说，半个时辰后，洪水一般激荡的太学生们终于全都安静下来，在捧着孔子牌位的同伴后排成整齐的队伍，从宣阳门进入洛阳城，沿着铜驼大街朝嵇康受刑的东市走去。

洛阳的居民们站在路边，看着这些年轻人神色肃穆，拱手而行，虽然没有一句言语，却如同沉默而稳重的河流，带着令人心折的宏大力量。而在步行的三千太学生中，却有一辆马车在人群中缓缓而行，驾车的年轻人温文尔雅,丰神如玉,而高高站立在车辕上的少年更是姿容俊拔,粲然如神。这样的情景,委实让人终生难忘。

"檀郎,他是檀郎!"很快,人群中许多人都认出了潘岳,纷纷惊喜地叫喊起来。然而下一刻他们只觉潘岳的目光扫到了自己身上,虽然只是轻轻一瞥,却让围观众人忍不住心驰神往,竟不好意思再喧闹起来,只是默默地跟在太学生们身后,一起朝着东市走去。很快地,太学生们身后跟随的洛阳市民越来越多,仿佛一条大河汇聚起越来越多的支流,越发气势磅礴。

此时此刻,杨容姬也站在洛阳街头,继上次在洛水边再一次看见了潘岳。她没有随人潮跟着太学生们拥往东市,只是静静地站在路边,看着潘岳所乘的马车从她面前慢慢驶过。他的眼睛原本一直望着前方,却不知是否是杨容姬的错觉,她感到他的目光忽然轻轻转过来,下意识地在自己脸上停留了一下。不过也仅仅是一下,随即如清风一般再也找寻不到。

青衫磊落,气势慷慨,现在这个样子,才是檀郎最美的时候吧。杨容姬不禁想起上巳节的时候,他的马车被贵族女孩们团团围住,鲜花和水果雨点一般落进他的车厢内,而他就只是端宁地坐在那里,脸上带着无懈可击的微笑。虽然难掩被万人追捧的虚荣满足,但即使在最闪耀最得意的时候,他的笑容也依然是礼貌而克制的。哪怕青春正盛,才貌倾城,可他依然小心翼翼地收敛着自己的光华,就仿佛五年前他们定亲的时候,那个十二岁男孩的心事也随着他年龄的增加而不断增长。

可是现在,他的脸上虽然没有笑容,杨容姬却觉得,这才是他将自己真正毫无保留地呈现出来的时刻。他的目光明亮而充满感召,他的唇角紧抿而充满坚定,他的脸上因为炽烈的愿望而焕发出熠熠的光彩。有那么一瞬间,杨容姬觉得周围的所有人都消失了,她的眼里只剩下一个他,从她面前缓缓地走过,然后消失在前方的茫茫天地间。

杨容姬的眼前忽然一阵模糊,就仿佛被太过明亮的阳光炫到,一时间什么都看不清楚。等她终于醒过神来的时候,才发现自己的手指紧紧地绞扭在一起,用力得指尖都泛出了白色。然后她转身离开了铜驼大街,背影坚定,毫无留恋。

与此同时,铜驼大街旁的一座酒楼雅座内,匈奴王子刘渊看着楼下浩荡走过的人群,不由轻笑了一声:"那嵇康散淡疏狂,非汤武而薄周公,想不到拥护他的人竟有这么多。我自以为已经读了不少汉人的圣贤书,还是不能理解他们的做法。"

"这些平头百姓懂得什么,不过是跟风看热闹罢了。"坐在刘渊对面的大公子司马炎手肘支在窗棂上,轻轻抿了一口杯中美酒,忽然睥睨一笑,"哟,连潘岳都出来了,怪不得能有这样的声势。"

"潘岳,就是传说中的檀郎?"刘渊一下子也有了些兴趣,凝目朝楼下看了一阵,皱眉道,"虽然百姓无知,可檀郎的号召力果然非同凡响。他们要真这么把东市给堵了,大将军要杀嵇康就有了很大顾虑。"

"由得他们闹去。"司马炎见潘岳所乘的马车从楼下驶远了,收回目光冷笑了一声,"却不知他们闹得动静越大,大将军杀嵇康之心就会越坚定。嵇康今天,非死不可。"

"为什么?"刘渊奇怪地看着司马炎,"儒家不是讲究民心向背吗?就算这些人是被檀郎的美色蛊惑,可他们的诉求还是请大将军赦免嵇康啊。"

司马炎闲闲一笑,没有回答,心中想起的却是上巳节那天智囊冯纨对自己说过的话:"百姓无知,大将军的威仪竟还比不过一个少年的美貌,这件事若是流传出去,岂不是让大将军面上无光?"大将军司马昭统帅天下,他的权力和尊严绝不能被任何人所冒犯。上巳节那天大将军的威仪已经输给了潘岳的美貌,此番这第二次较量,大将军无论如何不可能再输。只是这个念头，司马炎不能告诉任何人。

见司马炎没有开口的意思，刘渊只好又问："大公子，你觉得今天的事情，会如何收场？"

"一群书生而已，能成什么大事？"司马炎嗤笑一声，放下酒杯站起身来，"走，回大将军府，接下来肯定有好戏可看呢。"

铜驼大街并不直通洛阳东市，于是太学生和尾随请命的洛阳百姓分别从不同的街巷拥往东市，就仿佛一条大河散佚成了无数分支。

潘岳身姿颀长挺拔，站在马车上更是如鹤立鸡群一般醒目。众人原本都以他马首是瞻，队伍井然有序。然而人流分散进入街巷后，情势便不如在铜驼大街上易于控制。变故，也正是在这个时候发生。

眼看处斩嵇康的东市遥遥在望，而嵇康尚未从监狱中押解到来。潘岳正与夏侯湛、韩寿等人商议下一步的具体行动，忽听有人奋力拨开人群，朝潘岳所在的马车奔了过来："檀奴，檀奴！"

这个声音太过熟悉，潘岳抬眼一望，正看见哥哥潘释陷在人群里，举着手臂朝自己呼喊。见潘释神色焦急，潘岳赶紧跳下马车朝潘释迎了过去："大哥，发生什么事了？"

"母亲突发重病，叫你赶紧回家！"潘释用肩膀撞开两个挡在身前的人，挤到潘岳身边，一把抓住了他的胳膊。

"母亲昨天还好好的，怎么突然病了？"潘岳吃惊地问。

"你半夜逃家，母亲气得一早就心口绞痛，到现在还没缓过来。"潘释拉了一下潘岳见他不动，不由怒道，"怎么，为了救一个外人，你连最基本的孝道都不讲了吗？"

"百善孝为先。安仁你还是先回去看望伯母吧，这里还有我们。"跟过来的夏侯湛见状，连忙劝道。

潘岳虽然有所怀疑，但料想大哥也不敢拿母亲撒谎，心中便真的焦虑起来,当下与夏侯湛、韩寿等人作别。

潘释将早已准备好的一顶笠帽扣在潘岳头上,以免路上引人注目。两个人逆着人流走回铜驼大街,上了早已等候在那里的潘家马车,一路马不停蹄地回到了潘宅。

一进家门,潘岳迫不及待地朝父母所居的上房跑去,进屋之后才发现母亲邢夫人端端正正地坐在上位,正一脸严肃地看着自己。潘岳从未见过母亲这样的神情,心中一凛,赶紧跪下见礼:"大哥说母亲不太舒服,不知现在可好些?"

"你不听父母教诲,夜半逃家,在外面闯下滔天大祸。你说,我心里会舒服吗?"邢夫人冷冷看着潘岳,声色俱厉。

"母亲,嵇康先生才高德茂,天下人人敬仰。他如今蒙冤被难,仁人志士谁不想为他请命?儿子也不过是遵循圣人教诲,想要……"潘岳还没说完,就被邢夫人打断:"松奴,拿绳子来,把檀奴绑了!"

见大哥潘释果然拿了一卷麻绳进来,潘岳大惊:"母亲这是要做什么?"

"让你去大将军府负荆请罪!"邢夫人面上神色如常,藏在袖子里的指甲却狠狠掐着自己的掌心。她是河间邢氏的女儿,从小就懂得在门阀林立的时代,每一个家族成员要如何做才能保住家族的繁荣。就像是一棵枝繁叶茂的大树,一荣俱荣,一损俱损。如果哪个旁枝上染了虫疾,就要狠心将那个旁枝砍斫。因此,虽然潘岳是她最引以为荣的孩子,如今他年少轻狂的举动得罪了大将军司马昭,潘家只能抢先向大将军俯首认错,才有可能保住潘岳的安全。

毕竟潘岳才十七岁,大将军又一向以儒家仁义宽厚自居,当不至于太过为难他。

潘岳原本想要挣扎,一听说要带自己去大将军府,反倒安静下来,主动背过双臂方便潘释捆绑:"我正愁见不到大将军,如此就麻烦母亲和大哥动作快些,我好赶在午时之前说服大将军。"

"檀奴,你真的要气死为娘吗?"邢夫人正要发作,却听外面仆人通传:"老爷回来了!"下一刻潘家家主潘芘已经匆匆走了进来,他的身边还伴随着一个头戴鹖冠、气定神闲的三十多岁的官员,与潘芘满头冷汗一脸晦暗的狼狈表情形成了鲜明对比。

"这位是越骑校尉冯纮冯兄。"潘芘顾不得屋内的尴尬情景,先命夫人和两个儿子向这位司马昭的心腹大臣行礼。

邢夫人款款向冯纮福了福,动作虽然恭敬,心里却暗暗叫苦。冯纮与潘家素无交情,又是大公子司马炎一党,司马昭这次摆明了不肯接受潘家登门谢罪,而是派冯纮亲自上门问罪来了!檀奴今天闯的这出祸,只怕不能善了。

果然,潘芘看到潘岳身上的绳子,不由怒道:"你这是要做什么?"

"母亲说了,要带檀奴去大将军府负荆请罪。"潘岳赌气回答,连手臂上松松缠着的绳子也不肯挣开。

"负荆请罪?"潘芘顿时朝着潘岳冷笑一声,"你以为你是谁?大将军日理万机,哪里有空理会你这种任性妄为的竖子?今天幸亏你母亲把你半路叫了回来,否则还不知道杀了嵇康,你接下来要做出什么事情!"

"嵇康先生怎么样了?"潘岳猛地想起此刻已至午时,惊出一身冷汗,忍不住抬头询问。

冯纮有心不答,却不妨这少年的眼神正满是恳求地落在自己脸上,目光清澈如苑囿中采食青坪的小鹿,让冯纮不由自主地开了口:"我们刚从东市路过,正听见嵇康在刑场上弹了一曲《广陵散》。他也不愧名士之称,临刑之际依然潇洒从容,令人叹服。"

"什么,嵇康先生他……他死了?"想到桃符和自己做了那么多努力还是挽回不了嵇康先生的性命,潘岳只觉得万念俱灰,身体一软坐在了地上,喃喃道,"不会的。有那么多人为嵇康先生请命,大将军不会不加顾念……"

"光人多有什么用?乌合之众,不过派出几队禁军一轰,就散沙一般地到处流窜了。"冯纨轻轻摇头,睥睨一笑,"太学生们毕竟年轻,光凭血气之勇可成不了事,何况——"何况,沿途百姓还传言,领头的檀郎已经投向了大将军,所以半路悄悄遁逃了,那其余人等更是斗志皆消,哄然而作鸟兽散。

"不,我们原本可以成功的,若不是母亲装病,半途把我骗回来……"潘岳还没说完,潘芘就怒不可遏地一掌挥下,"逆子,到这个时候还死不悔改!大将军对我家恩泽深厚,你不思报效,反倒越发狂悖无状!"

潘岳从小没有挨过父母一根手指头,此刻被打得蒙了,只觉得全身的血流都涌到了脸上,让他只能狠命睁大双眼,难以置信地盯着父亲。

"潘府君还记得大将军说的话吗?孩子年纪还小,犯点错也没什么。"冯纨笼着双手,闲闲地说。

潘芘一凛,刚才司马昭说的话,他怎么可能不记得?但是冯纨引述的话之后,司马昭还有更重要的一句话:"不过做家长的,还是该管教一下了。"

管教一下。越骑校尉冯纨特地驾临潘宅,就是专程替大将军来看潘家如何管教不孝儿郎的。也不知檀奴何德何能,竟能招致大将军如此看重。

想到司马昭说这话时漫不经心的口气,潘芘不由心惊胆战。九年前,他和潘岳误打误撞地听见了管辂对司马攸的凶星预言,心知已经犯了司马昭的大忌讳,因此这些年来潘芘一直小心谨慎,费了无数心机才赢得了司马昭的信任,断了司马昭对自己父子的杀意。而据潘芘所知,当年司马昭带去营救司马攸的三百军士却没有这么幸运,被司马昭故意调往关中，全部死在了羌人的伏击中。九年过去，当潘芘好不容易松了一口气时，儿子却又闯出这样的祸事来，怎能不让潘芘恐惧入骨？

想到这里，潘芘狠了狠心，对大儿子潘释吩咐道："去，把家法拿来！"

"老爷……"邢夫人惊讶地轻呼了一声，却正看见丈夫紧张却无奈的表情，顿时明白了什么，紧紧攥住双手不再出声了。

潘家的家法是一根黄荆木杖，平素放置在祖先灵前只是用来吓唬潘家子孙，几十年来从未动用。此番潘芘为了保全潘家满门前程，也为了保全潘岳的平安，不得已要当着冯纨的面把这场"管教"做足。

"跪好了！"潘芘踢了踢潘岳的膝盖，见他果然倔强地跪直了身子，狠心一杖就朝潘岳的臀腿处打去，"小小年纪却逞匹夫之勇，你可知错了？"

潘芘只求让潘岳早点认错求饶，因此这一杖挟风而下，力道十足。潘岳虽然早有了心理准备，这突如其来的痛楚程度却超越了他的预期，让他禁不住"啊"的一声扑倒在地。出声之后他顿觉羞耻，胡乱扯开缠绕在手臂上的绳子，从地上爬起来重新跪好，低沉却清晰地分辩道："嵇康先生无辜被戮，我想救他并不是匹夫之勇。"

"还敢狡辩！"潘芘见他不肯配合认错，又是一杖打下。

许是有了经验，这一次潘岳没有摔倒，也没有再叫出声来。他咬牙忍过痛楚，张口清清楚楚地说："荀子说过，义之所在，不倾于权，不顾其利，就算全国人都反对，就算……爱惜自己的性命，也要坚持正义绝不屈从，这叫作……叫作……"他说话之时，潘芘又是几杖狠狠打下，却每次都只是让他停顿了片刻，没法阻挠他把心里的话说完。

"闭嘴！你给我闭嘴！"潘芘用尽全力打了十七八杖，虎口已经被震得发麻，只能拄着木杖大口喘气。

"这叫作士君子之勇。"潘岳得了喘息之机,终于把荀子的话完整说完。他此刻只觉得臀腿处痛如刀割,缓缓还有粘腻的血迹从衣袍下渗出,若非用双手死死撑住地面,只怕颤抖的双腿根本不足以支撑全身重量。

"到现在,你还觉得自己是做对了?"潘芘斜眼见冯纨只是冷眼旁观并无一字,担忧愤怒之下再度挥起木杖,毫无章法地朝潘岳打下,口中怒道,"那嵇康上不臣天子,下不事王侯,轻时傲事,非薄圣贤,所以大将军才要杀他!你再被他蛊惑下去,将来后悔莫及!"

"我……我并不赞成他非薄圣贤,但……但这不代表他可以被无辜冤杀……"身后的木杖恍如一道道闪电劈下,让潘岳只能用力抠紧地面的砖缝,想要从中获得最后一点支撑自己的力量。他无力地垂着头,只看见冷汗从自己的鼻尖和下颌一点一点地滴落在地板上,却带不走一丝一毫火燎刀割般的痛楚。

嘴唇已经咬破,口中尝到了血液的腥味,潘岳听着父亲仍在口口声声叫着"闭嘴",果真不再开口。反正再说什么他们也是不会听的,不开口辩解,却也可以不开口求饶。他不赞成嵇康先生的观点,却依然想仿效他临危不惧的风骨。

潘芘此时已不记得自己打了多少杖,见潘岳最终无力地倒在地上,下身的鲜血缓缓在衣袍上蔓延,心下痛得刀绞一般,偏偏冯纨就是不出声阻止,让潘芘找不到住手的理由。于是他把木杖塞到大儿子潘释手中,喘着气命令:"你来!"

"爹爹!"潘释虽然平时嫉妒弟弟,但此刻见他受苦,心中也颇为不忍。他刚想替潘岳求饶,潘芘就踢了他一脚:"难道你想看着我们一家被这个逆子连累吗?"

潘释无奈,提着木杖走到潘岳身边,忍不住道:"檀奴,你就认个错吧!"等了等见潘岳只是咬着嘴唇不说话,潘释只好抡起木杖,朝潘岳打了下去。

潘释虽然并未尽全力，但潘岳臀腿上早已皮开肉绽，就是轻微的触碰都痛不可当，怎么还禁得起一再捶楚？潘芘眼看儿子开始还挣扎躲闪，后来却伏在地上不动，一杖杖打下也不过是本能地抽搐而已，不由大是恐慌。莫非，大将军派冯统来，就是要他逼着自己亲手将儿子打死的吗？心中闪过这个毛骨悚然的念头，潘芘眼前一黑，跟跄了一下就要摔倒，一旁的邢夫人赶紧过来将他扶住。

"老爷，你饶了檀奴吧！"邢夫人在一旁早哭得气哽胸窒，只是碍于身份苦苦抑制而已。此番见潘岳伏在地上面色刷白气若游丝，邢夫人再也忍不住，哭着劝道。

"我饶他有什么用，还不是得看大将军饶不饶他？"潘芘悲哀欲死，虚弱地回答。他也想不明白，就算今天潘岳煽动太学生和洛阳居民为嵇康请命，大将军也不该与一个孩子如此计较。

邢夫人慢慢放开潘芘，擦去眼泪走到冯统面前屈膝跪下，强压着悲愤问道："请问冯校尉，大将军今日可说过要檀奴死吗？"

"那倒没有……夫人快快请起！"冯统赶紧侧身避让，回答却微有踌躇。今日的来意，其实司马昭只是模糊吩咐了一声，就算精明如冯统也揣摩不清大将军对这个少年的真实意图。不过看潘岳此刻伏在地上毫无生气，白玉般的面孔早已被冷汗打湿，就仿佛一株含苞欲放的梅树被人砍斫在地、零落成泥，让冯统感觉哪怕在最痛楚最狼狈的时刻，这个伏在地上的少年依然保持着他特有的晶莹和高洁，倒显得站在一旁的人们太过冷酷和阴暗。

想到这里，冯统冷硬的心也有了几分松动。他上前几步走到潘岳身前，冷冷地说："大将军有句话要问你。"

潘岳此刻只觉得冯统的声音是从很远的地方传来，恍恍惚惚地听不真切。他努力想撑起身子，下半身却痛得仿佛断裂一般，不由再度伏倒在地,耳边却听见了母亲邢夫人强自冷静的话语:"檀奴,好好回答大将军的问话。"

闭着眼睛积攒了一些力气,潘岳努力点了点头。冯纨见他已经濒临崩溃,知道时机已到,便问出了此行最关键的一句话:"大将军问,二公子关于钟会将军的说法,是不是你告诉他的?"

二公子,钟会?潘岳迷迷糊糊中听到"二公子"三个字,顿时一个激灵。原来这才是大将军今天惩戒自己的真正原因。可钟会和桃符又有什么关系?想起先前司马攸将自己关在屋内不与众人见面,就连说话也努力提起气息,潘岳忽然明白了——桃符也受到了大将军的惩罚,只是和自己一样,不是为了嵇康,而是为了钟会!可究竟为什么是钟会,潘岳却想不明白。

"我没有。"几乎没有犹豫,潘岳虚弱地摇了摇头。此时他的身体里就仿佛有人在修筑一座夯土城墙,城墙随着每一下击打越来越高、越来越厚,让他每呼吸一口气都艰难无比。

冯纨冷笑了一声:"潘公子还是不说实话。"然后便沉下脸,袖起双手一言不发。

潘芘见状,又急又气,一把抢过潘释手里的木杖,再度朝潘岳挥下:"快说!不说我今天就打死你这个逆子!"

"说什么?"潘岳原本已经奄奄一息,却被再度袭来的剧痛激发了残余的力气。他努力朝父亲和冯纨所在的方向转过头,喑哑地笑了笑:"钟会陷害嵇康先生,天下……皆知,还用得着……我来说?"说完,他一口气喘不过来,身体中那堵无形的土墙终于夯打完成,霎时间阻挡了一切光线,一切声音。

冯纨知道人在痛楚迷糊之下自控力最差,因此一直目不转睛地盯着潘岳脸上的表情。此番见潘岳骤然昏厥,脸上依然毫无惊恐作伪,只有委屈激愤,心里便是一宽,竟为面前这个少年感到几分庆幸。

其实冯䌷自己也不明白司马昭的意图。大将军这个人外宽内忌，喜怒无常，就像是一座无法窥见全貌的冰山，有些人得罪了他，他大度赦免，而有些人却因为一个无关紧要的事情而获罪被杀。眼前这个天真纯澈的少年，多半就是因为一句无心之语招来了大将军的杀意。

也许是想起了自己年轻时的理想和热血，也许是不忍这钟灵毓秀的少年过早夭折，冯䌷早已冷酷的心，不由自主地软了下来。他退开一步，再一步，终于下定了决心，向潘芘拱手告辞："既然如此，那下官就回去向大将军复命了。"走到门口，冯䌷见潘芘欲言又止，便补充了一句，"潘府君不必担心，大将军那里，我就说令郎已经认错了。"

冯䌷一走，潘家上上下下顿时松了一口气。邢夫人终于可以哭出声来，潘释急急忙忙出去找大夫，潘芘则看着趴在床上昏昏沉沉的潘岳，皱着眉头揣摩司马昭的用意。可是司马昭心机深重，外臣所见不过是冰山一角，潘芘再怎么揣摩也猜不透二公子司马攸究竟说了钟会什么，竟让司马昭疑心到了潘岳身上，甚至动了杀机。

很快潘释就请了大夫过来。大夫检查之后，说都是皮肉伤，并未伤筋动骨，潘岳昏厥多半是心情激荡所致。听大夫这么一说，一家人都放下心来，赶紧按照大夫开的方子内服外敷，而潘岳也很快醒了过来。

"檀奴，你究竟说过什么，跟爹说实话。"虽见儿子仍然一副恹恹无力的模样，潘芘还是忍不住开口询问。

潘岳的嘴角噙起一丝自嘲的笑，语气虚弱却坚硬："我说的都是实话……父亲若是不信，不妨接着打。"

"现在不是赌气的时候！"潘芘气得跺脚，"你常常代二公子撰写表章，出谋划策。二公子有事，大将军自然会第一个怀疑到你身上！"

潘岳一愣，原来所有人都知道自己和司马攸走得近，偏偏他们自己还以为遮掩得足够好。也许在大将军和父亲这些官场老手眼中，自己和桃符等人不过是在玩小孩子的把戏，他们心情好时就佯装不闻不见,心情不好就可以将他们抓起来"教训"一番。早知如此,他和司马攸就应该大大方方、坦坦荡荡地往来,反倒不会像今日一样,莫名其妙被鬼蜮中伤。

"桃符……二公子发生什么事了?"潘岳想到这里,赶紧向父亲追问。

"不知道。我只听说昨日二公子惹怒了大将军,今天一整天大将军都心情不佳。"想起刚才拜见司马昭时那狭长凤目中流露的狠戾神色,潘芘不由一阵后怕。冯纨虽然答应为潘岳说情,但他毕竟和大公子司马炎走得近。若要最终保全潘岳,说不定还是得着落在备受宠爱的二公子身上。

"松奴,你现在去一趟舞阳侯府,把檀奴的事情告诉二公子。"思忖到最后,潘芘还是决定去探一探司马攸的口风。

"不用去了,二公子已经知道了!"潘释还没走出房门,迎面已有一个人推开通传的仆人,匆匆跑了进来,竟是司马攸手下的长史温裕。

"想来二公子确实'早'已知道了。"潘芘拈着胡须,面无表情,但一个刻意加重的"早"字却明明白白地宣泄了他的不满。

温裕有些讪讪,只能埋头向潘芘拱手行礼,假装没有感觉到潘家人的怨气。司马攸在潘家布有眼线,潘岳受责之初他就已经得到了消息。那个时候温裕询问是否要请人相救潘岳,司马攸犹豫了一下,最终却摇了摇头:"大将军对檀奴的气,迟早要找机会发泄出来。由他家里人动手,总好过廷尉狱中的酷吏。"不过这话,温裕却不能对潘芘夫妇说出来。

"温长史,二公子……还好吗?"趴在床上的潘岳见温裕到来,努力撑起身子,焦虑地问。

"二公子还好。"温裕回答得极是流利,脑中却蓦地闪过司马攸憔悴的神色和忧痛的目光,一时间心痛如绞,却只能竭力掩饰,"安仁你呢,现在可以下床走动吗?"因为司马攸的缘故,温裕与潘岳私下里颇为相熟,因此一直以潘岳的字"安仁"来称呼他。

"是桃符叫我过去吗?"潘岳正好有许多话要问司马攸,听到此言眼中一亮,咬牙就想爬下床来。

"不能动!"一旁默默看护的邢夫人连忙一把摁住了潘岳,转头对温裕含怒道,"烦请温长史禀告二公子,檀奴身受重伤行动不便,下次再去拜会二公子吧。"

"不是去拜会二公子,而是我要带安仁离开!"事发突然,温裕也顾不得避嫌,只好对潘芘夫妇和盘托出,"安乐亭侯司马伦今日约见安仁,安仁不愿前往,胡芳小姐便乔扮男装,代安仁赴约,却被司马伦识破。刚才司马伦在大将军面前添油加醋地告了安仁一状,想得到大将军许可,带人到府里来抓人问罪。现在虽然不知大将军最终同意与否,二公子还是叫我赶紧带安仁去躲藏起来。等过了这个风头,二公子自然会把一切料理妥当。"

温裕这番话一出口,潘芘夫妇顿时惊怒交加。原本以为潘岳挨了一顿家法重责,大将军那里已经可以交代过去,却不料又闯出一个司马伦来!那司马伦声名狼藉,若是他将潘岳抓走,还不知会闹出什么祸事!

"都是你平素把我的话当耳旁风,才闯下这天大的祸事来!"因为牵涉到二公子司马攸,潘芘无法责骂他们行事莽撞,只能将怒气发泄在自家儿子身上。见潘岳在众人搀扶下挣扎了几次也没能从床上爬起,潘芘赶开挡在床前的潘释,用力扯住潘岳的手臂,一把就将他扯下床来。

潘岳眼前一黑,痛得几乎要失声惨叫,然而熬过这一阵,身体便渐渐适应了痛楚。他喘了两口气,在温裕和潘释的搀扶下站直身子,慢慢往外走去。

"檀奴……"邢夫人见潘岳一动之下衣衫上又有新的血迹渗出,不由心疼地拦在众人面前,"家里有个地窖,要不就让檀奴躲在那里,别再折腾了!"

"不行,司马伦若是存心要捉檀奴,家里怎么都藏不住。"潘芘冷着脸,也不顾潘岳行动之间冷汗簌簌而下,狠心推搡了他一把,"快走!都是你咎由自取,偏要去招惹那个呆霸王!要是真做出败坏门风的事情,这个家你也不用回来了!"

听着父亲的责骂,潘岳心中宛如针扎,却无法开口辩解。他咬牙撑住温裕和潘释的手臂,想努力走快一点,虚浮的脚步却被门槛一绊,整个人顿时向下摔去。

"安仁小心!"温裕手上使力,和潘释一起将潘岳扶起,随即一矮身蹲了下去:"我背你出去。"

"怎么能劳烦温长史,让他自己走!"潘芘余怒未消。

温裕知道潘芘满腹怨气,所以连个奴仆都不让帮手,可这怨气不仅仅是对着潘岳,还对着二公子司马攸,也对着自己。他暗叹了一口气,也不多说什么,矮下身将摇摇欲坠的潘岳背到背上,径直走向了门外的马车。

"温长史,檀奴就拜托你们了。"潘芘依旧杵在原地,只有邢夫人带着潘释来到马车前送行。隐忍再三,邢夫人还是没有问温裕要把潘岳藏在哪里,只是默默地将大夫留下的伤药放进了马车。此时此刻,面对狐假虎威的安乐亭侯司马伦,潘家别无选择,只能将一切期望押在二公子司马攸身上。

"伯母放心,这次的事情安仁纯属无辜,二公子和胡奋将军已经上书向大将军请罪了。等事情一过,我就会把安仁平安无事地送回来。"温裕和车内一个童仆将潘岳扶入车厢,转身看着邢夫人盈盈的泪眼,又补充了一句,"我们温家愧欠安仁甚多,我就是死也会保护安仁的安全。"说着,他一扬马鞭,驾车朝着远处驶去。

因为刚才在潘宅耽搁了不少时间,温裕快马加鞭,马车一路往北直冲出了大夏门。

出城之后,道路便没有城内的平整,马车顿时颠簸起来。潘岳原本昏昏沉沉地伏在柔软的坐垫上,此刻被颠得烦闷欲呕,忍不住想要翻个身,却牵动到身后伤势,不由低低地呻吟了一声。

"檀奴,可是痛得厉害?"车内的童仆一直关切地守在潘岳身边,此刻见他挣扎着想起来,连忙伸手扶住了他。

这声熟悉的"檀奴"让潘岳猛地一震,愕然转过头去。他先前只顾忍痛,加上车内光线阴暗,根本没有注意这童仆的模样,此刻凝神一望,不由大吃一惊:"桃符?你……"

"我不放心你,又怕万一九叔来了温裕挡不住,所以亲自来看看。"见潘岳脸上仍是一片震惊,司马攸低头看了看自己的童仆装扮,云淡风轻地笑了笑,"大将军罚我禁足,我只好这个样子偷跑出府,你可不要告诉别人。"

"好……"潘岳勉强应了一声,喉咙却已经哽住了。他重新伏回坐垫上,将脸埋进袖子里,不愿让司马攸看见自己眼中泛起的泪光。虽然努力做出一副轻松的模样,但司马攸苍白的脸色和低弱的声气还是出卖了他,也印证了潘岳先前的猜测——司马攸也受到了大将军的责罚。只是既然他极力掩饰,潘岳深谙他的性格,就绝不会主动戳到他的痛处。

"你别睡过去,我们很快就要到了。"司马攸见潘岳不动,只当他伤重昏沉,不由深悔出门太急,竟忘了给他带些府中的伤药。

潘岳低低地应了一声,声音极是微弱。司马攸无措地看着潘岳身后的血迹随着马车的颠簸不断扩大,心中发紧,胸口肋下越发抽痛起来,只能暗暗咬住了嘴唇。待到好不容易积蓄了一些力气,司马攸语气如常地安慰潘岳："这里是邙山,温裕会带你去温家的墓庐,那里有守墓的老家人会照顾你,养个十天半个月没问题,九叔肯定找不到。"

"桃符……你为什么要让胡芳小姐顶替我……去见司马伦?"潘岳也知道一会儿要弃车步行,因此这段时间一定要保持清醒,便用指甲死命掐着指尖,问出了这个一直萦绕于心的问题。

"我原本安排的是韩寿,没想到韩寿自己不想去,却私下撺掇了胡小姐,否则九叔哪里那么容易识破?"司马攸闷闷地回答。

潘岳苦笑了一下。这次的祸事,可以说是因为韩寿心存侥幸,胡芳不知轻重,可归根到底,还是因为桃符对自己保护太过。二公子司马攸平素沉静稳重,可一涉及自己,行事就往往出人意料。这一点,潘岳虽不认同,却不能不深受感动。

"原来是这样,那么请桃符……不要怪罪韩寿……"潘岳蓦地想到这里,心头便是一黯。他理解司马攸想要保护自己,但推韩寿去顶缸,又未免有厚此薄彼之嫌。韩寿品貌一流,外表洒脱而心性高傲,却一直被笼罩在自己的光环下,让潘岳隐隐感到不安。这些年来他一直刻意交好韩寿,不仅是为了维持朋友间的友谊,也是为了在司马攸麾下挽留住韩寿,还有他背后世代簪缨的韩氏家族。

"好,我不怪罪他。"司马攸口中虽答应,心中却是一片冷硬。韩寿若是别的事办得草率也就罢了,偏偏在大将军恼恨潘岳的气头上惹出雪上加霜的祸事来,害得潘岳身受重刑之后还不得不亡命山野,凭这一点他就永远不会原谅韩寿。即使碍于潘岳求情他不会责备韩寿一句,但韩寿在自己门下的前途,至此也就到头了。

"桃符,你在大将军那里……"潘岳还想再问点什么,冷不防马车猛地一摇,开始在山路上狂奔起来,剧烈的颠簸让潘岳一下子滚进了车厢角落里,嘶声剧咳,剩下的话就再也说不出口。司马攸伸手想要扶他,自己却也无法站稳,情急之中只能伸出手垫在了潘岳脑后。

"砰"的一声,潘岳的头果然重重地撞向了车壁。等他回过神来才发现,自己的脑后不是冷硬的车壁,而是司马攸柔韧的手掌。而司马攸此刻正僵持着身体一动不动,咬紧牙关皱起眉头忍痛。

"桃符……"潘岳又是感激又是歉疚,才唤出这两个字,驾车的温裕已经慌急地大叫了一声,"有人追来了!"

司马攸顾不得手指疼痛,一把撩开车帘往后望去,只见远处山路上烟尘滚滚,多半便是司马伦带来的人,只能催促温裕加快马车的速度。绕过几条岔路,司马攸见背后的烟尘仍是如附骨之疽般尾随而来,越发笃定来者是前来捉拿潘岳的骑兵,单凭他们的马车绝对无法甩开。

"停车!"司马攸蓦地朝温裕下令。

温裕愣了愣,但还是听从主君吩咐,猛地一拉马缰绳,生生地将马车停了下来。

"桃符,你别管我了……不能让他们发现你……"潘岳也觉察到情势危急,挣扎着想爬下马车。既然司马昭已经对司马攸下了禁足令,若是被司马伦的人发现司马攸不遵禁令擅自出府,无疑又给司马攸添了一项大罪。

"你觉得我会把你单独扔在这里吗?"司马攸的语气中难得地带了些怒气,又转向温裕道,"我和檀奴在这里下车,你驾车继续往前跑。"

"二公子小心些,我一会儿回来找你们。"温裕与司马攸一起用力将潘岳扶下车来,不放心地叮嘱了一句,然后爬回车座,手中鞭子朝拉车的马匹狠狠挥下。那马儿吃痛,长嘶一声,拉着空空的马车径直往前方的道路奔了下去。

"走这边。"司马攸看了看两边的山势,用力架着潘岳的肩膀,搀扶着他朝路边山坡上的草木丛中钻去。

两人害怕司马伦的追兵,又担忧路边草木不够繁茂,便努力往山坡深处走。潘岳毕竟伤重体弱，没走两步就累得气喘吁吁，两条腿每前进一步都如同踩在尖刀火炭之上，让他不由自主得抽搐颤抖。他咬牙借着司马攸的搀扶又多走了几步，终于一个趔趄摔在灌木丛中。

"先歇歇，咳咳，一会儿再走。"司马攸掩着嘴低低咳了两声，只觉自己胸肋间仿佛撕裂一般疼痛，根本无力再搀扶潘岳前行。他在地上坐了片刻，好容易压下了眼前的黑翳和耳中的嗡鸣，见潘岳只是倒在地上呼吸微弱，身后又有新的血迹不断涌出，顿时又支撑着站了起来。他不顾木刺扎手，扯下许多枝叶将潘岳盖住，自己也藏身在一丛茂密的树丛后。耳听得追兵的马蹄声越来越近，司马攸只觉得一颗心已经跳入了口腔，只要他松开牙关一咬，就可以把那颗急速跳动的心咬成两半。

所幸有了前方的马车为诱饵，追兵们并未注意路边，只是一路风驰电掣般往前追去。听到马蹄声渐渐远去，司马攸终于松了一口气，脱力地趴在地上大口喘息。刚才惊心动魄的奔逃，别说是血流不止的潘岳，就连他自己也无力支撑了。

司马攸很想就这样多休息一阵，但他知道骑兵们很快就会追上温裕的马车，必然掉头沿着来路在道边搜索。因此他不敢耽搁，爬起身拨开潘岳身上遮蔽的枝叶，对着他的耳边唤道："檀奴醒醒，我们赶紧走！"

潘岳原本已经迷迷糊糊地半睡过去，听到司马攸一叫，努力睁开了眼睛。然而额头上滚落的冷汗早已浸透眉毛迷住了双眼，让他一瞬间什么都看不清，只是摸索着用双手牢牢抓着身边的司马攸，支撑着站起身来。

司马攸早已看到前方有一片黑沉沉的树林，正是藏身的好地方，当下搀扶着潘岳努力往那里走去。此刻整个山间再无他人，空旷静谧得仿佛被世人遗弃了，只剩下他们两人互相支撑着踽踽而行。这让潘岳不由想起九年前的那个夜晚——同样是在邙山,同样面临着生死苦痛,同样是桃符和檀奴两个无助的身影。原来哪怕经过了九年时光,他们依旧无力掌控自己的命运。

可是将来,他们必不能再这样!潘岳品味着皲裂的嘴唇上蔓延的血腥气,渐渐下定了决心。

走着走着,司马攸忽然觉得脚下一软,心中暗叫不好。原来他们脚下不知何时出现了一道半人来宽的裂缝,如同一道疤痕蜿蜒在石山之上。那裂缝原本一目了然,却不知被什么人用枝叶杂草加以掩饰,仿佛布置成了一个抓捕野兽的陷阱。

尽管立时意识到危险,但潘岳大半的重量都压在司马攸身上,让他想要后撤已是不及。霎时间,两个人一起跌入了地缝之中!

那地缝初时极窄,越往下越是宽大。司马攸情急之下无计可施,只能紧紧抱住潘岳,两个人一起重重地砸落在地缝底部。

喉口一股腥甜涌上,却被司马攸本能地咽了回去。神智恢复的一刹那,他惊慌地翻身爬起,伸手推了推身边一动不动的潘岳:"檀奴?"却没有任何回应。

司马攸心中一紧,顿时有些喘不过气来。他颤抖着将手伸到潘岳鼻下,感受到他微弱却持续的呼吸,终于渐渐镇静下来。

揪住胸前的衣襟站起身,司马攸伸开双臂,在石缝中慢慢摸索,希望找到一条逃生的通道。他一向极有耐心,即使身处险境也绝不焦躁,只是仔细地一寸寸摸索过去。终于,他的指尖触到了一件异物,让他笃定了自己的猜测。

若这个被人掩盖的地缝果然是捕捉猎物的陷阱,那么以他们下坠的深度,猎人势必要进入地缝来捡拾猎物,同时也势必要留下离开地缝的工具。而此刻司马攸找到的,正是一条从上面垂挂下来的绳索。

试了试绳索的牢固程度,司马攸回到潘岳身边,借着头顶微弱的光线再度查看了一下他的情况。只见潘岳虽然依旧昏迷不醒，但鼻息还算均匀，一时之间不会有性命之忧，司马攸便重新回到绳索边，用力拉住绳索往上方的地缝出口爬去。此时此刻，他只能寄希望于温裕返回，才能与他合力将潘岳救出。

地缝的石壁上凿着浅浅的凹痕，显然是为了方便人进出。若是平时，司马攸并不太费力便可爬出地缝，然而此刻双臂一用力绷紧，胸口肋下的隐痛便开始成倍地叠加。等他好不容易爬出地缝时，终于忍不住伏在地上剧烈咳嗽，在身下的草地上呛出星星点点的血迹。

看着身下的血痕，司马攸不禁牵了牵嘴角，露出一个苦涩的笑意。从七岁那年被管辂掳走之后，他已经很久没有这么狼狈过了。九年来众星捧月般的宠爱与赞誉果真蒙蔽了他，让他高估了自己的能力和在大将军司马昭心中的分量，才会因为贸然揭发钟会而惹得爹爹暴怒。而如果不是因为钟会的事触及爹爹的阴私，潘岳也不会受他牵连，落到如今的境地。

所以无论如何，他都不能让自己最好的朋友被自己牵累而死。想到这里，司马攸一咬牙，用双臂支撑着站起身来。

温裕此刻仍然不知去向，或许他也曾经在附近寻找，却一无所获另觅他处？司马攸伸手按了按突突跳痛的额头，跟跟跄跄地朝着远处的官道走去。

第 五 章

重　逢

逍遥乎山川之阿，放旷乎人间之世。

——潘岳

眼前是一堵青灰色的围墙，仿佛盘踞在褐色土地上的长蛇，曲曲折折，弯弯绕绕，将大地分割成无数独立而又串联在一起的院落。那一道道围墙是如此之高，仿佛直插入天幕之中，让人根本无法逾越，只能沿着墙根走向无法预料的未来。

潘岳抬头看了看被高墙框起来的灰色天空，又低头看了看自己的脚。他的脚很小，穿着一双靛蓝色的布鞋，鞋尖上绣着两只憨态可掬的小老虎，正朝自己龇牙咧嘴地笑。

潘岳想起来了，这双虎头鞋是七岁那年母亲请巧手匠人为自己缝制的。那时候自己最喜欢这双虎头鞋，行走的时候两只小老虎一前一后你追我赶，就仿佛在青石板铺成的道路上欢闹嬉戏。

原来自己正在做梦。在梦中他又回到了七岁的时候，回到了位于荥阳郡中牟县的潘家老宅中。

潘家在中牟是大族。根据当时风俗，合族聚居在一起，各分支的宅院既独立又串联，仅靠青灰色的围墙分割。对于七岁的孩子来说，这些前后贯通的宅院就仿佛一个趣味无穷的迷宫。可惜那时他只知道迷宫里藏着有趣的宝藏，却不知道迷宫里也藏着野兽和魔鬼。

一只硕大的蜻蜓不知从哪里钻了出来，因为被露水打湿了翅膀，只在离潘岳不远处的低空徘徊。七岁的男孩下意识地伸出手想要抓住蜻蜓,那只蜻蜓却打了个旋儿,沿着围墙往前飞去了。

潘岳情不自禁地笑出了声,迈开两条小腿向着蜻蜓追去,脚下的两只小老虎撒着欢儿地奔跑,虎虎生风神气活现。他从一出生就生活在这片潘家宅院中,太过熟悉,所以百无禁忌。

前方的蜻蜓忽然拐了个弯儿,飞进了一座陌生的小院。它在四四方方的小院空中飞舞,轻轻巧巧地在潘岳头顶绕了几个圈,消失在围墙的另一边。潘岳不甘心地想要追出小院,却发现不知什么时候院门口多了一个人,高大的身影斜披下来,笼罩了七岁孩童的全身。

潘岳站在院子中,看着那个人慢慢转过身,一步步朝自己走来。

回忆已经模糊,潘岳在梦里看不清那个人的模样,只知道他很老,老得就像山坡上早已枯死多年的树桩。他努力睁大眼睛使劲抬头,可七岁的孩子个子太矮小,只能看清那人下巴上垂落的枯黄胡须,还有一只枯柴一般朝他伸过来的手。那只手的五根手指上泛黄的指甲长而尖利,如同捕食小鱼的鹰隼利爪。

"真是漂亮的孩子。"那个老人笑着冲潘岳开了口,"你叫什么名字?"

"我叫檀奴。"潘岳听见自己说。

"檀奴,怪不得……"老人意味深长地笑了,伸手捏了捏潘岳的小脸,长长的指甲微微刺痛了潘岳,"你是潘芘的儿子吧?论辈分,我可是你曾叔祖。"

"曾叔祖好。"潘岳忍着脸颊的不适,礼貌地向对方行了一个礼。潘家分支众多,合族中不少人都是潘岳的长辈,饶是他年少聪明,也无法一一认清。按照潘家孝悌传家的祖训,潘岳就算不喜欢这位陌生的曾叔祖,也不敢露出一丝不敬的神色。

"乖孩子,到曾叔祖屋里来,我给你糖吃。"老人粗糙的手又在孩子光滑的脸颊上摩挲了几下,眼中流露出一种奇异的神色。这神色仿佛鲶鱼一般腻滑,又仿佛毒蛇一样贪婪,让潘岳本能地恐惧厌恶。他猛地挣脱老人伸过来的手,从他的腋下钻了出去!

"哈哈哈……"老人扭曲的声音如同夜枭一般在身后响起,"一个男孩子长得越美,只怕将来惹出的祸事就越大。对了,潘芘是要带着你们一家去洛阳做官了吧? 那里喜欢娈童的达官贵人可真不少啊……"

七岁的孩子还不知道"娈童"是什么意思,却本能地知道不是好词,因此只想远远跑开,将那个可怕的老人远远甩在身后,甚至埋葬进了记忆的深处。

可是今天,这段令人厌恶的回忆却像一具复活的尸体从坟墓里爬出,狞笑着朝他一步步逼近。更可怕的是,现在的他已经明白,就算是最疼爱自己的父母,也因为尊卑、伦理、权力等无法抗拒的原因,不能被自己完全信任和依赖。

他能做的,唯有奔跑。

身边似乎有人在唤他的名字,还有手臂从旁边伸来,想要扯住他奔跑的身影。可是他不会停,也不会侧过头去看一眼。虽然从未见过安乐亭侯司马伦,但他害怕一旦见到他时,面前出现的会是七岁那年遇见的那个老人的脸。

他宁可死,也不要落在他们的手里。

前方忽然出现了一个荷花池,荷花早已枯败,只剩下光秃秃的叶梗戳在泛着冰碴的水面上。忽然,一股大力从背后推来,他身不由己地掉进了荷花池中。

池水很深,他仰卧在冰冷的水流中,只觉得自己在不断下沉。可他的眼睛始终大大地睁着,盯着上空越来越远去的天光,还有那些围在池塘旁,冷冷地看着他垂死挣扎的人们。

然后,他看到了一双眼睛。

大将军司马昭的眼睛。充满冷酷和杀意的眼睛。

冰冷的水流不断地涌入口中,在胸中引发烧灼一般的疼痛。水与火的煎熬中,潘岳绝望地闭上眼,蓦地想起了什么——

"桃符救我!"一个名字如同烟花一般在混沌的脑海中照亮,潘岳奋力朝虚空中伸出双臂,然后他真的抓住了一双手。

是桃符,桃符一直都守在自己身边!潘岳紧紧地抓住了那双手,感受着对方温暖的肌肤和柔韧的力度。原来当翻云覆雨手扣下时,还是有人不顾尊卑不顾生死来救自己的……潘岳心中一暖,紧紧地抓住那双手,仿佛抓住了不会在黑暗中沉沦下去的希望。而那双手似乎也明白了他的心思,哪怕被昏迷之人难以克制的力道攥得一片青紫,也没有退缩半分,继续传递着令人安心的温暖和力度。

可是,仿佛有哪里不对……潘岳的指尖动了动,触到了那双手光滑细腻的手腕。不对,这不是司马攸的手。因为曾被管辂的弟子划伤,司马攸的左手腕上留下了一道疤痕,一生都难以平复。可是现在这双手却如同昆仑美玉般毫无瑕疵,又如三春新芽般纤长柔嫩。这分明是一双女子的手!

心头一颤,潘岳猛地清醒过来。

他对上了一双眼睛,不是噩梦中大将军司马昭睥睨冷酷的眼睛,也不是失去知觉前司马攸担忧焦虑的眼睛。这双眼睛平静深邃,仿佛两面小小的铜镜,可以照见他虚弱狼狈的外形,也可以照见他委屈不甘的内心。

这双眼睛的主人,是懂得他的。从五年前他就这么认为,这一次他更加笃定。可是她为什么在这儿,难道他从噩梦中醒来之后,又掉入了另一个美梦之中吗?

"安仁,这位是杨小姐,就是她救了你。"一旁传来温裕的声音,让潘岳猛地一惊。他一开口,声音却极是虚弱:"桃符呢?"

"二公子没事。他不敢在外面久留,见你情况平稳就赶回洛阳去了。"温裕安慰道,"现在我们很安全,你安心休息就好。"

"好。"潘岳低低应了一声,默默转过头,眼睛一眨不眨地盯住了素衣少女的面庞。

那素衣少女原本小心地用布巾擦拭潘岳脸上的泥土污痕,却不料潘岳忽然紧紧握住了她的手腕,苏醒后更是紧盯着她的脸庞发呆,不由有些无措地僵在原地。

这副情景落在温裕眼中,简直不可思议:从来都是女人们盯着潘岳目不转睛,怎么这次转了风水,竟是潘岳看一个女子看得那么用心?更何况这位杨姑娘虽然面容秀美,却也说不上惊艳,比起胡芳来更是差得远了。

"是你吗?"半晌,潘岳才定定地吐出三个字来。

"是我。"少女的回答,比潘岳更加简短。

"真好。"潘岳轻轻呢哝了一声,情不自禁地露出了笑容。五年未见,她长大了,神情也更加从容娴雅,不过那双眼睛还是和他记忆中描摹的一模一样,让他从看到她的第一眼就已经笃定:她是杨容姬,是他的未婚妻。

杨容姬轻轻一挣,潘岳这才发现自己仍然紧紧握着对方的双手。他瞥见那双皓白如玉的双腕上被自己攥出的青紫之色,慌忙放开了手,又惊又愧地道歉:"对不起,我……"至于"我"后面应该说什么,他脑子里竟是一片空白,只能讪讪地垂下了眼睑。

杨容姬静静地看着面前的少年,看到他苍白的脸上忽然升腾起红晕,就仿佛阴郁的天空忽然点亮了两抹红霞,整个天地刹那间都生动明亮起来。她见过他在上巳节掷果盈车的魅力,也见过洛阳大街上他率众抗命的风采,那时候的他言语举止无不优雅合度。因此她从未想到过,他羞窘起来的时候竟会如同一只迷路的小鹿,那么天真而单纯。

不过更令杨容姬震惊的是,虽然只在五年前见过一面,他竟能在第一眼时认出自己来。这意料之外的事件打破了杨容姬原本平静的心绪,如果他没有认出她的身份,他们之间反倒更容易相处一些。

"我去煎药,你们好好休息。"杨容姬刻意加重了"你们"两个字,随后对一旁的温裕点了点头,出门去了。

"安仁,你认识杨小姐?"温裕好不容易等潘岳的视线从杨容姬的背影上收回,好奇地问。

"算是……认识吧。"潘岳避重就轻地回答,庆幸自己可以借着伤势回避温裕的问题。毕竟杨容姬也是世家千金,独自居住在这荒僻山野之中并不便对外张扬。

"我也觉得你们早就认识。否则若是别的女子,第一次见到安仁必定不会像她那样平静。"温裕的用词相当收敛,其实他真正的意思是,杨容姬的反应实在平静得太过刻意,仿佛在掩饰着什么。

"嗯。"潘岳对温裕的评价不置可否,心里却在暗暗揣摩杨容姬方才的表情,不由恼恨自己五年后与她重逢竟是这般狼狈失态。他小心地在床上挪动了一下身体,发现伤处虽然作痛,却已不似先前那般难以忍受,很显然已经上过药了。

"也是我们运气好,能遇见杨小姐。"温裕坐在潘岳身边,开始述说事情经过。原来潘岳和司马攸掉下的石缝虽然不算很深,潘岳伤重之下仍然失去了知觉。司马攸爬出石缝走到官道旁,终于等到了四处寻找他们的温裕。他们回到石缝想要救出潘岳,却发现那里多了一个素衣少女正在检查潘岳的伤情。原来少女经常会下到石缝中采药,这才留下了可供攀爬的绳索。

少女自称姓杨,和师父一起住在不远处的茅舍里。因为潘岳的伤势不宜拖延,少女便提出先将潘岳送到自己的住处,自己有药材可以为他治伤。温裕原本有些犹豫,司马攸却担忧潘岳伤势,冒险答应下来。少女提出也为司马攸看一下伤情,却被司马攸婉言谢绝。待到潘岳情况平稳后,司马攸便坐车离开。

此刻见潘岳已醒,温裕心道此地不可久留,便走出茅屋,向正在拣配药材的杨容姬拱手告辞:"既然杨小姐认识安仁,我也就不隐瞒他的身份了。我现在就带他离开,日后再报答小姐的恩德。若是有人来询问安仁的下落,还望杨小姐能够保密。"

"你不能带他走。"杨容姬皱了皱眉,放下手中的药材,"他摔落时一根肋骨有轻微的开裂,禁不起山路颠簸,还是在这里静养才好。"

"可是……"温裕迟疑了一下,终于咬牙说,"可是安仁现在惹上了一点麻烦,留在这里只怕会连累杨小姐。"

"我这里很僻静,就算是派军队搜索整个邙山,也难以找到。"杨容姬说到这里,又补充了一句,"何况,治疗棒疮骨伤我很在行,你未必能找到比我更好的大夫。"

"那我问问安仁的意思。"温裕琢磨不透面前这个少女的心思,只怕她是被潘岳的姿容所迷才说出这番话,便折回房中,将杨容姬的意思转告了潘岳。

"她真的……让我留下来?"听到温裕的话,潘岳难以置信地睁大了眼睛。就在温裕想点头附和这不妥当的时候,潘岳却忽然开心地笑了起来:"那好,我就留在这里,哪里也不去了!"

温裕一愣,却不仅仅是因为潘岳陡然昂扬起来的声音。自从五年前被剥夺司马攸的伴读资格后,潘岳一直郁郁寡欢,温裕从未见过他露出这样发自肺腑的快乐笑容。就仿佛世人对他姿容的追捧,对他辞章的赞赏,都及不上那个素淡面容的少女稍稍流露的一点关切。

仿佛明白了什么,温裕点了点头:"既然安仁你如此信任杨小姐,我就把你留在这里了。我先回去向二公子复命,回头再将一应用度之物送过来。"

"好,让桃符别为我担心。"潘岳得了杨容姬一句话,身上的伤似乎都不疼了,脑子一亢奋,连带思维也清晰起来,"对了,桃符究竟说了什么,让大将军……发这么大的火?"

"这个我也不知道。估计除了二公子和大将军,谁都不知道。"温裕想起自己离开时司马攸的光景,心中颇为自己这位主君担忧,却只能劝慰潘岳道,"不过大将军一向最疼爱二公子,估计过一段时间就好了。"

"那也是。"想起十多年来司马昭对司马攸无可比拟的宠爱和器重,潘岳也略略放下心来,"你劝劝桃符,暂时别再为我惹恼大将军,反正我打也挨了、人也跑了,桃符有的是时间慢慢为我求情。"

温裕点头应下,心中却为了那句"有的是时间"失笑。看这个样子,潘岳不仅是借坡下驴要在杨小姐这里住下来,还准备赖上很长一段日子了。

温裕离开后,潘岳侧躺在简陋却整洁的床榻上,心中猜测这会不会就是杨容姬平日坐卧之处,不由紧张忐忑,却又压抑不住内心的丝丝甜蜜。

他有意等杨容姬,哪怕神思倦怠也不敢合眼,却不料杨容姬迟迟不曾进屋,让他终于撑持不住睡了过去。

然而这一次睡眠极浅,迷糊中感到有人掀开了自己下身的衣摆,潘岳立刻惊醒过来。见杨容姬正站在自己身边,潘岳吓得一翻身就躲了开去,却正压住臀腿处的伤口,疼得他顿时一头冷汗。

"我来给你换药。"杨容姬看着他,从容指了指放在床头的一个药钵。

"我……我自己来就可以了。"潘岳知道自己伤在何处,涨红了脸嗫嚅道,"否则,怕有损你的清誉……"

"清誉?"杨容姬垂下眼帘,淡淡一笑,"我十岁随父亲去荆州,这么多年来见惯了与东吴作战受伤的将士,也不知给多少人包扎过伤口、上过药。若是照你这么说,我的清誉早就没有了。"

"呃……对不起……"潘岳被她一噎,越发有些无措,只好慢慢地趴回了榻上,闭着眼睛一动不动,僵硬的躯体完全是一副人为刀俎、我为鱼肉的姿势。

潘岳知道杨容姬的父亲杨肇担任荆州刺史一职,为曹魏守住南方大门,多年来一直与东吴有所争战。而从杨肇与父亲潘芘的书信往来中,潘岳也知道自己的未婚妻杨容姬自幼喜欢医药。杨家开明,不仅不加禁止,反而颇多鼓励。不过潘岳却没有想到,杨容姬的医术,竟然是在军营里练出来的。怪不得她给自己上的药止血效果那么好,以前大概是用在挨了军棍的将士身上吧。

正胡思乱想着,下身一凉,几根温润的手指已经蘸着药膏,熟练地抹在了他的伤口上,倒比她略显刻薄的语气温柔了许多。潘岳紧紧咬着牙关,生怕发出一点声音,然而心跳却怎么也压制不住,发烫的耳朵里都能听到那擂鼓一般令人羞窘的声音。先前换衣上药大概也是她亲力亲为,只是那时他尚在昏迷无知无觉,如今清醒地感受到她的碰触,却让他如何承受得住?

见潘岳紧张得冒出汗来,倒似乎她不是在上药而是在上刑一般,杨容姬暗暗有些好笑。匆匆上完药,她扯过薄被给潘岳盖上,用一副高高在上的医者口气说:"你的伤不碍事,比起我以前的病人差远了。若是师父在,也轮不到我给你上药,可是他现在不知躲在哪里哭呢。"

"阿容,不许污蔑你师父!"一个声音忽然传入门内,随即一个巨大的身影猛地蹿进了屋内,直扑到潘岳的床边,仰着头汪汪大叫起来——竟是一条体形硕大的黑狗!

"许由,别闹!"杨容姬见黑狗两只前脚搭在床边,摇着尾巴就想往床上蹿,慌忙伸手拦住了它。可大黑狗却不肯罢休,在杨容姬的手臂空隙里钻来钻去,龇牙咧嘴地吐着舌头,似乎一心要咬一口潘岳的肉来尝尝。

"师父!"杨容姬急得直跺脚,"你再不来管管许由,我就再也不给你找葡萄酒喝了!"然而叫了几声,门外却再无动静。

潘岳见那黑狗力大,杨容姬根本阻拦不住,偏偏自己伤重之下竟连闪躲的力气都没有。他深恐杨容姬被黑狗所伤,索性将自己的胳膊朝齿白舌红的狗嘴伸去,对着杨容姬叫道:"你让开,让它咬我一口好了。"

杨容姬见他一副视死如归的模样,偏偏看着自己的目光是那么担忧关切,心中一颤,停下了动作。而那条黑狗果然张开嘴,朝着潘岳的胳膊凑上去。

潘岳闭上眼睛,做好了忍痛的准备。却不料下一刻,一条温热柔软的舌头就舔在了自己的胳膊上,痒痒的仿佛触摸到二月的春芽。他睁开眼睛,正看见大黑狗已经从床边离开,咻咻地哼唧着围着一个人的脚边打转,一副舔完了客人心满意足的模样。

"啊呀,哪里来的野小子,居然占了我孙仙人的床!"说话的正是刚刚进屋的一个老头儿,一见潘岳俯趴着的背影就大惊小怪地叫了起来。

潘岳知道许由乃是上古时代的先贤,尧想要把位子让给他,他就用颍水来清洗耳朵,跑到山里去隐居。这个老头儿用许由的名字给黑狗命名,实在是特立独行。而自己现在躺的这张床,竟然不是杨容姬的,怪不得刚才找了半天也没找到一根漆黑的长发……潘岳暗道惭愧,正想搭话,杨容姬却已经接过了话头:"师父,你回来得这么晚,肯定是去祭奠嵇康先生了对不对?"

"嵇康那小子不听我的规劝,自蹈死地,我才不去祭奠他!我到东市去,只是为了听他最后弹一曲《广陵散》。"老头儿说着,也不顾一双发红的眼睛早揭穿了自己的谎言,拍了拍背上背的一张琴,得意地笑道,"那小子藏私,平时舍不得把这首曲子教人,却不知孙仙人我天赋异禀,今日只听他弹了一遍,也记了个八九不离十。对了对了,阿容你快给我铺纸研墨,我要是不趁新鲜把琴谱记下来,将来没准就忘了,死后也没法去九泉之下嘲笑嵇康那小子了!"说着,竟是急得抓耳挠腮。

潘岳见那老头儿虽然满头白发,面色却红润如婴儿,一时竟猜不出他的年龄。老头儿穿着粗布葛衫,腰间系着草叶羽毛编织的围裙,披散的长发末端编成无数小辫,和围裙盘结在一起。乍一看,也不知是他用头发编成了围裙,还是围裙上的羽毛蔓延到了他的头上,只觉颇为怪异。然而下一刻,潘岳忽然想起他自称"孙仙人",顿时猜出了老头儿的身份,不禁大吃一惊:"原来您就是孙登先生!"

隐居邙山的孙登虽然不是什么真正的仙人,但确实是天下最出名的隐士。传说与嵇康齐名的大名士阮籍也曾慕名去拜会孙登,向他请教神仙之术,孙登却毫无回应。阮籍心下失望,便长啸而退。走到半山之时,忽然听到山谷间响彻了凤鸣一般的啸声,那正是孙登的长啸回应。阮籍回家后便写了一篇长长的《大人先生传》,对孙登极尽溢美之能事,将他生生描绘成神仙一般的人物。从此孙登更是名声大噪,上至朝廷下至黎民无不敬仰膜拜。

如果只是读阮籍的《大人先生传》,只怕潘岳打死也不会想到文章中那么仙风道骨、不食人间烟火的孙登,竟是个嬉皮笑脸、耍宝无赖的老头儿,而且竟然还是杨容姬的师父。

潘岳原本是伏在床榻上,此刻惊愕抬头,顿时让孙登看了个一清二楚。"别动!"孙登两步跨到潘岳身前,抓住他的肩头仔细端详了一阵,忽然哈哈大笑,"去了个死嵇康,却来了个活檀郎,怪不得连我们家许由都舍不得咬你!只是你今天原本要带着太学生们去东市为嵇康请命,怎么半途不见了?大家都说你是被大将军收买了,怎么又跑到了我这里来?"

听孙登提到自己的痛处,潘岳一时不知如何回答,半晌只干涩地回应了一声:"潘岳惭愧。"

孙登并没有追问潘岳的答案,一双眼睛却扫过了面前少年惨淡的神色和身上的伤处,心中顿时明了。他忽然松开手,任由潘岳倒回床上,脸上的笑容刹那间化作了悲苦哀戚:"绝艳易凋,连城易碎。当初嵇康要我赠言,我告诉他人有才能却不会使用,就会招来灾祸。他不听我的话,最终落得个死于非命,盛年夭亡。如今看你这样子,竟是要步嵇康的后尘吗?"说着,孙登也不记得刚才嚷着说要记录《广陵散》曲谱,就这么抱着琴趿着鞋子走了出去。而那条叫作许由的狗,也亦步亦趋地跟着离开。

见潘岳只是怔怔地看着孙登的背影,杨容姬轻笑了一下,宽慰道:"师父要么闭口不言,要么口无遮拦,习惯了就好了。嵇康先生曾随他一起游学三年,虽然师父一直不肯理睬他,但背地里却常常念叨……"

"嗯,我明白的。嵇康先生在狱中写《幽愤诗》,还有'昔惭柳惠,今愧孙登'之句。孙仙人的见识,确实不同凡响。"潘岳说着,想起刚才孙登拿自己比嵇康,怕杨容姬担心,赶紧说,"你放心,我和嵇康先生不一样的……"

杨容姬眉间轻轻一蹙,想回敬一句"我有什么不放心的",却听外面一阵琴声响起,便将那句话咽了回去。

"是师父在弹《广陵散》,你慢慢听吧,我还有事。"见潘岳定定地看着自己,杨容姬忽然觉得不能再待下去了,扔下这句话就要推门出去。

"别……别走……"潘岳鼓起勇气唤了一句,见杨容姬转过一双明如秋水的眼睛,似乎洞察了他的一切心思,顿时又不好意思起来,"你……你不是在荆州吗,怎么住到这里来了?"

"我是来跟孙登师父学习医道的。"杨容姬没有多加解释,也没有多加停留,说完这句话就逃一般地离开了。可背后那双光华流动、隐隐带着企盼的眼睛,却如同施了法术一样久久盘踞在她的脑海中。

第二天温裕回来的时候，杨容姬正在院子里翻晒草药。见温裕来了，杨容姬只是淡淡说了声"潘公子在屋里休息"，便转开头不再多说什么。

温裕走进屋内，果然看见潘岳正侧卧在床榻上。阳光从他身边打开的窗户中射进来，正照在少年颀长匀称的身体上，镀出一层温暖的金辉。温裕注意到床榻的位置与昨日稍有不同，恰好挪移到了能够照到阳光的位置，不禁暗中赞叹那杨小姐神情虽然冷淡，心思却颇为细腻，难怪潘岳愿意留下来。

窗内闲适安详的绝美少年，窗外专心致志的娴静少女，衬上竹篱茅舍、茂林芳草，温裕忽然觉得，所谓神仙图卷，就应该是自己眼前这个样子。

"温兄来了。"听见脚步声，潘岳转过头来，微笑着朝温裕见礼。方才那一幅美轮美奂的图画被打破，让温裕感到自己的闯入太过唐突。

"安仁，伤怎么样了？"把背囊卸下，温裕关切地问。

"好多了。"潘岳将眼神从窗户那边收回，含笑看着温裕把背囊里的东西一件件取出：换洗衣物、日常用品、笔墨纸砚，甚至还有几本书。司马攸的心思，果然细致周到。"桃符还好吗？"潘岳蓦地想起昨日司马攸惨淡的气色，担忧地问，"你让他好好休息，别再为我劳神费心了。"

"好。"温裕的眼神黯了黯，却记起司马攸的吩咐，不敢将司马攸回府后便卧床不起的情况告诉潘岳，更不敢告诉他昨日司马攸实在是撑持不住，才没等潘岳醒来便由温裕的老家人驾车送回了洛阳城。

避开潘岳探寻的目光，温裕见床榻边放着一个竹编的簸箩，里面盛着一堆浅黄色的细小谷物，地上还散落着一些谷穗，便故意转开话题问："这是什么？"

"哦，这些是邙山里采来的野黍。"潘岳说着将一串黍粒从穗子上捋下，又将颗粒干瘪者从簸箩中挑出，“我闲着无事，就帮忙挑拣，只留下颗粒饱满的。”

温裕见那些野生的黍米颗颗细小如针鼻，也不知潘岳费了多少工夫才选出这一簸箩来，不由失笑：“是帮杨小姐做的吧？其实若要黍米脱粒，多的是连枷碌石之类的器具，哪里用得着磨损安仁这双写锦绣文章的手？杨小姐可算是暴殄天物了。”

“这些是她用来入药的，没有多少，犯不着用器具。”潘岳说着，下意识地往窗外望了一眼，脸上情不自禁地露出笑意，却又微有落寞。他虽然不以独拣野黍为苦，但挑拣之余却时不时地望着窗外那个苗条婀娜的素衣人影，只盼她能够多向这边望上几眼。可那人影却自始至终专注地应付各类药材，仿佛浑然忘却了他的存在。

温裕从未见过潘岳露出这种神色，既甜蜜又焦灼，既期待又忐忑，让他恍惚明白了什么。有那么一瞬间，温裕觉得要是潘岳能够一直住在这里就好了，品茶、弹琴、吟诗、采药，追慕他心爱的少女，过传说中神仙一般逍遥自在的生活。洛阳城内那些纷繁腌臜的俗事，原本就不该来打扰这清雅非凡的少年。

“洛阳的情况怎么样？”察觉到温裕变幻的神色，潘岳心中一沉。

“还好，你别着急。”见潘岳的脸色陡然有些苍白，温裕赶紧道，“司马伦到处找不到你，气急败坏却又无可奈何，毕竟二公子和胡奋将军都主动向他赔罪了，他也不能再上你家里闹去。不过二公子的意思，你还是在这里多住一阵的好。”看样子，司马攸已经猜出了杨小姐的身份，只是他不说，温裕作为臣下也不敢擅问。

潘岳点了点头，沉默了一下忽然说：“都是我连累了桃符。”

“也不都是因为你，肯定还有别的原因……”温裕略有些尴尬地劝慰，却也猜不出司马昭、司马攸父子之间究竟发生了什么龃龉，“不过大将军现在准备封王了，心情肯定不错，没多久就会解除二公子的禁足令的。"

潘岳点了点头。司马昭终于借着钟会的灭蜀之功,接受了推辞多次的晋王称号,那么他离天子的位置,仅仅是一步之遥了。说不定过不了多久,这天下,又要改朝换代。

只是大将军一旦称王,册立世子就迫在眉睫,此刻正是这场蔓延多年的世子之争的关键时点……潘岳的心思翻转了几次,眼睛落在了温裕带来的笔墨纸砚上:"桃符让温兄送这些来,是不是需要我写些什么,比如进贺的表章,或者应酬的诗文?"

"安仁,你把二公子想成什么人了?"温裕一时错愕,转瞬间又是生气又是怜惜,"你都伤成这样了,二公子怎么还会让你劳心费神?罢了罢了,这些东西我还是带回去,省得你多心。"说着,作势就要把笔墨纸砚收入背囊。

"别……"潘岳只道温裕真的生了气,慌忙伸手去阻止,却一不小心带翻了身边的簸箩,好不容易挑拣出来的野黍大半都撒在了地上。

"什么人?居然跑到这里来捣乱!"温裕正手忙脚乱地帮着把散落的黍米拾回,一双穿着草鞋的大脚却忽然从门外走进来,停在了他的面前。温裕蹲在地上抬起头,正看见一个红光满面的白发老头儿站在自己面前,叉着腰吹着胡子怒视着自己。

温裕不认识孙登,只能猜测这是杨小姐的师父,慌忙站起来见礼:"老伯,在下是舞阳侯府长史温……"话还未说完,老头儿已经不耐烦地扯住他的衣袖,把他拽出了屋子,"不管什么舞阳侯舞阴侯,现在是我老人家给檀郎把脉的时间!"

温裕不敢与孙登争执,只能讪讪地站在门外。杨容姬以为他担忧潘岳的伤情,便走过去安慰道:"潘公子的伤没有大碍,只要静心休息几日就能下地走动了。"

温裕也是个聪明人,顿时发现杨容姬其实并非她装出来的那么专心致志。于是温裕轻轻叹了一口气，低声道："杨小姐若是真的怜惜安仁，就多进屋陪他说说话吧。他一个人成天躺在床上，很是寂寞的。"

"我只是个大夫，只做我分内的事情。"杨容姬自嘲地一笑，一双清澈通透的眸子瞥了一眼茅舍，又转向温裕，"陪潘公子说话解闷，是你们做朋友的责任，不是大夫的事。"

"我其实也算不上是安仁的朋友……我哪里配？"温裕有些惊诧于杨容姬坦率却略显冷酷的语气，随即自惭形秽地低眉垂目。自己应该算不上潘岳的朋友，自己的主君司马攸才是潘岳真正的朋友。

"那你为什么对他那么关心？"想起昨日潘岳昏迷时温裕溢于言表的焦灼心痛，杨容姬不由颇为奇怪。

"因为我父亲对不起安仁，安仁却救了我父亲的性命。"见杨容姬难得地露出了探究的神色，温裕缓缓道："我父亲被朝廷授予博士之职，五年前曾经被派遣到大将军府，为二公子和安仁在内的几个伴读讲授经史。有一天，我父亲让他们评价孟尝君，其他人都遵循贾谊、曹植等前人的论调，对孟尝君大加赞赏，唯独安仁做诔，讥讽孟尝君'岂区区之国而大邦是谋，琐琐之身而名利是求？畏首畏尾，东奔西囚。'我父亲秉性方正，认为安仁故作反调，乃是哗众取宠，便在大将军面前提到了此事。不料大将军勃然大怒，当即取消了安仁的伴读资格，从此不许他再进大将军府，也不许再与二公子来往。我父亲一句话便断送了安仁的大好前途，对此颇为后悔，却已无法挽回。"

五年前。杨容姬默默地回味着这个数字。五年前，潘岳十二岁，正是与自己定亲的那一年。也许定亲礼上他们初见之时，他刚刚经历过人生第一次的重大挫折，否则自己怎么会在他无可挑剔的举止中看出他深深埋藏的彷徨和苦闷？

温裕见她低眉不语，便继续往下说："我父亲因为一番文字害了安仁，却不料两年前，他自己却因为一封奏疏得罪了大将军，被逮捕下狱。父亲性格偏执,在朝中竟无人相助,眼看就会有性命之忧。我无奈之下向二公子哭求,二公子便指点我去找了安仁。安仁文采高绝,很快以我的名义写了一封为父求情的表章,我誊抄之后请二公子转交大将军。不久父亲免罪复官,我也被擢拔到二公子府上为官——安仁如此不计前嫌,鼎力相助,我们温家实在亏欠他良多,以至于我父亲到现在都无颜面对他。"

"其实于他而言,不过是做一件平常之事罢了,未必有你想的那么艰难。"杨容姬说到这里,见温裕睁大了眼睛,一脸惊讶地看着自己,知道他是觉得这番话太过犀利凉薄,便解释道,"我的意思是,潘公子其实并不怪令尊。木秀于林,风必摧之,何况他当时少年得意,难免恃才放旷,就算没有令尊进言,大将军迟早也要将他赶走。而他后面帮你,固然是一番善行,却也因为他自负高才,满腹文采若不能横溢而出,只怕他自己也会憋出病来。所以你只要真心赏识他的才华,他必将你视为知心好友。说配不配的,反倒生出嫌隙。"

"真的是这样吗?"温裕不可思议地看着面前的素衣少女,却渐渐被她通透的目光所折服。他不知道杨容姬凭什么对潘岳如此了解,可他心中背负了两年的重担却果真渐渐卸了下去。

这位杨小姐虽然神情冷淡语言刻薄,却可以称得上是安仁的知己,怪不得安仁他……温裕还没有想清楚杨容姬和潘岳的关系,忽然茅舍的大门被人一把推开,孙登怒气冲冲地走了出来,指着温裕的鼻子吼道:"你刚才给他说了些什么?我早上切他的脉象还流利有力,尺脉沉取不绝,可现在却双手脉象俱缓,又回到忧思过度、脉结伤脾的老路子上!"

"什么?"温裕猝不及防,吓得后退了一步,"我不过是告诉安仁一些洛阳的消息……"

"我想起来了,刚才你说你是从舞阳侯司马攸那里来的吧?"孙登一改平时的和气,气鼓鼓地冲着温裕继续吼,"如果不想让檀郎像嵇康一样死于非命,叫你们那个倒霉的二公子离他远一点!千百年老天才生一个檀郎,别让他给害了!"

"孙仙人!"原本躺在床上的潘岳听到孙登的话越说越激烈,忍不住撑起身子,面红耳赤地道,"如果您再诋毁桃符,潘岳也不敢再居留此地了。"

"我哪里是诋毁他,我说的不过是实话而已。"孙登看了看被激怒的潘岳,又看了看一脸抵触的温裕,冷笑道,"大将军要当晋王了,这世子的人选也很快就会决定,你们心里盘算的,就是这件事吧?我告诉你们,不用再想有的没的,这世子的人选其实早已注定,自然是大公子司马炎,不可能是他司马攸!"

"不会的!"温裕脱口而出,随即寻求盟友一般望向屋内的潘岳。而潘岳虽然没有开口,纤长的手指却不由自主抓住了身下的床褥,想要支撑瑟瑟发抖的身体。

"否认有什么用,事情是明摆着的。"孙登目中无人地解释,"司马炎是嫡长子。司马攸再怎么受宠,也早已过继给了伯父司马师。如果你是司马昭,你是希望后代子孙祭祀你的时候被当作直系的祖宗,供奉在宗庙正中,还是只被称一声叔祖,等着灵位被移到角落里无人理睬呢?"孙登说着瞟了一眼潘岳,见他呼吸渐渐急促,又接着说,"更何况,二公子司马攸今年才十六岁,他周围的伙伴都是你们这些行事莽撞的少年,还来不及在有实力的朝臣中培养心腹,也来不及展示什么治国的才能。而大公子司马炎呢,我记得他已经快三十岁了吧?他大二公子十几岁不是白大的,这十几年里足够他结交群臣,参与朝政。他要弄一份群臣拥戴的联名奏章,实在易如反掌。"

见温裕开口想要辩解,孙登早猜到他要说什么,不留余地地堵住了他的嘴:"我知道大将军常常当着群臣说要把位子传给二公子,这种逢场作戏的话你们也信？不过是因为他司马昭的位子是从大哥司马师那里继承得来，为了笼络住昔日大哥的属下，彰显自己记得这份恩情罢了。如今他司马昭羽翼已丰、地位已稳，这种戏也就没必要再做下去了。"

"所以除非司马昭当上晋王后不册立世子，要册立就只会册立司马炎。"

"司马攸以后的地位，注定尴尬难堪，受人猜忌，只怕一生也不得安宁。"

"这些道理如此浅显，你这样聪明的人不可能想不到。"孙登此刻已经抛下了温裕，径直走到潘岳身边，字字如刀，"这些念头其实几年来都在你脑中盘旋，却苦于找不到破解之法，又没有任何人可以倾诉排解。所以你小小年纪便忧思过甚，脉象郁结。照此下去，不需要旁人嫉妒毁谤，你自己也能把自己折腾得年寿不永！"

孙登一句紧似一句地吐出论断来，潘岳的脸色也一分接着一分地晦暗下去。孙登名气太大，洛阳的达官贵人常常向他求教修仙养生之法，他也常常用山中出产的云谷醴泉、灵芝玉髓等换取珍贵的西域葡萄酒。所以孙登虽然号称隐士，对于朝中局势依旧洞若观火，潘岳竟一句也无法驳斥。

杨容姬从未见过孙登这样咄咄逼人的模样。见潘岳撑不住倒在床榻上，抓着胸口的衣服闭目喘息，额角鬓边满是汗水，她终于忍不住开口阻止："师父，够了。"她也是医者，知道要治疗忧思伤脾的病症，可以用激怒病人出汗发散的方法。师父孙登这一番说辞，恰好起到了应有的作用。

"孙仙人……"温裕不明就里，只觉得孙登说得句句在理，忧心忡忡地追问，"不知道孙仙人是否有救安仁的办法？"

"有。"孙登冷冷地说，"离开司马攸，从此不要再与他有任何往来。

这是挽救檀郎的根本之法。"

"不行！桃符是我的生死之交，我若是背弃他，还有什么面目苟活于世！"潘岳猛地睁开了眼睛，激动地道，"再说时移世易，事在人为。只要秉持忠义之心，我不相信将来找不到转圜之法！"

"安仁说得对！"温裕热血上涌，情不自禁地附和。而杨容姬也忍不住深深看了潘岳一眼，只觉得他说到最后一句话时整个人璀璨生光，让她的心蓦地一颤。

"那就只能治标不治本了。"孙登故意叹了口气，见潘岳想要起身，便一把摁了回去，"你的病根在于思虑过多却无处排解，所以我给你开两味药方。"他见潘岳果然神情专注起来，胸有成竹地竖起一根手指，"第一，琴。你若是肯拜我为师，我便教你独门绝技之独弦琴，配以呼吸吐纳之法，纾解胸臆，通达身心。你看我年近七十依然身强体健，神完气足，多半也是靠这独弦琴之功。"

"师父，你拐了这么大的弯儿，原来就是想收潘公子做徒弟的吗？"杨容姬在一旁打趣。

"我说的都是认真的，阿容你别打岔！"孙登朝杨容姬吹了吹胡子，又朝潘岳竖起第二根手指，"这第二味药方，便是'人'。一个可以理解你、信任你、照顾你一辈子的人，只要有她在，你对人世就会心存眷恋；只要她活着，你就不会舍得去死。"

"可这个人，真的存在吗？"温裕疑惑地问。

潘岳愣愣地盯着孙登，似乎想从老人睿智的眼中读出什么。下一刻，他微微一笑，曼声吟道："中心藏之，何日忘之。"

"心乎爱矣，遐不谓矣，中心藏之，何日忘之。"这句出自《诗经》的情诗，温裕自然一清二楚。他顺着潘岳的目光，正看见了站在自己身后的杨容姬。而那少女的脸色，也不再像以往那般从容淡定，却仿佛遭遇风暴雷霆的鸟儿，迷茫中不知该往何处飞去。

第 六 章

离　心

昼愁奄逮昏，夜思忽终昔。

——潘岳

　　司马攸终于再度走出舞阳侯府的时候，是去参加司马昭的封王大典。

　　根据魏国天子曹奂的圣旨，册立大将军司马昭为晋王，乘金根车，驾六马，用天子车服銮仪，出警入跸，并改大将军府为晋王府，追封司马昭的父亲司马懿为宣王、长兄司马师为景王。司马昭走完三辞三授的过场之后，终于接受册封，择日举行封王大典，同年改元咸熙，大赦天下。

　　站在太极殿下，司马攸偷偷地抬头看了一眼远处的司马昭。此刻，他的亲生父亲穿着玄衣朱裳的衮服，头戴十二旒冕，高高端坐在大殿正中接受群臣的朝贺，服饰排场几乎与天子毫无二致。而真正的曹魏天子却局促地坐在一旁，似乎已经被所有人遗忘。

　　司马攸很清楚，晋王迟早会升格成天子。可是上面坐的这个权倾天下的人，真的是多年前抱他亲他、爱他护他的爹爹吗？司马攸木然地随着群臣做着烦琐冗长的叩拜之礼，心中仿佛有些恍惚。晋王的王服是依照天子之服而造，上面绣着日月星辰、山火黼黻。这些绚烂繁复的花纹，仿佛一道道带着法力的符咒，将晋王与臣下严格隔离开来。而那张原本熟悉的脸庞，也在十二串白玉珠旒的遮掩下，显得那么遥远而陌生。

　　一拜、二拜、三拜；一叩、二叩，直至九叩，司马攸的礼仪从来都是一丝不苟，堪称典范。可是没有人知道，那无可挑剔的肃穆仪容，其实早已被内心的严寒冻得通透，只要轻轻一戳，就会坼裂成碎片。

　　这么多天过去了，如果不是作为景王司马师的嗣子必须出席晋王册封大典，只怕爹爹早已忘了他司马攸这个人，更不用说派人来问一声……问一声那天盛怒之下踢伤了他，他还痛不痛，委不委屈？

　　从此以后，无论名义上还是情感上，他们都不再是父子，而是君臣。他必须严守君臣大防，永远失去了开口再叫一声"爹爹"的资格。可是，就算大将军不变成晋王，他们父子也再回不到当初了。彼此猜忌的鸿沟一旦挖下，终其一生也不可能再填平。

　　想起上次被赶出书房时司马昭冷厉的眼神，司马攸就觉得，爹爹再也不会原谅自己了。自己无意中触碰到的，是他最幽深，也是最黑暗的禁忌。

　　这宏大隆重的封王仪式，在别人看来是司马家即将登顶的庆典，在司马攸心中，却是埋葬最后一点父子亲情的祭奠。

　　胸口被司马昭踢出的瘀青已经变淡，此刻却再度剧烈作痛，身上层层叠叠的礼服也仿佛变成了一根根绳索，勒得司马攸快要喘不过气来。他在心中一遍又一遍地告诉自己，绝不能在这最重要的场合上失仪。哪怕下一刻就要死去，他也绝不能死在刚步上人生巅峰的司马昭眼前。

　　终于，冗长的封王大典告一段落，司马攸松了一口气，终于可以放松僵硬的身体，随着群臣缓缓退出大殿。就在这时，他看见一个专事通传的宦官焦灼不安地从藏身之处转了出来，将一封军报交到了刚刚走下王座的司马昭手中。很显然，为了这一刻，那个宦官已经在角落里等待了很久，而他手中的军报外贴白色鸟羽，竟然是一封十万火急的羽檄。

只有在传递最重要的军国大事时才会用到的羽檄。

司马攸故意放缓了脚步，然后他看见司马昭的嘴唇一抿，腮边的肌肉不受控制地抽搐了一下，显然暗中咬紧了牙关。凭借司马攸对司马昭的熟悉，他知道那封羽檄里必定写了什么惊天动地的大事，否则一贯喜怒不形于色的司马昭绝不会露出这样惊怒的表情。

身体的反应快过了脑中的犹豫，下一刻，司马攸已经冲了过去，扶住了司马昭陡然倾斜的身体。

不过是眨眼的工夫，司马昭已经清醒。转头看见是司马攸，司马昭顿时站直了身子，脸上复杂的表情一闪而过。然后他挥了挥衣袖，一言不发地转入后殿去了。

司马攸下意识地想要跟上，冷不防一旁钻出一个人来，一把就攥住了他的胳膊往外走，口中不咸不淡地说："桃符，我记得晋王还没有解除你的禁足令吧。你就别添乱了，快回府继续闭门思过去。"

司马攸侧过头，正看见那人一张和自己略有相似的脸。同样是细长明亮的双眼、斜飞入鬓的黑眉，那人的右眼睑上却长着一颗绿豆大小的肉瘤，让那张原本也算英俊的脸上多了一分妖异之气。

安乐亭侯司马伦。司马攸顿时确认了对方的身份。

见司马伦牢牢地钳住自己的胳膊不松手，司马攸碍于司马伦的辈分，只好任由他把自己拽出了太极殿，口中还不得不客气地回答："多谢九叔提醒。"

司马伦虽然只比司马攸大三岁，叔叔的派头却摆得十足。他放开司马攸的袖子，故意比画了一下司马攸手臂的长度，阴阳怪气地说："桃符的手臂也不怎么长嘛。可为什么被大将军禁足在家，也没妨碍你伸手管别人的事呢？"

司马攸淡淡一笑，神色不变："九叔说什么，桃符不太明白。"

"你就别装蒜了！"司马伦毕竟沉不住气，怒意发作，"你虽然不承认,可我知道檀郎就是被你藏起来的,对不对?"

"九叔聪明过人,可惜这次猜错了。我确实不知潘岳在哪里。"司马攸仍旧轻描淡写地回答。

"我知道你们一直笑话我不够聪明,但碰上美人,我的鼻子可灵得很。"司马伦见司马攸不为所动,忽然故作神秘地笑了笑,"桃符,不如我们打个商量。你告诉我檀郎的下落,我拥立你当晋王世子。"

司马攸一哂。司马伦不学无术,第一句话说得不伦不类,第二句话更是不自量力。只是他碍于晚辈的身份,不便出言嘲讽。

"哈哈,开个玩笑而已。"司马伦很是厌恶司马攸这副云淡风轻的表情,凑近他的耳边低声说,"其实我已经知道檀郎的下落了,他就被你藏在邙山里!"

"我记得九叔已经向晋王借骑兵去邙山搜查过了,难道还想再搜一遍?"司马攸知道邙山山势连绵,想找到潘岳比大海捞针好不了多少,所以当下并不恐慌。

"可是我还知道,是你舞阳侯府上的长史温裕将檀郎藏起来的。"见司马攸瞬间默然,司马伦不禁庆幸司马炎为自己提供了这个情报。

"那九叔打算怎么做?把温裕叫过来审问?"司马攸见司马伦只提到温裕,却不知当日自己也在协助潘岳逃脱的马车之内,心下更是踏实,漠然地问。

"温裕有官职在身,我自然不敢动他。可我听说温裕家祖坟都在邙山,有专门的家人守墓,那个守墓人肯定是他的同党。"司马伦得意地说,"我是没你们聪明,可笨人也有笨办法,那就是——打。只要把温家的守墓人抓来拷打一顿,我不信他会不带我到檀郎藏身的地方。对了,忘了告诉你,只怕他现在已经招供了。"

"根据律法,家奴是主人的私产,外人无权处置。九叔这样做触犯刑律,只怕晋王也不会允许!"面对司马伦毫不隐讳的粗暴行为,司马攸无奈之下只能搬出司马昭的名义。

看着司马攸平静的脸上终于露出一丝怒意，司马伦越发得意起来："我知道我的做法上不得台面，可比起你刻意隐瞒晋王，不知道谁的罪名更重呢？"

"九叔特地来跟我说这些，究竟是什么用意？"司马攸缓缓地问。

"其实也没什么，只是想提醒你一下，你还小，别什么事情都想管。"司马伦舔了舔自己的牙齿，仿佛一匹威胁对手的狼，"九叔我别的不和你们争，可这檀郎，一定要好好见识见识！"说完，他举起右手，在司马攸面前狠狠地攥了个拳头。

邙山里的秋来得快。仿佛只是一夜风过，山中的树木就翻出了层层叠叠的黄晕。原先躲在枝叶深处的野果，也仿佛变戏法一样，被白色的薄霜浸染成了诱人的绯红。

杨容姬从洛阳的杨氏医馆回来的时候，一路上也捡了几个熟透的山楂果，用手帕包了带回茅庐。还没走到谷口，远远就听到一阵熟悉的琴声，便猜到是师父孙登在教潘岳弹奏独弦琴了。

孙登这些日子过得很惬意。虽然温裕被他赶走了，但温裕的老家人却得了吩咐，每天都会来他们隐居的小屋，帮着做些挑水砍柴之类的粗活儿，而这些活计，原本都是孙登的分内事。

有了空闲，加上潘岳的伤渐渐好转，已经可以下地四处走动，孙登便正式收了潘岳为徒，教他弹奏独弦琴。

此时世上普及的多是七弦琴，偶尔也有五弦琴。独弦琴只有一根琴弦，按理说音域颇受局限，表现力不佳。可是孙登却独创了一套吐纳运气之法，将劲力灌注到指尖，那独一根琴弦便能时而厚重如洪钟大吕，时而轻灵如黄莺初啼，竟神奇地发出了媲美七弦琴的乐声。因此潘岳拜孙登为师，倒是心悦诚服。

听着断断续续的琴声,杨容姬渐渐凝神。不过短短几日,潘岳的琴技是越发好了。他那么冰雪聪明的人,学起什么原本就快于常人。

从一条隐蔽的小路钻入谷口,没走几步,一阵欢快的犬吠就由远而近地传来。"许由,接着!"杨容姬笑着取出从洛阳特地带来的肉骨头,故意高高举起,黑狗许由就急不可待地汪汪叫着,用两条后腿颤巍巍地站起来,举起前爪朝杨容姬伸去,仿佛一只错附了狗体的大松鼠。

"一回来就打搅我孙仙人弹琴的雅兴,这样没品位的女孩子,我真不想承认你是我徒弟!"孙登见狗吠声压过了琴声,佯装恼怒地瞪着杨容姬。

"师父现在有了新徒弟,自然看我不顺眼了。"杨容姬一挥手把肉骨头远远抛出,许由便兴奋地直蹿过去,叼着骨头跑没了影。

"什么啊,新徒弟也不怎么样,一听见你回来,心思可比许由跑得还快!"孙登冲着身边哼了一声,才发现潘岳已经跑进茅庐里去了。

"看看,又上赶着献殷勤来了。"见潘岳端着一碗水走了出来,孙登酸溜溜地撇了撇嘴。

"渴了吧,今天温家老伯没有来,这还是师父刚去挑的泉水。"潘岳见杨容姬双颊绯红,想必是走了一路颇为辛苦,连忙关切地将水碗递到了她的面前。

"多谢。"杨容姬见他动作利索了很多,虽然端着的只是一只粗瓷水碗,神情举止却如同举着金樽玉壶一般小心翼翼。她接过水碗,眼睛有些紧张地垂了下去,正看见水碗中映出的一张清俊容颜。

微微晃动的水波中,他的面色依旧带着伤后的苍白,却更像是被冰雪沾染的梅花,无边清隽中带着铮铮风骨。她微微一愣,一时间只是盯着水碗中的倒影,竟舍不得将水喝下。

孙登见两个人只是面对面地站着,杨容姬低头盯着手中的水碗,潘岳却低头盯着杨容姬唯一可见的浓长睫毛,虽然不说一句话,也让生性跳脱的老仙人忍不住摸摸鼻子，不忍开口破坏了此刻的静谧。通达半世，孙登自然明白潘岳婉转羞涩的心思，也明白杨容姬尚未坦明的顾虑。于是他只是笑眯眯地袖手旁观，等着他们自己去解决。

然而孙登不煞风景，风景自有他人煞。下一刻，一个黑影旋风般跑了过来，围着三个人不停地转圈，竟是刚才独自跑去啃肉骨头的许由。

见许由狺狺地吠叫着，似乎想要传递某种信息，杨容姬尚在发愣，孙登却已经着急地叫道："有人来了。阿容，你快带檀郎躲起来，我在这里拖住他们！"

是谁会找到这个隐蔽的茅庐来，是司马伦的手下吗？杨容姬一惊之下拉住了潘岳的手："跟我来！"

潘岳点头，眼睛却四处一转，抓起院中一把切割药材的短刀放入怀中。随后，他反手握住杨容姬的手，跟着她朝茅庐后的密林里钻去。

潘岳的伤势还未痊愈，行走不快，幸而身后的树丛叶片尚未零落，仿佛一扇扇屏风，阻隔了他们的身形。

虽然一时间尚未有人追来，杨容姬却觉得一颗心紧张得几乎要裂开。她勉强维持着脑海里的清明，分辨了一下方位，转头看向潘岳："还走得动吗？"

"走得动。"潘岳抹了一把滑落的汗水，朝杨容姬重重点头。

杨容姬不再多说，拉着潘岳绕过一道荒僻的山梁，随即开始在脚下细细探索。见潘岳也低下头查看，杨容姬赶紧制止："别乱动，小心又像上次一样掉下去！"

陡然明白了她在找什么，潘岳果然乖乖地站在原地，只一双黑白分明的眼睛紧紧追随着杨容姬的脚步。过了一会儿，杨容姬蹲下身，扒开地上的野草落叶，露出一条被细篾网遮盖的地缝来。

从地缝中拽出一根绳索来，杨容姬将绳子末端牢牢地系在潘岳身上："你先下去，我随后就来。"

潘岳抓着绳子，小心翼翼地踩着石壁朝地缝下方缒去。他先前已经听孙登说过，这地缝乃是四十年前邙山地震时留下的。后米孙登隐居邙山，在地缝中发现了古籍中记载的醴泉，便将地缝遮蔽起来，又配置了可供攀缘的绳索。上次他和温裕不小心掉进地缝，这才遇见了前来取醴泉水的杨容姬。

醴泉、云谷、玉髓、灵芝，这些都是自古流传的修仙至宝，传说有延年益寿、祛除百病的功效。这几日潘岳听杨容姬提过，她之所以会离开荆州前来拜孙登为师，就是为了获得这些传说中的宝物。当然杨容姬并不想修道成仙，她只是醉心医术，想要验证这些古籍中记载的仙药是否有效。

云谷是悬崖上生长的野生五谷，玉髓是钟乳石内偶尔蕴含的浆液。为了这些宝贝，杨容姬亲自攀爬山崖采集野黍，又钻入岩洞凿取钟乳石，丝毫没有世家千金应有的慵懒娇贵。而这条狭窄黑暗的地缝，则是她采集醴泉的地方了。也不知道她独自往来的时候，会不会感到害怕和孤独。

正胡思乱想间，双脚已经踩到了坚实的地面。潘岳知道到了底，便向杨容姬招呼一声，解开了腰间的绳索。下一刻，他看见杨容姬也抓着绳子慢慢缒入地缝，并将头顶的篾网盖好，重新用草叶遮住。

地缝中没有光源，唯有天光从细如筛网的缝隙中漏下，仿佛一道道自上而下射出的箭镞。潘岳仰望着杨容姬的身影渐渐降落，觉得她似乎也变成了一支箭，倏地钻进了他的心里，甜蜜而又痛楚。

杨容姬也感觉到了潘岳的目光，虽然根本看不清楚，却又如同刻在脑海中一样分明。没来由地，她忽然想起了小时候背诵的《诗经》："绸缪束楚，三星在户。今夕何夕，见此粲者？子兮子兮，如此粲者何？"那个时候她想象不出什么样的人才能被称为"粲者"，竟然值得那千年前的女子如此反复思慕歌咏。可是现在她明白了。所谓粲者，就是身处黑暗的地底,依然如同星辰一般纯洁明亮。哪怕看不见他,也可以感受到他散发的温暖和光芒。

可是,这明明不是她的初衷……杨容姬心里陡然一沉,一阵恐慌袭来,原本踏着石壁的双足蓦地蹬空,身体立刻不受控制地在空中摇晃起来。她死死握住手中的绳索,竭力想要重新蹬上石壁稳定身形,不料越是惊慌身体就越是不听指挥。剧烈的晃动之下,被绳索磨破的双手再也支撑不住全身的重量,整个人顿时朝着地底直坠下来!

杨容姬闭上眼睛,准备迎接坠地的疼痛,身体却猛地砸进了一个温热的怀抱。虽然她身材苗条轻盈,下坠的力道也足以将那人砸得倒在地上,仿佛一张柔软的垫子结结实实地铺在她的身下。

听得那人闷哼了一声之后就再无声音,杨容姬心下惊恐,脱口问道:"檀郎,你怎么样了?"

还是没有声音,甚至连呼吸声都停止了。杨容姬一惊,伸手想去摸潘岳的脉搏,黑暗中却摸上了他挺直的鼻梁和温润的嘴唇,感觉到了他口鼻中轻轻呼出的热气。杨容姬大窘,刚想收回手从他怀中站起,手腕却蓦地被一只手牢牢地握住了。

"你这是第一次叫我檀郎,我……喜欢听。"潘岳忽然轻轻地开了口,抓住她的手贴在了自己的胸膛上,让她感受到了他略显急促的心跳。

黑暗中,她看不清他的脸,鼻中却充满了少年特有的清新气息。这气息仿佛一张铺天盖地的网,让她无法逃脱。她挣了挣,却敌不过他的力气,只觉得掌下的心跳越发快了。

杨容姬略有些尴尬地咳嗽了一声。这些日子来,她虽然只是客气地称呼他"潘公子",私下里却确实呢喃过"檀郎"这个昵称,否则刚才情急之下也不会脱口而出。可是她却不愿放纵他这点小小的得意,故意反驳道:"天下人都唤你'檀郎',我唤一声又何妨?"

　　似乎看见了她故作强硬的模样,潘岳轻轻笑出声来:"知道为什么只见过你一面,五年之后我却一眼就能认出你吗?"

　　杨容姬没有回答,也没有动。她明白自己不应该听下去。可他的气息却汇聚成了深深的河流,让她沉溺其中,无法自救。

　　"因为,这五年之中,我无时无刻不在回想见到你的那一刻,甚至在纸上偷偷描摹你的模样。每一年我画的你都会长大一点点,这样就会感觉你一直陪在我身边,和我一起长大……"说到这里,他忽然笑了,"那个时候你穿着胭脂红的衣裳,一张脸被太阳晒得红扑扑的,两只手不知怎么沾了些泥土,就悄悄地想擦在身后的裙子上,偏又怕被人看出来,只好趁人不注意时一蹭,再一蹭,就像一只偷偷藏食物的小松鼠……"

　　"怎么,你都看见了?"杨容姬一窘。那时候她正在后院侍弄药草,被叫出来见客时来不及洗手,只好偷偷地想将泥土在背后擦干净。那时候她自认为动作隐秘,不料却被潘岳看了个一清二楚,不由羞红了脸。

　　"既然是我以后的妻子,我自然要看得清清楚楚,一丝一毫也不肯错漏。"潘岳依旧沉浸在温软的回忆中,唇中吐出的每一个字都仿佛浸润了清甜的酪浆,"那时候你头上还梳着双鬟,如今却已经及笄了。长大了的你,比我想象中的还要美丽……"

　　在你面前,谁还敢自称美丽?杨容姬心中暗叹了一声,口中却淡淡问:"我们的婚约不过是父母之命,却不知你为何对我念念不忘?"

　　"因为你懂得我。"潘岳笃定地说,"那时候我刚被大将军取消了桃符的伴读资格,心情低落。可你们杨家门第比潘家高,父亲怕这件事外传影响与你家联姻,叮嘱我暂时不可泄露情绪,所以定亲典礼那天我一举一动无不是强颜欢笑,生怕被人看出破绽。事实上,确实没有人发现我的异样,除了你。你虽然只看了我一眼,眼中却很自然地流露了疑惑和关心。我那时就觉得,原来即使我不说,这天地之间还是有人能理解我,而这个人恰好就是我未来的妻子。这是多么大的幸运。"说到最后,他的语气中情不自禁地带出了笑意。

潘岳的声音是那么温柔纯净,在这黑暗而寂静的地下,一声一声撩拨着杨容姬的心弦,让她到底压抑不住小儿女心态,故意冷笑了一声:"这话却是说得有些过了。洛阳城中,哪个女子暗中不会偷偷念叨几句'檀郎',你这些年应该找到不少红颜知己吧?却不知你家的墙头,被她们磨平了没有?"

"吃醋了?"潘岳平日见惯了杨容姬矜持守礼的模样,只觉得她黑暗中这番言语更加可爱,情不自禁地笑了出来。似乎是黑暗给了他勇气,潘岳非但没有放开杨容姬的手,反倒垂下头,在那只手上用嘴唇轻轻碰触了一下。

犹如被火烙到一般,杨容姬倏地抽回了手,觉得手上被他亲吻过的地方与自己的心一样滚烫。她用力摁住手背,努力让自己维持住应有的清醒,轻轻哂笑:"果然是天下闻名的檀郎,连挑逗女子的手段都是一流。"

"对不起,刚才是我……逾矩了……"潘岳听杨容姬语带嘲讽,只当是自己情不自禁的举动惹她不快,赶紧道歉,"除了我母亲,还有贾荃姐姐,我从来没有和别的女子相处过。所以若是说错做错了什么惹你生气,你一定要告诉我。"

听到他的语气有些急了,杨容姬一怔,说不清楚心中塞得满满的都是什么滋味,没有开口。

潘岳以为她不信,慌忙解释道:"真的,我没有骗你。你也知道,我家家风严谨,父母最担心的,就是我因为容貌招来灾祸。可是我毕竟不是养在深闺的女子,少不得外出求学交游,名声也就越来越大。于是我更是加倍小心,对任何女子都恪守礼法,不敢多说一句多看一眼,生怕行差踏错一步，就会引来满城风雨。可是唯有你是不一样的。你是我聘定的未婚妻，不论我如何放纵对你的思慕爱恋，都没有人可以指责。阿容，你知道吗？唯有在你这里，我才能脱去枷锁，感受到真正的轻松和自在……"这些深埋心底的念头，若不是借着这无边的黑夜作掩护，只怕他永远也不敢说出口，"这些年来，父母对我管束甚严，哥哥也和我日渐疏远。唯有桃符是我的知心好友，却偏偏难得见上一面。所以我真的……很寂寞，只有你是我唯一的希望。只要想到以后可以和你长相厮守，有什么话都可以和你说，有什么快乐痛苦都可以和你分担，我就觉得，自己什么都不怕了……"

杨容姬暗暗咬住了嘴唇。不得不说，潘岳这番情深意切的话落在任何人耳中，都是无法抵挡的诱惑。可是杨容姬却微微绷紧了身体，冷静甚至冷漠地回应道："我明白了。其实你思念的，不过是你名正言顺的未婚妻罢了。如果当年和你定亲的是另外一个女子，大概你此刻心心念念的就是她吧？"

潘岳一愣，没有料到她在这温柔缠绵之际还能说出如此凉薄的话来。他低下头想了想，终于诚恳地回答："既然我不曾和其他女子定亲，所以也无法回答你的问题。不过我却知道，虽然五年没见过你，可你们一家去荆州后，杨伯父给我父亲的信中不时也会提到你，说你'小小年纪，醉心医术，已活十数人'，我就忍不住猜想你该是怎样妙手仁心、侠骨柔肠的奇女子，岂是洛阳城内那些成日只知游兴伤春的普通女子能比拟的？这次真的见到了你，见到你卓然而立、从容稳静，我就知道自己的猜想没有错。你和桃符一样，都有让人心里安静下来的力量……"

潘岳满心期盼着杨容姬的回应，然而还没有等到，头顶就隐隐传来喧哗之声，瞬间搅乱了两人之间缱绻的气氛。

"跟我来！"杨容姬蓦地想起温裕和他家守墓老仆也知晓这个地缝，连忙摸索着拉住了潘岳的手，带着他往地缝深处走去。

杨容姬显然是对这里的地形颇为熟悉,即使在黑暗中也摸到了地缝边缘一个狭窄的通道,当即领着潘岳钻了进去。

潘岳一只手拉着杨容姬,一只手摸索着身边的情形,只觉得随着他们的行进,通道两侧的黄土渐渐减少,光滑的石块却渐渐显现,可见他们已经穿越了堆积的土层,来到了伸手不见五指的山腹深处。

"小心头上……"杨容姬才想起出声提醒,身材高挑的潘岳便一头撞上了一块从上方垂落的石钟乳,不由得伸手捂住了额头。

"你等等。"杨容姬说着,甩开了潘岳的手。潘岳顿觉心中一空,伸手想要拉住她,却什么也没有抓住。

"阿容……"他有些仓皇地叫了一声,仿佛又真切地落进了纠缠不去的噩梦里,心里猛地涌起一个念头:如果她真的就此消失了,那自己的世界会不会永远像现在这样黑暗和孤独?

"我在这里。"幸而杨容姬立刻回应了他,随即一朵火光在她身边亮起,仿佛一枚小小的太阳将整个洞穴照亮。原来为了方便取水,孙登早就在这里备下了照明用的火把。

潘岳下意识地闭了闭眼,这才缓缓打量这藏于邙山内部的天然洞穴。这个洞穴并不大,洞内所生的石笋、石芽也并不瑰丽,然而就在洞穴的一角,有泉水从石缝中天然渗出,形成一个小小的水池。他学着杨容姬用双手捧起水灌进口中,不由惊讶地"啊"了一声。原来这泉水甘洌甜美,竟天然带着淡淡的酒香,与上古典籍中记载的醴泉一模一样,却不知是否也能治疗百病、延年益寿。

杨容姬洗干净了双手,从衣袖里取出一个小小的包裹,却是用手帕兜着的几个山楂果,在火光照耀下红亮亮得十分诱人。

潘岳拿起一枚山楂果,在水中洗了洗,忽然心念一动,含笑道:"我给你变个戏法吧。"说着,他从怀中取出临走前拿的小刀,在山楂果上切削了一阵,那圆溜溜的红果顿时变成了一只憨态可掬的小鸭子,惟妙惟肖。

将山楂小鸭子放在杨容姬手心里,潘岳略有些得意地笑道:"以前杨伯父的书信里提到你养了几只小鸭子,我就专门去学了这个,一心想着……成亲以后表演给你看。谁知却不用等那么久……"似乎是为了掩饰自己的羞窘,他又低下头熟练地切削出第二只小鸭子,放在杨容姬的另一只手心里。

杨容姬看着手里的两只小鸭子,正好是面对面的一对儿。在闪动的火光中,它们仿佛都在自己的手里奋力游泳,想要尽快赶到对方身边。毋庸置疑,五年来父亲书信中提到自己的每一句话潘岳都烂熟于心,而为了这一刻,他以前不知道练习过多少次。

心中有什么东西满得快要溢出来了,杨容姬深吸一口气,将两只山楂小鸭子放在了地上。

"怎么,不漂亮吗?"潘岳见她神色有变,顿时有些紧张。

"漂亮,可是我承受不起。"杨容姬避开潘岳的目光,望着身边的醴泉,慢慢道,"很多时候,我并不需要那样美丽的东西。"

"阿容?"潘岳不知道她怎么突然说出这句话来,心头隐隐不安,似乎有什么不祥的种子开始在他和她之间生根发芽,"我做错了什么吗?"

"你没有错。以美丑来分辨好恶,丧失理智去追逐美丽的东西,是所有人的天性。所以儿童会肆无忌惮地采摘鲜花,追捕蝴蝶,可是到手之后往往只会把它们撕得粉碎。"杨容姬径自说着,生怕一停下来就失去了继续开口的勇气,"所以最难的,反而是拥有这些美丽事物的人。他们患得患失,为了保护自己的所有不惜殚精竭虑,劳碌奔波,甚至丧失自我。所以美好的事物,拥有并不是福气,而是责任,永远无法摆脱的责任。反倒不如和其他人一样,远远地观望一下、赞叹一下就足够了。"

"你究竟，想说什么？"想起这些日子来自己深情款款，她却始终不冷不热，潘岳猛然醒悟那并非是她矜持羞涩，而是——而是某种他从未设想过的原因。他陡然踉跄了一步，靠在身后的石壁上，只觉得全身的血液都开始变凉。

杨容姬依旧只是看着醴泉，水面上她和他的影子都模糊不清，让她可以忽略掉他眼中的一切震惊和悲哀。这些话她三年来私下里不知练习过多少次，如今有了机会就必须说出来、说清楚，否则以后怕是再没有勇气向他开口了。

"我在荆州学医的时候，有一个关系很好的师姐。她的天赋很高，治好了很多人，我一直把她当作我的榜样。"杨容姬努力平静地说，"后来，她嫁人了，夫婿年少英俊，人人都说是天作之合。可是婚后她丈夫却在外拈花惹草，在家对她非打即骂。她伤心悲愤之下，从此变成了一个唠叨昏聩的怨妇，人人厌恶逃避。我那时候就想，我绝不要变成她那个样子……"

"阿容！"潘岳忽然打断了她，"我不会的，你不相信我吗？"

"我相信你，可我不相信其他人。"杨容姬惨淡地笑了笑，"洛阳檀郎，容止无双。你名气这么大，无论迷恋你、嫉妒你还是猜忌你的人都不可胜数。也许你足够强大，可以化解猜忌、战胜嫉妒、无视迷恋。可这些对你的妻子而言，却都是无法摆脱的困扰。我做不到心如止水，不想变成怨妇，也不想卷入什么大公子、二公子的世子之争，成日在惶恐和担忧中度过。从知道你名满天下的那天开始，我就知道，如果将来嫁给你为妻，你带给我的绝不仅仅是荣耀，更多的却是负累……

"你的美名注定你不可能默默无闻，你的才华也注定你不甘庸碌一生。可是在这社稷动荡的乱世之中，无论美名还是才华，都是招来灾祸的根源……

"这些天来给你治伤时的焦虑，帮你逃亡时的恐惧，还有看见胡芳在墙头和你调笑时的嫉妒，我不想以后再经历一次，甚至一次又一次，一辈子也无法摆脱……

"如果将来要嫁给一个人，我希望他带给我的是平静安稳的生活……"

"上天是公平的，要拥有天下最好的夫婿，势必要付出天下最高昂的代价。而这个代价，我，不愿意付。"见潘岳一直不出一声，杨容姬越说越心虚，终于无奈地笑了笑，"这些话，我反复考虑了三年，也不知道说明白了没有？"

"明白了。"潘岳微弱地回答了一声，却觉得已经耗费了自己所有的力气。他慢慢沿着石壁滑坐在地上，伸手抓起地上一只山楂小鸭子，端详了一会儿，忽然一把塞进了嘴里。

用力咀嚼了几下，酸苦的滋味顷刻间溢满了口腔，让他几乎呛咳起来。然而他只是用力仰起脖子，努力想要咽下口中的一切，连同无法出口的委屈和辩解，也一并吞入腹中。

山楂支棱的果核刺激着咽喉，让他猛地捂住了嘴，肩膀抽动着弯下腰去。过了好半天，他才压下了强烈的呕吐感，将那只山楂小鸭子连皮带核囫囵吞下，就仿佛它从来不曾存在。

"别吃了。"杨容姬见潘岳又抓起了另外一只小鸭子，一把摁住了他的手，"山楂性敛，受伤发炎、脾胃虚弱的人都不宜多吃。"

潘岳抬起眼睛看着她，她的眼睛还是如同初见时一样，带着深切的理解和同情。只是他现在已经明白了，自始至终，她对他的关切只想保持在大夫对待病患的限度内，再不肯多进一步。

她确实懂得他，只是因为懂得，才想要放弃。因为懂得，才显得更加无可辩驳，也更加残忍无情。

似乎身体里所有的力气都被抽走，潘岳靠在冰冷的石壁上，双唇颤抖却无法多说一个字。杨容姬也不再说话。寂静的岩洞内只有火把噼噼啪啪的燃烧声。终于，当火把烧到尽头的时候，杨容姬站了起来：
"我出去看看。"

潘岳不开口，只是默默地跟在她身后。杨容姬想让他暂时留在这
里，却说不出口，只好当先沿着绳索爬出了地缝。出去后才发现，夕阳
西坠，暮色苍茫，时间竟已过去了大半天。

慢慢地往茅庐方向走去，两个人还是不出声，只有脚下的草叶发
出窸窸窣窣的声响，让人心中无端地憋闷。杨容姬不敢回头，却感觉得
到潘岳不远不近地跟在她的身后。就仿佛不论前方是什么，安全也好
危险也罢，只要她继续走，他就会一直跟着她。

杨容姬停下了脚步，隐藏在一丛灌木后向远处的茅庐张望，却没
有看见任何人影，也没有听到任何声音。"你在这儿等着，我先过去看
看。"

潘岳点了点头，目送着杨容姬钻出灌木丛，一个人朝着他们居住
的茅庐走去。山风吹来，灌入他肺腑，让胸中的灼热稍稍平复。可是脑
子里依然是混沌一片，他什么都不敢想，生怕一旦回想起杨容姬那些
锥心戳肺的话，就会痛得再也没有活下去的勇气。

杨容姬去了很久还没有回来，潘岳终于忍不住走出了藏身之处。
大不了就被他们抓回洛阳好了，他有些自暴自弃地想，反正自己到了
这个时候，还有什么害怕失去的呢？

他推开了虚掩的竹篱门，顿时怔住。原本整洁的小院此刻一片狼
藉：胡床断了，茶碗碎了，水缸也被砸出了一个大窟窿。四处横溢的水
浸透了地面，留下一片乱七八糟的脚印，将晾晒在院子里的草药糟蹋
成了一堆烂泥。

潘岳闭了闭眼睛，仿佛那些脚印一个个都踏在了自己心上，让他
几乎失去了行走的力气。他伸手扶着墙壁慢慢走进房内，不出意料地
看见了和院中同样惨烈的情景。而杨容姬，此刻正跪坐在房内，捂着脸

无声地抖动着双肩。她的身前,是一地被踩踏成齑粉的云谷。她辛辛苦苦搜集了半年的玉髓,也随着破碎的瓷瓶倾倒在地上,再也无法收回。

潘岳定定地站在门口,看着泪水从杨容姬的指缝间一颗一颗砸在地上,仿佛一记又一记重锤从天而降,砸得他站立不住,只能沿着门框无力地坐倒在地上。

他知道,那些云谷,是她黎明时顶着雾气踩着露水,在山崖上一棵一棵采回来的。那些玉髓,是她下到伸手不见五指的岩洞里,凿开石钟乳一点一点搜集来的;他知道她为了这些传说中治疗百病的药物吃了多少苦,就明白它们被损毁时她有多么伤心。

"如果将来要嫁给一个人,我希望他带给我的是平静安稳的生活。"

"上天是公平的,要拥有天下最好的夫婿,势必要付出天下最高昂的代价。而这个代价,我,不愿意付。"

方才岩洞中杨容姬所说的话又一字一字清晰地回荡在耳边。他那个时候还想着怎么去辩驳,现在却发现她说得一点都没错,他无法带给她想要的平静和安稳,只能带给她动荡和伤害。

所以,理智如她,选择了放弃。

天渐渐黑了,凛冽的山风从树丛间穿过,一夜未停。尖利的呼啸仿佛妖魔的狞笑,嘲弄着世上所有贪多求全之人。

杨容姬醒来的时候,发现自己不知道什么时候趴在地上睡着了,眼角还残留着干涸的泪痕。她动了动酸麻的身体,惊觉自己的身上搭着一条被子。

掀开被子走出门,杨容姬一眼就看到了在院子里东跑西窜的黑狗许由。而师父孙登,正没事人一样清理着院子。

"师父,你昨晚去哪儿了?"杨容姬揉了揉眼睛,觉得脑袋里依旧昏昏沉沉的。

“昨晚？”孙登挠了挠头。似乎对他而言，昨晚已经是很久以前的事情了，“哦，你说昨晚啊。昨晚我去洛阳一个朋友家借宿了一夜，这不刚回来嘛。”

杨容姬悻悻地“哦”了一声。她知道孙登作为隐士，哪怕被市井小人嘲弄也从不回击。昨天司马伦带人闯到这里搜捕潘岳，孙登肯定是带着许由躲开了。司马伦找不到人，才在这里打砸了一番泄愤。

司马伦……心头陡然一惊，杨容姬慌张地四下望望，一开口声音几乎都变了调：“潘公子呢？”

“走了。”孙登不疾不徐地把沤坏的草药扫成一堆，语气轻松地说，“走了好，免得司马伦又找上门来。我老仙人爱清静，可禁不起这样闹腾。”

“他去哪儿了？”杨容姬只觉脑子里“嗡”的一声，几乎摔倒，“这个时候，他还能去哪儿？”

“我怎么知道？”孙登扫了一眼杨容姬苍白的脸，故意做出一副漫不经心的样子，“我回来的时候还跟他说了钟会谋反的消息，然后他就说他要走，我也拦不住。”

“钟会谋反？”杨容姬大惊。她隐约听潘岳提过，他沦落至此很大程度上是因为钟会的事。那么如今占领了整个蜀国的钟会谋反，对潘岳又会有怎样的影响？

“二公子司马攸知道司马伦来闹事，派人过来保护，被我半路赶走了——谁让他们来得这么迟！”孙登不顾杨容姬仓皇失措的神色，不着边际地继续说：“不过那些人倒是带来了钟会谋反的消息，说那钟会是打着太后密诏的名义谋反的，指名道姓就是要反司马昭。听说司马昭才看完信报就气得昏了过去，也难怪，他那么信任钟会，却不料被自己养的狗反咬了一口……”

杨容姬没有出声。此刻就算天翻地覆，她也没有心思去听了。她的心里只是翻来覆去地想着,钟会谋反,是不是司马昭就能原谅潘岳了?可是潘岳这一走,万一遇见了司马伦的手下怎么办? 他的伤还没有痊愈,山路崎岖,他又能走多远?

见杨容姬脸上的表情不断变化,孙登暗暗摇了摇头,忽然一拍脑门儿:"对了,檀郎走的时候给你留了一封书信,你自己看吧。"说着,从怀里掏出一张叠好的纸,递了过来。

杨容姬接过信,颤抖着打开,看了几眼,眼中已然一片模糊。

那是一封退亲文书。

第 七 章

悟　情

尔情既来追,我心亦还顾。

——潘岳

潘岳一直在跑。哪怕汗水湿透了衣衫,哪怕一日一夜水米未进,哪怕前方潜藏着未知的危险,他依然咬着牙往前跑。

只有往前跑,才能离杨容姬更远一些。只有往前跑,他才能感觉自己的心还在跳动,还没有和他曾经的梦想一样破裂成碎片。

可是无论怎么跑,山脚下那座笼罩在雾霭中的洛阳城,看起来还是那么遥不可及。

脚下一个踉跄,潘岳跌倒在崎岖的山路上。全身的力气仿佛都已耗尽,他闭上眼睛,连身下硌人的石子都感觉不到了。

忽然,远处传来了隐隐的犬吠。是许由!

难道,是她追来了?可是就算她真的来阻止自己离开,也不过是以一个大夫的身份,而自己,又能以怎样的身份面对她呢?

想到这里,潘岳猛地一撑地面站了起来,顾不得被碎石割破的手掌,再度拼尽全力往前跑去。

跑着跑着,天上猛地传来破空之声,在潘岳还没有反应过来时,几支利箭已经从天而降,恰好落在他的身前。潘岳情急之下就地一滚,扑倒在半人多高的灌木丛后,却听下方的山路上传来几声大喝:"什么人!"

侧目从半山腰望下去,潘岳看见一老一少两个衣着华贵的人骑着马缓缓从前方山道上下来,周围还簇拥着十几个便装打扮的侍从。虽然是便装,那些侍从却个个精悍矫健,身上背弓佩刀,一望而知并非常人,乃是训练有素的武士。

看清楚了骑在马上的翩翩少年正是石崇,潘岳方才被杀机惊扰的心反倒渐渐安稳下来。他从足以掩盖行迹的灌木丛后转出,沿着山路朝那队人马走近了几步,几个武士当即拔刀出鞘,阻住了他的去路。

看着对方戒备森严的模样,潘岳停下了脚步。他习惯性地理了理身上的衣衫,忍住脑中虚弱的晕眩,远远对着石崇身边头发花白的老者一揖到地:"潘岳见过征东大将军。"

"潘岳?檀郎?"马上的老者惊讶地看着这个仿佛从天而降的少年,只见他虽神情疲惫面色惨淡,却依然举止优雅气度不凡,不由心中暗暗赞叹,好奇地问,"你以前见过我?"

"潘岳未曾见过石大将军,不过我认得您家六公子石崇,加上石大将军威名赫赫、美名远播,所以大胆猜度,还望石大将军恕罪。"潘岳恭敬地回答。

"哈哈,潘公子客气了。在檀郎面前,老夫年轻时那点名声简直如萤火之比皓月,没得叫人惭愧。"这个老者正是石崇的父亲,镇守淮南的征东大将军石苞。

石苞的人生,在门阀林立把持仕途的魏国,是一段难以复制的传奇。他出身寒微,赶过车,卖过铁,却因为司马懿、司马师父子的赏识,一路封侯拜将,连高门出身的士族子弟都望尘莫及。此时他所镇守的淮南地区,曾经出现过三次反对司马氏专权的叛乱。司马昭肯将这块富庶又敏感的地区交给他全权镇守,足以体现司马家对石苞的重视。

石苞字仲容,年轻时就以姿容出众闻名,人称"石仲容,娇无双"。此刻虽然已经年过花甲,仍然不掩他天生的清秀,只是这清秀经历了几十年的军旅生涯,早已磨炼成了常人难以企及的俊伟。即使此刻他身穿便装,也带着一股军人的凛凛威严。此刻他心情大好,手一挥,拦在潘岳面前的几个下属立刻还刀归鞘退到一旁,为潘岳让出路来。

"我这些手下是从淮南战场上过来的,警惕心很强,无礼之处,还请潘公子不要见怪。"石苞的语气就像一个和善的邻家老伯,一点也没有一方诸侯的架子。

"哪里。石大将军的下属忠心护主,是潘岳冲撞在先,难免引起他们警觉。"潘岳径直向前走了几步,在石苞马下站住,先以晚辈身份躬身一礼,又朝一旁的石崇拱了拱手,"石六公子别来无恙?"

"齐奴,还不下马和潘公子见礼?"见石崇自始至终端坐在马上,神态倨傲无礼,石苞颇为不满地训斥道。

石崇先前见他二人相谈甚欢,竟有些惺惺相惜的模样,一直按捺着不曾发作。此刻见父亲责备,终于忍不住朝潘岳怒道:"潘公子不是畏罪潜逃了吗,现在来和我父亲攀什么交情?难不成没地方躲藏了,想让我父亲庇护于你?"

"齐奴!"石苞眉头一皱,横了石崇一眼。

"父亲您刚到洛阳,还有所不知,这个潘岳此刻正是晋王和安乐亭侯追缉的逃犯!"石崇刻意把"晋王"两个字咬得很重,他知道,就算是父亲也不得不对这两个字颇多忌惮。

见石苞果然神色一凛,一双锋锐生光的眸子对准了自己,潘岳不由苦笑了一下:"石公子说得不错,我得罪了晋王和安乐亭侯,此刻正是亡命之身。"

石苞不动声色地打量着潘岳被荆棘划破的衣衫,心中不明白这样一个清澈如雪的少年怎么会落到这样的地步。他半个月来一路马不停蹄地从淮南赶到洛阳,对于洛阳的事情知之不深,并不想现在就盲目插手,因此只是淡淡地点了点头:"既然如此,潘公子好自为之,石某就此别过。"

"父亲！"石崇焦急地唤了一声。石苞此番千里来朝，就是为了向司马昭表忠心。如果被人知道他白白放走了潘岳，只怕又会引起多疑的司马昭猜忌。

潘岳自然看出了石崇的顾虑，微微一笑。他站在石苞的马前，仰头看着高高在上的老将军，终于说出了自己的用意："潘岳此番不避嫌疑来见石大将军，就是想请您将我带回洛阳，交给晋王处置。"

"什么？"石崇一瞬间只怀疑自己听错了。司马伦多日来大张旗鼓地搜寻潘岳，结果潘岳不仅不躲得离洛阳远远的，竟要回到洛阳去自投罗网？

"怎么，潘岳想送给石家一个功劳，石崇公子不敢要吗？"想起石崇以前曾想诱骗自己和杨容姬退婚，潘岳对石崇就表现不出一贯的谦逊有礼了。他目光炯炯地盯着石崇，竟有些咄咄逼人的意味。

"怎么不敢？"石崇被潘岳挑衅的目光激怒，当即冷笑道，"既然是石家抓住了逃犯，那就要有抓逃犯的样子。来人，把他给我绑了！"

侍从们见小主人发话，而石苞也不加阻止，当即应了一声，围上来要拿潘岳。就在这个时候，只听一阵狂乱的吠叫，一个硕大的黑影猛地扑了过来，张口就朝离潘岳最近的侍从手臂咬去！

"许由！"潘岳怕它伤人，更怕它为人所伤，赶紧用力抱住黑狗，将它拖回自己怀里。他竭力安抚着狂暴的许由，眼睛却不敢朝许由出现的方向张望。孙登并没有阻拦自己离开，那么带着许由追过来的，只可能是她了。

"石大将军！"潘岳抬起头望着一言不发的石苞，急切地道，"潘岳别无所求，只求能亲见晋王一面。这事关系到二公子的生死存亡，还望石大将军成全！"

石苞早年颇受司马师的知遇之恩，听潘岳提到了司马师的嗣子司马攸，果然怔了一下。然后老将军挥了挥手，对着潘岳身边的武士们吩咐了一声:"不可对潘公子无礼。给他一匹马,我们一起去洛阳。"

潘岳道了谢,放开许由踏上马镫,几次发力都没能成功上马,这才发现自己身体太过虚弱,几乎连攥住缰绳的力气都没有了。顾不得石崇讥笑轻蔑的眼神,潘岳望着在马前不住打转吠叫的黑狗,努力地笑了笑:"许由,回去吧,跟她说一声谢谢。这一生,我必定不会再打扰她了。"说完这句话,他心中陡然生出一股悲愤,咬牙提起一口气翻身上马,随着石苞和石崇,向前方迷雾中的洛阳城奔去。

许由汪汪大叫着追了上去,却毕竟赶不上马匹的脚力,过了一阵就失去了潘岳的踪影。它呜呜地低吠着在路上打了几个圈,终于无奈地拖着尾巴朝原路返回,扑进了一个素衣少女的怀抱。

听说潘岳离开之后,杨容姬当即跟着许由从隐居的茅庐处追了出来。可惜潘岳已经动身许久,而杨容姬脚力有限,就算拼尽全力,也无法追上潘岳的行程。此刻许由折返,她知道事情再无转圜的余地,脚下一软跌坐在地上,用力抱住了黑狗毛茸茸的脖子。

其实就算是追上了,以潘岳的个性,也未必肯跟着自己回去。可就算是一个普通的病人,自己也不可能眼睁睁地看着他自投罗网……杨容姬的心中乱成一团,倒像是那罗网不仅网住了潘岳,也将她身不由己地笼罩在内。

可是,她选择放弃他,不就是为了摆脱这无形的罗网吗?在这乱世之中想要像孙登一样超然世外、秉持本心,势必要学会舍弃。

她抬起衣袖抹了一把眼睛,湿漉漉的也不知是汗是泪,举臂之时才发现衣袖中有些异样,伸手一摸,竟掏出一只小鸭子来。

山楂果雕刻成的小鸭子,虽然经过一夜已经有些萎蔫,表皮却依旧红艳艳亮澄澄,在秋日的阳光中分外晶莹明亮。它们原本是一对儿,可惜另一只已经被潘岳塞进了口吞下了肚,再也没有痕迹,而这一只,就连杨容姬自己也不记得是什么时候将它纳入袖中收藏起来的。

许由也发现了这只小鸭子,只当是什么新奇的玩具,张口就来咬。杨容姬慌忙高举手臂站起身,将小鸭子小心地塞回袖子里,这才带着黑狗,慢慢地回到了茅庐中。

接下来的三天里,杨容姬似乎下定决心从头再来,重新到山崖上采集云谷,到岩洞中搜求玉髓,每每把自己累得筋疲力尽,没有一点点空闲的时间。

孙登似乎也把潘岳这个人完全忘记了,虽然每天还是会溜到洛阳城里去喝酒,回来却绝口不提城内的消息,就仿佛那座烟云笼罩的大城这三天都在呼呼大睡一般。

生活又回到从前。可杨容姬心里却清楚,生活再也无法回到从前。

虽然潘岳的离开是为了不再打扰她,可是,他并没有做到。他的人虽然离开,他的影子却永远地留在了这里,扰乱了她原本平静的心湖。

那潭心湖中,原本至清无波,如今却常常浮现出一幕幕倒影,那么美,又那么真实,让她无法逃避。不仅是她居住的茅庐小院,就连她在邙山中踏过的每一寸土地,都被那些影子填满了,满得没有给她留下一丝喘息的空隙。

他在的时候,她总是刻意回避他的目光。如今他离开了,所有的细节反而全都凸显出来,比她亲历之时还要清晰。

他在昏迷中紧紧抓住自己双手的样子。

他为保护自己把胳膊递给许由的样子。

他帮自己挑拣野黍时专心致志的样子。

他献宝一样雕出山楂小鸭子时的样子。

…………

无论悲哀喜乐,无论昏迷清醒,无论他身后是荒山枯草还是狰狞火狱……只要有他在那里,就是世上最美好的图画。

她其实早已被他吸引,只是一直固执地不肯承认而已。

杨容姬觉得自己魔怔了。哪怕白天做事的时候,她也会恍惚回到黑暗的地缝中,感觉到他散落的发丝痒痒地摩挲着脸颊,他的鼻息轻轻萦绕在耳畔,他的胸膛在她的手掌下剧烈地起伏。而真正的夜晚却更是不堪,只要一闭眼睛浸入黑暗,她就会觉得自己又跌入了他的怀中,闻得到他身上清新青涩的气息,让她羞窘万分却又渴慕沉迷。可是下一刻,身边传来的,却是浓郁可怖的血腥气,而他的怀抱,也渐渐冷了下去……

从噩梦中惊醒时,杨容姬会暗自庆幸。幸好,没有继续梦见更可怕的场景。可是,没有梦见并不代表真实中不会发生。因为她的无情决绝,他将自己送入了磨牙吮血的洛阳城中,现在究竟怎样了?他,还好好地活着吗?

如果自己不是怕越陷越深而提早说出那些话,他应该还会好好地待在邙山,待在自己身边,而不是像现在这样音讯皆无,生死不知。平生第一次,杨容姬是如此痛恨自己。

她在白天的幻觉和晚上的噩梦中熬过了三天,终于明白了什么叫作刻骨铭心、不能自拔,甚至,生不如死。

她推开他原本是想寻求一生的安宁,可他真的离开,她却发现自己的一生都再也无法安宁了。因为就算将来与他再无干系,她还是担心他过不好这一生。

三年的深思熟虑,敌不过三天的刻骨相思。

终于,连孙登也看不下去了,一把将她手中快要揉烂的草药夺下,故意疑惑地问:"怎么,还在想着檀郎?哎呀你还惦记什么,反正别人视他如珠玉,你视他如顽石。一块石头而已,你管它滚到哪里去,又管它是碎成七块还是八块?"

"如果他出事了,就是我害的。"杨容姬的声音低哑,却不容置疑。

"关你什么事?要怪就怪司马伦和司马昭!"孙登见不得杨容姬钻

牛角尖的模样,难得正经地说:"我打听好了,是石苞把檀郎带走的。檀郎果然是个聪明人,知道躲在手握重兵的石苞府上,司马伦就不敢轻举妄动。而司马昭正被钟会谋反弄得焦头烂额,还顾不上这点小事。"

见杨容姬还是一副恍恍惚惚,心不在焉的模样,孙登跺脚,拉着她就往外走:"你这丫头傻了?我的意思是,你现在赶去见你的檀郎,还来得及!"

"可是,我就算去了,又能做什么?"杨容姬终于回过神,低低地回答。

"记得我以前给他开过的药方吗?一个是琴;另一个,就是你。"孙登拉着杨容姬走出小院,一派窥视天机的自信模样,"记住我孙仙人今天的话,你就是潘岳的救命仙丹。只要你活着,他就不会死!"

"只要我活着,他就不会死!"杨容姬呆呆地重复了一句,忽然被孙登用力往山路上一推,顿时下意识地朝着山下的洛阳城奔去。

洛阳城还是老样子,青灰色的城墙上笼罩着层层雾霭,仿佛蛰伏在迷雾中的怪兽。怪兽呼出的气息幻化出无数光怪陆离的幻象,落在世人眼中,有的变成高官厚禄,有的变成才子佳人,有的变成金银珠宝,吸引着人们不顾一切地拥入,却不知什么时候就会被那怪兽连皮带骨吞噬无踪。

杨容姬不喜欢洛阳,可是此刻她却不顾一切地扑入了这头怪兽的巨口,只因为她想从这巨口之中拉出一个人。

一个原本属于她,却被她亲手推开的人。

她知道自己是疯了。

当石崇闻讯从石家大宅中跑出来时,他看到的杨容姬已经不再是以前认识的那个杨容姬了。以前的她,总是清冷睿智,带着小小的矜持刻薄,如同九天上不食人间烟火的仙女。而现在,她瘦削的身体在瑟瑟发抖,她清透的眼眸中满是泪水。石崇恍惚觉得,下一刻,她就会因为心力交瘁而倒在自己面前。

"阿容,你怎么了?"石崇两步跨到杨容姬的身边,心疼地扶住了她摇摇欲坠的身体,这才发现:由于长途奔跑,她的绣鞋早已在山路上磨破了,点点血迹从她的脚底蔓延出去,一路绕过街角,消失在遥远的来路上。

"走,我带你去治伤。"情急之下,石崇不顾嫌疑,俯身就想把杨容姬抱起。

"不!"她猛地推开了他,似乎丝毫感觉不到疼痛,只是急切地问,"听说潘公子现在你家,能不能让我见见他?"

"你终究还是为他而来。"石崇凝视着杨容姬脸上不顾一切的表情,心中明白自己也在她所不顾的一切之内,心中大是黯然,"我原本以为,你和那些平庸女子不同,不会被一个人华而不实的皮相所迷惑。你以前不是说过,一个男人若只是靠美丽的外表出名,其实是一种耻辱吗?"

"那是因为我以前不了解他。"杨容姬微微一怔,"我现在才知道,他的内心,比他的外貌甚至比他的才华更让人爱惜……"

"不可能!"听到杨容姬毫不掩饰的表白,石崇失控地打断了她,"你就是被他的美色所迷,不需要再掩饰了!"

"好吧。就算我只是惑于他的容貌,那也是因为我以前高估了自己,你也高估了我。"杨容姬不想和石崇做无谓的争辩,再次转回主题,"石公子,麻烦你让我进去见见他。"

见石崇只是僵硬着身子挡在身前,杨容姬冷冷地道:"你不肯帮忙也可以。不过这府中还住着你的父亲和二哥,我能不能进去并不是你一个人说了算的。"

"哈哈,我在你心中,果然就是这么蛮横。"石崇先是愤怒,继而失望,最终无力,"实话告诉你,你来晚了一步,刚才晋王府已经来人,将潘岳带走了。"

"带走了?"杨容姬的身子晃了晃,似乎好一阵才明白过来这三个字的含义,喃喃地道,"原来,石家还是要用他来向晋王邀功请赏。"

"不是这样的!"石崇原本以为自己已经无心辩驳,但此刻被无端冤枉的委屈又再度决堤,"我父亲对潘岳颇为欣赏,这三天来对他礼遇有加,甚至想要联合朝臣为他向晋王求情。是潘岳自己不肯领情,再三要求面见晋王的!"

"多谢了。"杨容姬心中闪过一丝愧意,却没有力气再表达出来。她转过沾满泥土血迹的双脚,朝着另一个方向走去。

"你想去晋王府?"石崇一瞬间明白了她的意图,一把拉住了她,咆哮着,"你去能干什么?你连晋王府的大门都不可能靠近!"

"能多近,就多近。"杨容姬回头看着石崇赤红的双眼,反倒自己显得淡漠。

"可是潘岳这一去,未必能活着出来!"石崇气急,口不择言,"晋王最近正因为钟会谋反的事情发怒,杀人泄愤的事情他以前可没少做过!"

"我知道。"杨容姬还是淡淡地点了点头,"他若能出来,我接他回家;他若是出不来,我作为他的未婚妻,可以给他收尸。"说着,她挣脱了石崇,径直朝晋王府的方向走去。

"等等!"看着一个个沾血的脚印从她的裙下延伸出来,石崇再也控制不住,冲上去一把将杨容姬横抱起来。"裹了伤我用马车送你去!"他压制住她的挣扎,低吼,"不管是接潘岳回家还是给他收尸,你首先自己不能倒下!"

杨容姬此刻才发现双脚已是痛得钻心,只怕根本无力支撑到晋王府,只好点了点头:"你先放我下来,我答应就是。"

"别动！"见她又要挣扎着站起，石崇用手臂箍住了她。"这是第一次抱你，我发誓也是最后一次，可以吗？"他凝视着她苍白的脸，心痛却无奈。下一刻，他高高昂起头，无视杨容姬抗拒的眼神，抱着她走进了自己家的大门。

杨容姬不肯进内宅，石崇只好将她放在大门口耳房内的胡床上。她静静地坐在那里不言不动，他则忙碌地吩咐下人拿来温水和伤药，又找来了一套崭新的女子鞋袜。

"别，我自己来！"见石崇在自己身边蹲下，杨容姬慌忙制止。

"以前是给我治伤，现在轮到我给你治一次。就一次。"石崇仿佛发誓一般重复着，轻柔却不容抗拒地托起杨容姬的脚，将磨烂的鞋袜除下，用温水细细清洁血肉模糊的疮口。他的动作是那么小心翼翼，仿佛托着世上最珍贵的宝物。可是他万般爱惜的人，此刻却全身紧绷，毫无回应。

"看来，我以后是没有机会了。"石崇看着那双白皙秀美却伤痕累累的脚，知道杨容姬现在的心思都在潘岳身上，自嘲地笑了笑。

"对不起。"杨容姬低低地说。

"不用对不起，其实我自始至终就没有过机会。"石崇将药膏小心地涂匀，又为她裹好绷带，穿上鞋袜，这才站起身，用全部力气撑出一个明朗的笑容，"不过输给名满天下的檀郎，我也不算太丢脸。对吗？"

"现在，我驾车送你去晋王府。"仿佛为了掩饰自己黯然的心情，石崇没有给杨容姬任何开口的机会，只是不停地说着话，"不过我还真不想去看你们劫后余生卿卿我我的样子。只要把你送到晋王府门前，我就会走得远远的，让你再也找不到我。"

这样，你可满意？

晋王府前，守卫的府兵雁翅形排在两边，将无关闲人远远阻隔在远处。杨容姬从石崇的马车上下来后无法近前，只能站在离府兵最近的街角，目不转睛地盯着晋王府的动静。而石崇，果然信守承诺，调转马车头也不回地走了。

面对戒备森严的晋王府，杨容姬虽然想过请杨家出仕的长辈去打听潘岳的消息，但这个念头很快便打消了。先前的种种焦灼渐渐平复，此刻她竟然感到一种通透的平静。她知道他在里面就足够了，反正无论生死他总会离开晋王府。不管哪种结局，她都会和他在一起。

手指轻轻捻了捻怀中那张薄薄的退亲文书，杨容姬浅浅一笑。他们的婚姻是父母之命、媒妁之言，哪怕他写了这封退亲文书，只要她抵死不认，两家父母断没有同意生效的道理。所以无论生前死后，他的妻子，她是当定了。

不过，他为什么拒绝石苞的帮助，一意孤行要面见司马昭呢？杨容姬正垂目揣摩，忽听晋王府门口一阵喧哗，赶紧望了过去。

却见一辆马车不顾谒见晋王府的礼仪，径直冲到了王府大门前。在府兵们的呵斥驱赶声中，一个红衣女子从车中敏捷地跳下，对着众人大声道："征南将军胡奋之女胡芳，求见晋王！"

胡奋乃是当世名将，这个名字对军士而言如雷贯耳，加上胡芳姿容绝美，英姿飒爽，让晋王府的守卫们顿时心神一荡，情不自禁地愣怔了片刻。而胡芳趁此机会，推开挡在身前的一个府兵就往府里闯。

"站住！"府兵们反应过来，一字排开挡在胡芳身前，"要拜见晋王，到门房那边去排队递名帖！"

胡芳往侧面一瞥，却见门房前排着长队，车水马龙，一时竟望不到头。她也知道司马昭执掌朝政，每日前来拜谒者络绎不绝。可她此刻心急如焚，哪里能等得下去？

"我有急事求见晋王，还望郎君行个方便，优先通禀。"见一个晋王府的属官听到喧哗走了过来，胡芳按下性子客气地恳求。

那属官见胡芳眼中盈盈,仿佛随时会坠下泪来,衬得一张梨花般娇艳的脸更让人怜惜,不由和声道:"不是下官不想帮胡小姐,只是晋王此刻正在审……接见潘岳,特地吩咐了无论何人都不可打扰。"他心思灵活,一见胡芳的神情,顿时将没出口的"审问"换成了"接见"二字。

"我正是为潘岳而来!"胡芳一听,越发着急起来,"见了晋王我自会解释清楚,祸是我闯的,与潘岳无关!"

"事情没有那么简单,下官劝胡小姐还是赶紧回家去吧。"那属官说完,不敢解释太多,返身就要离开。

"别走!"胡芳知道他一走,自己就真的不可能进入晋王府了,当下心一横,翻手从袖子里掏出一把匕首,对准了自己的脖子,"麻烦郎君禀告晋王,胡芳愿意以死谢罪,只求他放过潘岳!"

"这这这……胡小姐你可别乱来……"见胡芳眼神坚定,那属官急得直跺脚,只好朝府兵们吩咐,"你们看好胡小姐,我这就进去通禀。"说着,一溜烟跑了。

胡芳一时有些愣怔,握着匕首的手举着也不是,放下也不是,只能有些尴尬地站在原地。然而就在这个时候,身后响起了一个清冷的语声:"他现在身陷危局,麻烦胡小姐就不要再给他添乱了。"

胡芳愕然转身,心神涣散之下手腕一痛,竟被来人伸手扭住,那把匕首便当啷一声掉在了地上。

见来人只是一个和自己年纪差不多大的素衣少女,胡芳又惊又怒:"你是谁?"

素衣少女没有立刻回答,只是一脚将地上的匕首远远踢开,这才放了胡芳的手腕,敛衽见礼:"我叫杨容姬。"

"原来你就是杨容姬。"胡芳眼神一凝,下意识地打量起面前的少女。杨容姬原本就穿得朴素,发髻上也只是简单地插了一根绾发的玉钗,加上衣裙下摆沾满了泥土,甚至还有点点血迹,完全不像是世家大族的千金小姐,与衣着华美、容貌美艳的胡芳完全不可同日而语。

"原来胡小姐也知道我。"杨容姬没有在意胡芳挑剔的眼神,只是不卑不亢地笑了笑,"这里说话不便,请胡小姐随我来。"一边说,一边往街角的僻静处走去。

胡芳也意识到四周窥视的府兵,只好跟着杨容姬走到无人处,疑惑地道:"莫非,你有救檀郎的法子?"

"晋王权倾天下,檀郎生死只在他一念之间,我不过是个微不足道的小女子,哪里能有什么法子?"杨容姬淡淡地回答,只是在吐出"檀郎"这满含恋慕的两个字时,有些不太自然。然而转念一想,这"檀郎"二字原本就应该是专为自己而设,世人都可以大大方方地称呼,自己又何必扭捏?一念及此,心中又反反复复念了几遍"檀郎",只觉得一颗心都要痛成了齑粉。

"那你为什么要阻拦我?"胡芳没有注意杨容姬复杂变换的神情,恼怒地问。

"你以为,晋王真的只是因为你们欺骗司马伦的事情怪罪檀郎吗?很多内情,你我根本就不清楚。"这一次"檀郎"两个字吐得顺畅了许多,杨容姬毫不回避地盯着胡芳,让胡芳顿时有些心虚。

"可是我能做的只有这些了……"胡芳说到这里,似乎意识到中了杨容姬的圈套,抬起眼睛冷笑道,"无论如何,我努力了,总比你什么都不做在这里干等着好吧?"

"你错了。这个时候,我们什么都不做才是最好的。"由于长途奔跑,杨容姬面色青白憔悴,胸肺间更是一片辣痛,然而一双眼睛仍是清澈通透,"檀郎是自己要求去见晋王的,那么他肯定有自己的打算。你若节外生枝,只会适得其反。"

"檀郎究竟是什么打算,连你也不知道吧?"胡芳看着面前檀郎的未婚妻,见她果然默默地摇了摇头,只觉得心中的憋闷稍稍顺畅了一些。

"可是我相信他的能力。"杨容姬沉默了一会儿说，"他有理想，也有才华，用不着我们这些女子去救他。"

胡芳无法辩驳，只好打量着杨容姬的眉眼，唇边勾起一丝浅笑："杨小姐运气真好，竟能早早地就抢着和檀郎定了亲。"

"能遇上他，确实是我的运气。"杨容姬大大方方地点了点头，似乎没有听懂话中的嘲讽。然而下一刻，她粲然一笑，眼睛越发明亮了，"不过他能遇上我，也是他的运气。"

"你！"胡芳顿时涨红了脸，难以置信地看着面前这个"无耻"的女人。她一向性格爽朗，心直口快，却不料在杨容姬面前，竟仿佛重重一拳击打在水里，溅了自己一身水珠，对方却瞬间恢复了原样。

"你们还没有成亲，你这话说得不嫌太早了吗？"胡芳还想继续讥讽，一个人影却从旁边钻过来调笑道，"胡小姐，听说你想进晋王府？"

胡芳一惊，回头却发现面前站着个身穿锦绣华服的年轻男子，五官端正却神态轻浮，右眼睑上突兀地长着一颗绿豆大小的肉瘤，正是当初她乔装欺骗的安乐亭侯司马伦！虽然心中忐忑，胡芳还是鼓起勇气仰起了头："没错，我要求见晋王。"

司马伦没有理会杨容姬，一双狭长的眼睛只是盯住了胡芳娇艳如春花的脸，啧啧称赞："与当初假扮檀郎时的装束相比，胡小姐还是女装打扮更美啊。"

"我爱穿男装女装，跟你有什么关系？"胡芳毫不示弱地瞪着司马伦。对峙了一会儿，司马伦哈哈一笑："胡小姐若是嫌在下唐突，在下便带胡小姐进晋王府算作赔礼如何？"

"好。"胡芳藏在衣袖中的手暗暗握了握拳，硬着头皮答应。她看得出杨容姬想要劝阻自己，也知道此举过于冒险，但她实在迫切地想要在杨容姬面前证明，自己可以比她更关心潘岳，也有能力比她更深入地介入潘岳的命运。

这个时候,谁能离潘岳的距离更近,谁就赢了这一局。

司马伦虽然自有住处,但他是司马家直系子孙、晋王司马昭的九弟,因此不用通禀,带着胡芳径直从专用的侧门进了晋王府。这个侧门紧挨后宅,进去之后但见小桥流水,亭台假山,布置得十分清新雅致。唯一的不妥是四周太过幽静,走了一阵竟没有遇见一个人影。

胡芳见司马伦没有走向前方接待宾客臣属的正殿,反倒往后宅偏僻处钻,心中暗暗有了警觉,不由深恨杨容姬刚才打落了自己的匕首。走到一座架设在荷花池上的石桥上,胡芳停下了脚步,故意问身旁带路的司马伦:"请问安乐亭侯,晋王究竟在哪里?"

"晋王现在有要事,暂不见客,我先带你到别馆休息一下。"司马伦见瞒不下去,索性转过脸,贪婪地直视着少女美艳不可方物的面容,只觉得心中又爱又恨,只有将她得到手才能平复,"我知道你还在惦记着檀郎,不过听说檀郎早几年就已经定了亲,难道你还想嫁给他做妾不成?只要你点个头,我立刻就备上聘礼,上你们家去提亲。除了长相比不上那小白脸,论家世论真心,我司马伦哪一点不比他强!"

"谁说我……惦记檀郎?"胡芳毕竟面嫩,被人当面揭穿心事,不禁又羞又恼,"我上次冒充他,不过是因为觉得好玩……"

"你不惦记他,那就更好了!"司马伦也不知是真傻还是装傻,见四下无人,一把将胡芳的手握住往自己身上扯,"我上次见你就说要娶你做安乐亭侯夫人,我可是当真的!檀郎再美也不过是男人,哪里像你可以名正言顺地娶回家去。不信,你摸摸我的心……哎哟!"话未说完,胡芳已是重重一拳打在他的胸口上。她虽然只是娇俏少女,但出身将门,从小也学过一些拳脚功夫。这一拳虽然不足以让司马伦受伤,却将他痛得口眼歪斜,趔趄着后退了两步。

"哈哈,我真的摸到你的心了,硌得我的手都疼了。"见司马伦要发作，胡芳立刻做出一副天真烂漫的模样，揉着自己的手不住地吹气。

司马伦贪恋胡芳的美貌，不想和她翻脸，只好揉着心口无奈地问："美人，你要我怎么做才肯嫁给我呢？"

"很简单，我只有一个要求。"胡芳满不在乎地笑着，用手一指司马伦的右眼，随口道："我不喜欢你这颗瘤子，你把它割了，或许我就可以考虑考虑。"

司马伦看着面前少女貌似心无城府的模样，心中的爱欲渐渐变了味。他的大哥司马师正是因为割除了眼中的肉瘤，最后疮口迸裂而死，死时眼球都从眼眶中掉出，惨不忍睹。此番胡芳故意提出这个要求，不就是想诅咒自己去死吗？

父亲司马懿死后，作为小妾所生的庶子，自己不受司马家的人待见也就罢了，想不到一个小女子居然也来嘲笑自己。司马伦越想越是怒火中烧，忽然一把扑过去搂住胡芳，张口就朝她的唇上啃去！

胡芳原本想拖延时间，好寻求脱身之法，不料司马伦突然发作，顿时乱了方寸。她拼尽全力抗拒撕扯，好不容易脱开了司马伦的桎梏，见他又要扑上，慌乱间踏上了石桥的护栏，大声叫道："你再过来，我就从这里跳下去！"

司马伦见胡芳颤巍巍地站在狭窄的石桥护栏上，苗条的身体仿佛一阵风就能被刮入桥下的荷塘，随即心中一惊，想到这是在晋王府，顿时愣住了。他虽然不敢贸然上前，却又不甘就此放手，只得站在原地一上一下地与胡芳对峙，不知道应该如何收场。

就在这个时候，不知哪个角落里钻出两个侍从，气喘吁吁地一路跑了过来，见了司马伦连忙躬身行礼："九爷，大公子有请。"

"大公子找我做什么？"司马伦疑惑地盯着两个侍从，不情不愿地退开了两步。两个侍从见他让出了石桥上的通道，又赶忙跑上两步，小心翼翼地将胡芳从桥栏上扶了下来："胡小姐，大公子命我等好生护送小姐出府,还说请小姐即刻回家,您的事情他自会援手。"

听罢这番话出口,胡芳心中明白是大公子司马炎救了自己。既然司马炎答应帮忙,她便不好再要求什么,只睁大眼睛四下张望,却没能在层层叠叠的楼阁和花木中看见任何人影。找不到司马炎,胡芳只好讪讪地朝两个侍从道了谢,整理一下散乱的鬓发出去了。

胡芳此刻并不知道,一丛茂密的青竹后,大公子司马炎一双炽热的眼睛正透过竹叶的缝隙胶着在她的身上。她方才嘲弄司马伦时的娇憨,拼死抗拒时的烈性,还有寻找司马炎所在时的迷茫纯真,都一点不落地映入了司马炎的眼中。直到多年以后,司马炎还会想起胡芳红衣猎猎站在白玉桥栏上的模样,那么艳丽,那么热烈,仿佛一只明媚的凤凰飞入他的心中,将他的心也燃成了熊熊的火炬。

司马炎忽然觉得,这个红衣少女应该是属于自己的。哪怕他此刻的年龄是她的两倍,哪怕他早已娶妻生子,哪怕她是为了另一个男人闯入他家的府邸,都不妨碍他要得到她的决心。

和自己相比,司马伦又算个什么东西?

想到这里,司马炎冷冷转身,正看见司马伦跟着两个侍从走到自己身前。虽然司马伦是司马炎的长辈,但司马炎比他大了十余岁,又是司马昭的嫡长子,司马伦面对他不由自主有些慌乱。

"九叔放心,今天的事情,侄儿不会告诉父王。"司马炎知道司马伦忌惮司马昭,便先把父亲搬了出来。

"多谢大公子,我也是一时气急,这才……"司马伦用袖子擦了擦脑门儿上的汗水,仿佛是给自己打气一般嘟哝道,"没关系,我这就去求晋王,准许我去她家提亲。"

"去胡小姐家提亲?"司马炎冷冷一笑,"胡芳的父亲胡奋、伯父胡烈、堂兄胡渊,都是一代名将、国之柱石,此刻却都被反贼钟会陷在西蜀军中。九叔觉得现在是提亲的时候吗?"

"那以后……"司马伦嗫嚅。

"以后的事情,以后再说吧。"司马炎眯了眯眼睛,借以掩饰对司马伦轻蔑不屑的目光。似乎为了缓和此刻的气氛,司马炎又和声对司马伦说:"对了,父王现正在书房密审潘岳,九叔应该就是为这事来的吧?"

"对。"司马伦点了点头,忽然想起刚才两个侍从对胡芳说的话,"大公子,你真要帮胡芳去给潘岳求情?"

"当然不会,我答应帮她的是别的事。"司马炎高深莫测地一笑。他当然不会告诉司马伦,他所谓援手,不过是帮助胡家抗拒司马伦求亲——这个没出息的九叔,怎么配得上那只明媚娇艳的红衣凤凰?

第 八 章

死 谏

春荣谁不慕？岁寒良独希。

——潘岳

晋王书房内，司马昭披着一件白色的狐裘，斜斜地靠在榻上，半阖着眼睛。他身后的四扇屏风上，画着孔子被困陈蔡图。画面上的孔子盘坐在瘦石枯树之间，神情专注地弹奏着七弦琴，而他的七十二弟子则围在他身边，全神贯注地凝听。

白色的水汽从司马昭的榻前袅袅升起，朦胧了权倾天下的权臣面庞，也掩盖了因为钟会谋反带给他的焦灼病容。远远望去，司马昭就仿佛融入了他身后屏风里的绘画，正在虔诚地倾听儒家圣人的教导，以至于让人深恐惊扰他而不敢发出半点声响。

潘岳被带入书房后，司马昭一直在阖目假寐。唯一的一个侍童则一直跪在司马昭榻边的炭炉前，一边用砂锅煮水，一边专心地碾磨着茶饼。

很显然，侍童是在为晋王煮茶。此时饮茶还是高门贵族享用的珍稀之物，民间尚未普及。饮茶更多还是作为药用，可以治疗头痛、目涩、四肢烦恶、百结不舒等症状。因此，潘岳一瞥之下虽然看不清司马昭的脸色，却也知道他被钟会气病的事情绝非虚言。

见司马昭没有睁眼的意思，潘岳也不开口，只是默默地行了大礼，跪在地上等候。这是继八岁之后，他第一次与司马昭单独相处。那时候他的生死在这个人的一念之间，却不知九年之后又遇上了同样的情景。

此刻书房内虽然有三个人，却没有一点人声，只有炭炉上的砂锅发出咕咕嘟嘟的声响。煮茶的侍童见水已初沸，便用瓷勺从盐罐里舀出半勺盐，缓缓地加入砂锅内，锅内蒸腾出的水汽也越发浓厚。

"退下。"一直在榻上不言不动的司马昭忽然吐出了两个字，侍童一听，便放下手中的茶具，磕头离开。

司马昭从榻上坐起身体，见锅内的水泡如同串串珍珠从底部冒起，便用葫芦剖成的木勺从砂锅中舀起一勺沸水，眼睛盯着锅中水面沉声道："说吧。如果本王煮好茶之后你还没说清楚，本王就将你交给安乐亭侯处置。"

"若是潘岳未能说服晋王殿下，但求一死而已。"潘岳以额触地，语声坚定。他知道煮茶讲究三沸，此刻已到二沸之时，司马昭留给自己的时间实在有限。但是这种刁难，他早已有所预料，如今他宁可触怒司马昭被处死，也绝不要落入司马伦手中被他折辱。

"潘岳此番求见晋王殿下，只想问殿下一句话：您是希望二公子活着，还是希望他死？"见司马昭不置可否，潘岳认真地开始发问。

司马昭冷笑了一下。他知道但凡说客辩士开口，为了引人注意，都会率先抛出惊人之语。潘岳此番打着他的亲生儿子司马攸的幌子，归根到底也不过是为自己谋利罢了。他司马昭掌握权柄多年，又怎么会不知道人们用来掩盖私心的雕虫小技？因此司马昭只是闲闲地用竹夹在锅中搅着水，漠然地问："活又如何，死又如何？"

"如果晋王想让二公子活，就立他为晋王世子。否则，二公子只有死路一条。"潘岳跪在地上，清楚地回答。

"放肆！"司马昭原本就厌恶潘岳，听他这么一说，猛地将手中搅水的竹夹重重地拍在案几上，"立世子的事情，岂是你可以置喙的？"

潘岳抿紧嘴唇，没有回应。过了一会儿，他见司马昭重新拿起竹夹，将捣碎的茶饼放入砂锅中，这才缓缓开口道："二公子从出生开始就备受宠爱,年方三岁时,祖父宣王以二公子征讨叛乱有功为理由,册封他为长乐亭侯。十岁时,嗣父景王去世,二公子袭爵为舞阳侯,因为他在葬礼上极尽孝礼,感人至深,从此声名鹊起。虽然这些爵位都来自祖父辈恩赐,但这些年来二公子慎独克己,勤学尊贤,被誉为天下贤良楷模,备受世人赞誉。相比之下,大公子虽然比二公子年长十二岁,却从未获得过如此优待,爵位和名望一直在二公子之下。潘岳虽然不敢妄自揣测大公子对二公子的感受,但晋王殿下必然清楚'木秀于林,风必摧之'的古话。如果二公子不能成为世子,日后必定成为众矢之的。捧杀棒杀,不过在反掌之间。昔日陈思王曹植的下场,便是前车之鉴。"

潘岳的话仿佛一根根钢针,戳进了多年来司马昭内心刻意忽略的角落。他何尝不知道这些年来为了拉拢大哥司马师手下的人心,巩固自己的权位,他不得不屡屡表态这个天下原本是大哥的,自己只是暂时代为掌管,以后一定会把位子还给大哥的嗣子司马攸。加上他本来就喜爱司马攸,更是放任自己和群臣对他多加褒奖,甚至有意冷落和打压长子司马炎。虽然司马炎从未在自己面前流露过不满,可司马炎上位以后呢?司马昭知道自己的长子不是圣人,这些年来频频被司马攸打压的怨气,总会有发泄的一天。

而司马家的子孙,绝不会仅仅止步于晋王的爵位,晋王的世子迟早会变成天子……只要君臣名分一定,便是生杀予夺,再无顾忌,就像当初魏文帝曹丕迫害嫡亲的弟弟曹植一样。

他的两个儿子,迟早也会走到这一步吗?

对于一向以儒学传家的司马家而言,兄弟相残是绝大的禁忌,不仅不能让它发生,就连臣下都不敢轻易提到这个话题。若非潘岳此刻已经存了向死而生的念头,也绝不敢将这血淋淋的现实放到司马昭面前。因为这无解的困局,原本就是司马昭自己的私心造成的。

除非,真的像潘岳所说的那样,立司马攸为世子,将天下的权柄交给他,才能保证他未来不会重复古代那些夺嫡失败的皇子命运,备受摧残,死于非命。而以司马攸的善良仁厚,他即位后应该会善待大哥司马炎,不至于出现兄弟阋墙的局面。

司马昭的心一软,端起了砂锅旁的托盘,里面整整齐齐码放着洗净切好的葱、姜和茱萸。此刻砂锅中的茶末已经完全煮开。等到将这些配料放入锅中煮至三沸,这茶就算是煮好了。

司马昭将茶盘一斜,堆在上方的葱姜立刻倾入砂锅,而下方的茱萸也争先恐后地滚进了沸水中。那些鲜红浑圆的果子,咕噜噜从茶盘上滚下,偏偏有一个不知怎么裂开了,淋漓出一道浓稠刺目的殷红浆液,就仿佛大哥司马师临死时从眼眶中汨汨涌出的脓血。

司马昭手一抖,差一点将茶盘摔落。他猛地想起,那天就是在这间书房内,他最喜欢的儿子司马攸在指斥钟会的同时,提出了对司马师之死的疑问,也看到了自己眼中的恐慌和震怒。虽然所有的证据都被销毁,可那个孩子……那个孩子若是以后大权在握,是否真的会将大哥司马师的死因重新彻查清楚?就算他碍于家丑不会公之于众,可他的心里,又会如何看待自己呢?

不行,自己绝不会给他这个机会!

“大胆潘岳,竟敢挑拨我家父子兄弟之情!”司马昭沉默一会儿,忽然朝潘岳呵斥道,“你对桃符妄言钟会之事,看来潘家的家法还是太轻了些!”

“潘岳从未对二公子言及钟会。就算晋王将我交付廷尉拷问,也仍然是这句话。”潘岳见砂锅中热气蒸腾,显然已到三沸之时,不敢再耽误时间,一鼓作气说道,“钟会如今已是谋反逆贼,人人得而诛之。二公子就算因为钟会有忤逆晋王殿下之处,也只能证明二公子正直无私,洞察先机。潘岳听说晋王不久前派贾充将军领军一万入斜褒道,正是对钟会有所防范之举,这应该就是因为二公子提醒的缘故。所以钟会之事,二公子不但无过,反倒有功。"

司马昭皱了皱眉,将先前木勺中舀出的那勺水重新加入砂锅中,完成了煮茶的最后一道工序。他想起冯纨那日从潘家监刑回来后,认为潘岳对钟会谋害司马师之事确实毫不知情,并劝说自己"潘岳得天地所钟,杀之不祥"。连一向冷酷精明的冯纨都这么说,看来这件事上自己确实是冤枉了潘岳。桃符那孩子还算稳重懂事,就算对司马师的死因有所怀疑,也绝没有对他人透露分毫。而潘岳对司马攸的回护,从他八岁那年许下承诺开始,似乎已经成了一种根深蒂固的习惯。

想到这里,司马昭对潘岳的厌恶减淡了几分。他将砂锅从炭炉上取下,将煮好的茶水缓缓注入一个青瓷鸡头壶中。

"二公子揭穿钟会谋逆之举有功,请晋王加以封赏。"潘岳见茶水已经煮好,想起司马昭之前的话,心中一凉,索性直言不讳地提醒。

"封赏?"司马昭回过神,顿时明白了潘岳的意思,冷笑道,"就算他真的预见了钟会谋反,也不值得用晋王世子的头衔来赏!"

"那就请晋王暂缓册立世子之事。"潘岳犹是不肯放弃,"等过些年二公子年龄渐长,晋王再看看他的德行和政绩值不值用世子的头衔来封赏。"

司马昭的嘴角轻轻勾了勾,没有再开口。潘岳这句话并不错,他原本也希望多给两个儿子几年考察期。可是现在这场病却让他暗暗明白,他已经等不起了。

端起鸡头壶,司马昭在一盏黄白色胎绿釉茶盏中注入茶水,和缓了口气,"看在你对桃符忠心不二的分儿上,我免了你这些天的逃逸之罪。回家去吧。"司马家以儒学传家,一向注重孝悌宽仁的门风,潘岳既然没有触及司马昭的隐私,司马昭也不愿给自己招来残暴嗜杀的名声。

"晋王殿下!"潘岳虽然知道司马昭饶恕了自己,心中却丝毫没有轻松下来,继续跪在地上道,"如果晋王已经下决心立大公子为世子,潘岳愿献上一策,日后可保二公子性命!"

"啪"的一声,司马昭手中的茶杯狠狠地砸在了潘岳身上,随即落在地上摔了个粉碎。

刚刚煮开的茶水渗入衣内,灼热的刺痛让潘岳身子一颤,随即咬紧牙关没有发出任何声音。他知道司马昭很快就会派人将自己赶走,连忙抓住最后的机会急切道:"唯今之计,是让二公子与贾充将军的长女联姻。贾将军乃是国之柱石,有他佑护,二公子当可……"

"住口!"司马昭心中早已通透,不愿意潘岳再讲下去。他恨潘岳揭开了司马家一贯父慈子孝、兄友弟恭的面纱,冷笑道,"你可知道妄议王家家事,乃是死罪?"

潘岳抿了抿嘴唇,忽然伏地行了一个大礼,沉声道:"潘岳的性命本就是二公子所救。只要能保二公子日后无虞,潘岳愿领一死。"

司马昭没有开口,只是面无表情地看着面前伏地请罪的少年。少年双手触地,以额触手,清俊的脊背一动不动,宛如摧折的玉树,让司马昭蓦地想起当年自己命人悄悄将他溺死在荷花池中,却被司马攸拼命救回的情景。这两个孩子从小在患难中相识,面临绝境犹自紧紧拥抱不肯放手,司马攸对潘岳自是情深义重,难得潘岳为了司马攸也可以不顾生死。

"好,我答应你。"司马昭不动声色,忽然扬声唤道,"来人!"

方才隐去的侍童从帷幕后转了出来,手中还捧着一个小小的玉瓶。他走到司马昭榻前跪下,从鸡头壶中倒出一杯茶,打开玉瓶的塞子,将瓶中的透明液体注入茶杯中。

司马昭点了点头,侍童便捧着茶杯,小心翼翼地走到了潘岳身前。

"你喝了它,我就答应为桃符聘贾氏女为妻。"司马昭冷冷地道,"否则,现在就滚出去!"他倒要看看,潘岳为了司马攸究竟能做到什么地步。

潘岳看着面前的青瓷茶杯，凝目半晌，连釉面上的每一道冰纹裂片都看得清清楚楚。他忽然想到了杨容姬，她的双眼与这青瓷一样清透，她的语气也如同这青瓷一般坚硬，而自己的心，则早已和这些绽裂的冰纹毫无二致了。

他忽然觉得很累，很疲惫，而曾经遥望的光亮也早已消失，周围只剩下沉沉黑暗。于是潘岳只恭恭敬敬地说了声"多谢晋王"，便伸手捧住茶托，一口口将司马昭亲手烹煮的茶水喝了下去。

茶水依然滚烫，但是潘岳似乎已经感觉不到了。他强忍住内心的悲哀，将茶水喝得一干二净，双手奉还给身边的侍童，这才向司马昭再度行礼："潘岳告退。"见司马昭无话，他站起身后退几步，离开了司马昭的书房。

司马昭抬起眼睛，看着潘岳消失的身影，不由轻轻呼出一口气。即使在死亡降临的时候，这个少年的举止仍旧是那么从容完美，一举一动都让人欣赏赞叹，果然不愧他容止无双的美名。桃符有他为友，实在可称为幸事，只可惜……他们晚生了几年。于是一切决定，都已无法挽回。

晋王府的书房外，司马伦站在远处的树荫下，百无聊赖地从蔷薇架上捉住了一只甲虫，然后将它细长的脚一只一只地扯下来，欣赏着甲虫徒劳而无声的挣扎。

因为胡芳的事情在司马炎那里吃了一顿暗亏，司马伦虽然满心不忿却又无可奈何，只好蹩到前院，远远望着司马昭书房的大门。他知道，此刻潘岳就在里面。无论潘岳是竖着出来还是横着出来，他都可以真正见到这个名满天下的檀郎了。

然后，再和他好好算一算账。

司马伦将甲虫的最后一只脚扯下，狠狠用手指一碾，把甲虫的身体变成了石壁上一摊暗色的污迹。虽然百无聊赖,只要一想到名满天下的美少年立刻就要落入自己的手心,司马伦就忍不住精神亢奋,哪怕让他在司马昭门外等上三天三夜也绝不放弃。

　　眼睛一瞬不瞬地盯着前方的书房,司马伦眼前一亮,骤然看见一个修颀的身影从书房内走了出来。虽然他走路的姿势和常人并无不同,甚至步履还有些微的跟跄,可司马伦还是不明白,为什么偏偏他走路会如此好看。小时候夫子提过"邯郸学步"这个典故,难道邯郸人走路就是他这个样子的吗?

　　待到那人影走得近了,司马伦终于看清了他的面目,乃是一个十七八岁的少年。他仿佛从画中走来的仙人,就那么从仙界款款降临,闯入了司马伦的眼中。

　　平生第一次,司马伦知道了什么叫作自惭形秽。

　　司马伦呆呆地看着那个少年走近,脑子里一片空白,下意识地屏住呼吸,生怕一呼气就把这神仙般的少年吹远了。

　　少年仿佛没有看见司马伦,目不斜视地从司马伦身边擦肩而过。司马伦开口想要叫住他,一时间竟不知道怎么说话,只是本能地一把抓住了少年的衣袖。

　　少年定住了身体,缓缓朝司马伦转过头来。可那双琉璃般晶莹的眼睛虽然望着司马伦,却更像是没有看见他,只是透过他看向了遥远的天边。

　　这种被忽视的感觉终于让司马伦找回了自己的魂魄。他盯着少年如无瑕美玉一般的脸,哑着声音嘶喊出来:"你就是檀郎对吗?你可知道我是谁,我是安乐亭侯司马伦!"

　　司马伦以为,听到自己的名字,潘岳必定会大为震惊,而自己也终于可以在这副完美的脸庞上看到惊恐害怕甚至谄媚讨好的表情。就算这些反应并不令人愉悦,它们却都是因为自己而产生的,这让司马伦再度体会到了刚才撕扯甲虫脚爪的隐秘快感。

听到司马伦的名字,潘岳果然微微一怔。然后他满不在乎地笑了笑,敷衍地拱拱手,说了一声"见过侯爷",便扯出被司马伦抓住的衣袖,继续往晋王府的大门外走去。

若是平时,司马伦必定会发挥死缠烂打的恶少作风,再度追上去纠缠;再不济,也会疑惑于潘岳究竟哪里来的底气,竟然对自己的出现无动于衷。这种无视近乎蔑视的感觉,一向是司马伦最最痛恨的。

可是此刻,司马伦却只是定定地站在原处,眼中心中包括全身的每一个毛孔,都满满当当地塞满了方才潘岳的微微一笑,再也没有给别的情绪留一点余地。

原来,这就是檀郎。原来,这就是檀郎的笑……司马伦的心里反反复复念叨着这几句话,一种过去从未体验过的甜蜜而痛苦的情绪弥漫开来,将他彻头彻尾地包裹。

这些日子以来,因为潘岳的欺骗和逃遁,司马伦一直耿耿于怀,满心想的都是抓到他之后,如何用最毒辣的手段折磨报复。可如今潘岳云淡风轻的一笑,却如同春风一般,将他所有憋屈、狂躁和暴戾的残雪一扫而尽。

在潘岳那一瞬间的笑容中,司马伦觉得自己的身体越来越轻,就仿佛在水中漂浮了起来。而他的整个灵魂,则被这温润纯净的水荡涤着,越来越洁净透明,回复了最初天真纯澈的赤子之心。

这种早已被遗忘的纯粹明净的感觉,让司马伦都被自己感动了。

其实檀郎又何必逃呢?司马伦忽然有些委屈地想着,只要他对自己笑一笑,自己就可以为他做任何事情,就可以把他高高地供奉在云端,而自己却心甘情愿地低到尘埃里。

没见到檀郎时他满心都想听他惨呼哀求。可见到檀郎之后,司马伦才明白,自己哪里会舍得伤他分毫。

怪不得有那么多帝王会为了美人不顾一切,甚至将江山都拱手送人……司马伦忽然深深地羡慕起历史上的夏桀、商纣、周幽王。无论如何,他们曾经拥有过天下最美丽的人。而自己,却只能眼睁睁地看着美人越走越远。

如果自己也拥有那至高无上的权力,檀郎应该也会心甘情愿地拜伏在自己脚下吧。平生第一次,当了二十年纨绔子弟的司马伦产生了对无上权力的渴望。只是这种渴望,从一开始就沾染了毁灭的底色。

这种脱胎换骨般的变化让司马伦呆立了良久。直到一片落叶正正刮在鼻尖,他才回过神来。再度回忆起方才潘岳的模样,司马伦忽然想起,潘岳刚才的脸色非常不好,衣襟上甚至有一大片水渍,沾着细碎的茶叶末,暗示着方才与晋王的谈话并不顺利。胆战心惊之下,司马伦慌忙跑到了司马昭的书房外,不顾房外侍从的阻拦大声喊道:"晋王,二哥,我不怪罪檀郎了,你饶了他吧!"

"九爷,晋王请您回去。"在书房内伺候司马昭的侍童走了出来,转述着司马昭的话,"晋王说,他已经赐了潘岳一杯茶,您以后可以消停了。"

"赐茶?"司马伦愣了一会儿才明白了这两个字的意思。刹那间,他脑子里"嗡"的一声,张开嘴却没能吐出一个字,猛地拨开身边的侍从朝王府外跑去。

就在司马伦对权力的欲望和野心被潘岳唤醒之际,一直守候在晋王府外的杨容姬终于看到潘岳从王府内走了出来。

看到潘岳的一刹那,杨容姬下意识地想要躲闪,却最终强迫自己站在路边,等着他一步步地走近。除了衣襟上的茶渍和苍白的面色,她看不出他身上有任何损伤,而潘岳的脚步也似乎仍然是平稳连贯的,这让杨容姬悬了许久的心终于放了下来。

谢天谢地,晋王司马昭看起来并没有太为难他。

见潘岳出来,晋王府外等候召见的访客们纷纷被他吸引了目光,虽然在晋王门前不敢放肆,仍然引发了一阵小小的骚动。就算是守卫在王府大门口的侍卫们,也忍不住朝潘岳多看了两眼,甚至有人尝试着和这位名动洛阳的美少年打起了招呼。

然而潘岳没有应答,甚至没有朝那些呼喊他名字的人投以最轻微的一瞥,只是平静地望着前方,步履虽然缓慢却一刻也不曾停下。

他离杨容姬越来越近了。

杨容姬的心已经跳到了喉咙口。她用尽全身的力气站在原地,没有上前,也没有退后,静静地等待着潘岳走到自己面前。她的手中捏着一张薄薄的字纸,她甚至想好了自己会对他露出笑容,会抢先在他面前开口,她会说:"你要去哪里? 我和你一起。"

是的,她已经决定了,无论他以后要去哪里,要经历什么,她都会和他一起。

然而,潘岳并没有走到杨容姬面前。就在她身边不远处,他直直地步入了一条狭窄的小巷,没有回头。

他前进的方向,一开始似乎对准了杨容姬,却因为一点点角度的偏差,最终没有走到她的身边,反倒渐行渐远。失之毫厘,谬以千里。

他是故意躲避,还是根本就没看见自己? 杨容姬恍惚觉得脚下的青石板瞬间变成了漂浮在水面上的冰块,让她再也维持不住挺立的站姿,身子一软靠在了身后的墙壁上。她眼睁睁地看着潘岳的背影渐渐消失,却一个字都说不出来。

一阵风吹来,刮过几片枯叶,也吹得手中的纸片呼呼作响。杨容姬生怕那张纸被风吹坏了,慌忙将它叠好重新放入怀中。她已经打定了主意,既然是自己把他亲手推开,就要亲自把他追回来。

她刚朝潘岳的方向走了两步,忽听身后的晋王府门口传来了一个声音:"你们刚才看见潘岳了吗?他往哪里走了?"

杨容姬悚然回头,正看见一个衣着华贵的年轻男子从王府内跑出,满脸焦急地询问着门口的侍卫。

司马伦!杨容姬心中一紧——哪怕晋王已经放潘岳平安离府,这个司马伦还是不肯放过他吗?

想到这里,杨容姬蓦地发力,疾步跑进了潘岳消失的那条小街中,恰好拦在了追来的司马伦面前。

"见过安乐亭侯。"杨容姬伸开双臂堵住了狭窄的街道,"不知侯爷找我家檀郎有什么事?"

"你是什么人?"司马伦不认识杨容姬,听她自称"我家檀郎"顿时一惊,停住了脚步。

"我是檀郎明媒下聘的未婚妻。"杨容姬说出这个身份,忽然有一种连自己都未曾体会过的自豪,"侯爷找檀郎有什么事,不妨跟我说。"

"你让开,我有急事!"司马伦心急如焚,伸手就想拨开杨容姬硬闯过去。

"侯爷请自重!"杨容姬哪里肯放他过去,不依不饶地拦住他的去路,"这里是晋王府门口,我又是荆州刺史之女。若是我叫嚷起来,只怕侯爷在晋王那里也不好交代!"

"你!"司马伦料不到杨容姬竟然肯拼了名节来阻挠自己,不由又惊又怒,"你知道我找檀郎做什么吗?方才晋王赐他饮了毒茶,只怕现在已经发作了!"

杨容姬愣怔了一下,然而语声却仍然是清醒冷静的:"是什么毒?"

"我怎么知道?"司马伦跺脚。

"那你跑过来做什么?眼睁睁地看着他死吗?"杨容姬只觉一股烈火从胸中蹿起,来不及惊诧心痛,只是冲着司马伦懵懂愚钝的脸喝道,"快去向晋王求解药,至少也要把毒药的名字打听出来!"

"哦,对!"司马伦猛地拍了一下自己的脑袋,深悔自己脑子不够灵光,冒冒失失就跑了出来,当下也顾不得被一个小女子支使,转身又朝晋王府跑了回去。

见司马伦走了,杨容姬脚下一软,立刻就要跌倒。此刻她才深深体会到,司马伦刚才口中的"毒茶"两个字到底意味着什么。一想到刚才潘岳从晋王府出来时那苍白的面色和空茫的眼神,杨容姬心如刀绞。她扶着墙深吸了一口气,不顾脚下的伤痛奋力朝前方追去。

一定要拦住他!杨容姬精通药理,她知道人越是行动,毒性就会随着血流扩散得越快。因此当务之急是让潘岳停下。幸而潘岳走得并不快,杨容姬追了一阵,果然就看见少年的背影沿着墙根踽踽独行。街巷狭窄,行人不多。不多的行人都无一例外地用惊诧的眼光望向他,甚至还有两个大胆的小姑娘把手中的花果扔向他,他都视而不见。就仿佛是行走在无边荒漠中的孤独旅人,无论怎么走,陪伴他的只有永恒的孤寂和死亡。

杨容姬加快了脚步,猛地从后面搂住了潘岳的腰。她的力气并不大,可潘岳却立刻顺着她的方向倒了下来。强撑着走了那么久,他早已是强弩之末。

"别动!"见潘岳又要挣扎着站起身,杨容姬一把摁住他,拖过他的手腕切起了脉。她切了他双手脉象,心中略略放心,对潘岳道,"现在还没有发作,你先休息一会儿。等司马伦打听到了毒药的名字,我就带你去杨家医馆,一定会想办法救你的!"

潘岳转过青黑的眼眸,看到了杨容姬担忧焦虑的表情。医者仁心,她对任何病人都是这般关心的吧。想到这里,潘岳自嘲地笑了笑,低声道:"多谢你,不过我不会跟你去医馆的。"他垂下眼帘,不再看杨容姬,脸上也不再有任何表情,"晋王要我死,我怎么还能活?只要勉强多活一会儿,就会连累父母亲朋,还会连累你……我这个人,注定要连累身边的人……"说出后面一句话,哪怕潘岳自认一颗心早已是槁木死灰,也瞬间痛不可当。他伸手抓住了衣襟,深深弯下腰别开脸,不愿再面对杨容姬:"我在你眼中早已可笑至极。临到终了,求你让我安安静静地去死吧……"

"对不起……"杨容姬见他难过得几乎喘不过气来,只觉得心痛如绞,不顾一切地伸出双臂抱住了他。感觉到他无力的挣扎,杨容姬越发抱紧了怀中的身体,仿佛只要自己一松手,他就会一片片地碎裂开去。"对不起,我先前不该说那些话……"她不敢看他了无生趣的眼睛,只能将脸埋在他的肩膀上,一遍遍重复着自己的愧悔。

"不,你说的那些话,都没错。"潘岳忽然轻轻地笑了,"我身不由己卷入漩涡之中,就算今天不死,日后也只会连累你一辈子……幸好我们还没有成亲,又有退亲文书。你以后,与我再无瓜葛……"

"谁说再无瓜葛?这是你写的退亲文书,我已经签好了,还给你!"杨容姬蓦地打断了他,用力一抹眼角,从怀中掏出那张纸来,"你慢慢看,我去找一辆车,拉你去医馆!"

已经签好了?潘岳心中一沉,颤抖着手接过那张叠得四四方方的文书,看也不看地想要收起。"那么,你现在可以走了。"他闭上眼睛,似乎打算不再开口。

杨容姬知道他的心思,一旦自己去找马车,他必定会自行离开,悄无声息地死在无人的角落。可若是开口向路人求助,潘岳深恐连累无辜也绝不会同意。她不敢走,却也不能眼睁睁在这里浪费时间,只好攥住他的胳膊,坚持说:"你先打开看看。你看完了,再决定要不要跟我走。"

潘岳一向拗不过她,只好慢慢打开了那张纸,一字一字看下去。没错,这是他离开邙山茅庐时亲手所写的退亲文书。虽然光凭他们两人还不能做最后的决定,可如今自己到了这个地步,杨家也断不会同意将女儿嫁给他了。

鼓起勇气,潘岳终于把眼光落到了字纸末端,那里有他亲笔签下的名字,亲手按下的指印,旁边就应该是杨容姬的名字和指印了吧。

可是,没有杨容姬的名字,也没有指印;有的,只是十六个蝇头样的小字,虽然局限于狭窄的纸张边缘并不十分工整,却一笔一画力透纸背,看得出书写之人内心澎湃的感情。

杨容姬见潘岳只是定定地盯着文书出神,似乎不相信他看到的一切,索性一字字念了出来:"宠辱不惊,贫贱不移。生死不顾,安危不惧。"

念完了,见他还是默不作声,似乎根本没有听懂自己在说什么,杨容姬柔声道:"檀郎,听到了吗?这十六个字,就是这一生我对你的承诺。无论你日后是升入九天还是坠入黄泉,我杨容姬都跟定你了!"

"不,不是这样的!"潘岳仿佛从梦中惊醒,猛地抬起头,难以置信地盯着杨容姬,"你放弃我,是深思熟虑三年的结果。现在只是短短三天,你切不可太过冲动!"

"我没有冲动,我已经下定了决心。"杨容姬的眼泪终于控制不住地簌簌落下,唇边却依然带着笑意,"你确实只离开了三天。可是一日不见,如三秋兮。那三天对我而言,就如同九年那么长。"她大胆地抓起他冰冷的手, 连着写满十六个字誓言的纸片一起贴在自己脸上,"檀郎,我花了三年的时间决定放弃你,可我更愿意花费九年的时间把你找回来。你愿意回来吗?"

潘岳呆呆地凝视着她,张了张口却没有说出一个字。他揉了揉眼睛,像是要确认自己并不是在梦中,也并不是产生了幻觉。

"你没有听错,我说,我愿意和你在一起,永远在一起。"杨容姬见到他半信半疑的懵懂表情,只觉心中绞痛,只能一遍遍地重复着,"我知道,想要嫁给天下最好的夫婿,就要承受天下最沉重的代价。可是现在我已经想清楚了,为了你,我愿意承受任何代价,因为……"她哽咽得几乎发不出声,喘了几口气才将最后几个字吐出来,"因为,你值得。"

"阿容……"潘岳吃力地吐出这两个字,握着杨容姬的手一紧,胸膛蓦地剧烈起伏起来。杨容姬见他苍白的脸上忽然泛起了潮红,心中一惊,慌忙抓过他的手腕再度切起了脉,心中悲痛欲绝——难道是毒性开始发作了吗?那该死的司马伦,怎么还不回来?

"你哪里不舒服,一定要告诉我!"心慌意乱间,杨容姬只觉得已经分辨不出潘岳的脉象了。她想要抛开他去找人求助,又怕自己一旦离开就再也见不到活生生的他了,一时只觉得整颗心如在烈火中煎熬,面上却依旧强作镇静地宽慰道:"孙登师父说我活着你就不会死,他是半仙,这话一定不会错的!如果他错了,我就……我就……"

潘岳怔怔地看着她,见她唇边虽然勾出一丝笑意,眼中的泪水却如断线的珠子一般滚滚而落,将他的肩头衣衫都浸得湿透了。他生怕她情急之下说出不祥的话来,连忙抢着替她开口:"若是他错了,你就去砸了他孙仙人的招牌,让他以后再也骗不到酒喝!"

"好……"杨容姬此刻再也没有耐心等待司马伦,放开潘岳站起身,"你等我一下,我这就去找马车送你去医馆!"

"不行,你会被晋王怪罪的!"潘岳情急之下,一把攥住了她的裙裾,"既然时间不多了……我只想安安静静地和你待在一起。"

杨容姬见他用力仰着头,脸上潮红更甚,漆黑的眼眸中波光盈盈,让她沉溺其中不忍违背。于是她无奈地重新跪坐下来,用力擦干眼泪定下心神,再度认真地帮潘岳切起了脉。

潘岳最爱她这副认真专注的模样,只是静静地看着,并不出声,就仿佛他们还在邙山隐居处,她专心地检视着草药,他则一边剥着野黍,一边偷眼凝望着她。

然而这样惬意的联想并没有持续多久,下一刻,潘岳发现杨容姬的眉头皱了起来。等到切完脉又查看了眼皮和舌苔,杨容姬脸上的疑惑更加深重,仿佛遇上了根本不能解决的疑难。

潘岳心中一沉,竭力平静地问:"我还能撑多久?"

"别说话,让我再看看。"杨容姬跪坐在潘岳身边,挽起他宽大的衣袖,再度仔仔细细地检查着他皮肤的状况,仿佛在查看一件珍稀的古董,每一寸的细节都不能放过。

"不用费事了。"潘岳力不从心地笑了笑,"死生有命,强留无益。其实能听到你刚才那些话,我就是死也是开心的……"

"檀郎——"无法承受他那种悲苦却又欢喜的口吻,杨容姬蓦地伸出手,挡在了潘岳的嘴唇上。敛眉思忖了一阵,她终于抬头平视着他的眼睛,清清楚楚地说,"我想告诉你一件事——其实,你根本没有中毒。"

"什么?"潘岳一惊,声音不自觉地带出了颤音。先前只当自己必死,他只希望能效法临危不惧的名士之风,维持住死前的尊严,所以哪怕在司马昭、司马伦面前都不曾失态。可是现在听到杨容姬石破天惊的话,他才发现自己求生的本能有多强烈。

"如果晋王想让你死,那杯茶里的毒就不可能这么久还毫无症状。"杨容姬凝视着他震惊的表情,笃定地说,"就算有些毒药的潜伏期比较长,但我作为大夫,不可能一点征兆都发现不了。"

潘岳细细检查了一下自己的身体状况,确实没有其他的不适,先前的眩晕憋闷,应该只是自己的紧张和绝望造成的。心下刚刚一宽,一个念头却蓦地冲上头顶, 让他一把攥住了杨容姬——方才那些话,是否不过她出于医者仁心对一个将死之人的抚慰?此刻发现自己并没有中毒,她会不会怀疑刚才的一切都是自己的伪装?

"对不起,我也不知道……"他慌乱地开口,仿佛一个做错了事的孩子,"我不是有意要骗你,你别生气,别走……"说这些话的时候,他下意识地紧紧抓着杨容姬的手，就仿佛他再度被推入了冰寒的池水里，只要松开那双手，他就会沉入水底，万劫不复。

他的解释语无伦次，他的表情忐忑惶恐。此刻的潘岳，竟比方才濒临死地时更加无措。他不再是容止无双的洛阳檀郎，也不再是字字珠玑的锦绣才子，仅仅是一个深恐被冤屈被抛弃的无助少年。而那冤屈和抛弃，比死亡还要摧折他的心肝。

原来她曾经对他的伤害，竟比他们两人意识到的还要深。想明白这一点，杨容姬只觉得心中被人戳了一刀，刹那间迸发出淋漓的痛楚。

"你放心，我没有怀疑你。不管晋王是不是真的想杀你，这一次我都不会再离开了！"杨容姬不知怎样才能让他相信自己，只能再度抱紧了他颤抖的身体。此时此刻，她唯愿时光能够停驻不前，好让他可以长长久久地体会到自己的一片真情。

"真的吗？"他的身体依然僵直，仿佛做梦一样惶惑地问，"我不会死，你也不会离开我……"

"真的，都是真的！"她说不出别的话，只能将他搂得更紧，让他的心也能够感受到自己心脏的跳动。

"真好啊……"感觉到杨容姬的心跳得与自己的一样炽烈，潘岳终于轻轻地呼出一口气，仿佛呼出了一片春风，僵硬如冰的身体渐渐软化下去。

"晋王说只是给檀郎一个教训！"街口忽然有人大喊了一声，却是司马伦如同一阵风般跑了过来，口中还不停地嚷嚷着，"我膝盖都跪肿了才换来这么一句话，檀郎你可要好好补偿一下我！"

看见司马伦到来，潘岳和杨容姬顿时放开了对方，互相羞红着脸相视一笑。

"多谢侯爷！"潘岳大变之下全身乏力，只能借助杨容姬的手撑起身，朝司马伦施了一礼。不等司马伦开口，潘岳随即再度转头凝视着杨容姬,竟是一刻也不舍得离开视线。方才和杨容姬在生死边缘游走了一圈,此番终于可以与她执手并肩,潘岳只觉得胸中块垒尽失,连日阴霾一扫而去,就连司马伦看起来也不是那么可恶了。

前路依旧坎坷迷茫。可这萧瑟的秋天,已被一个人点缀得春意盎然,充满了无限生机。

数日之后,钟会兵败被杀的消息传到洛阳。晋王司马昭大喜,重赏平叛有功的监军卫瓘,将军胡烈、胡渊等人。接着,司马昭又连发两道诏书,一道诏书册封长子司马炎为晋王世子,另一道诏书则是礼聘权臣贾充长女贾荃为司马攸正妻。

这两道几乎同时发出的诏书,让因为世子之争而风起云涌的洛阳城,又暂时回归了微妙的平衡。

第 九 章

促　婚

动靡微而不兆，象有始而必终。

——潘岳

　　钟会兵败被杀，蜀国彻底纳入了魏国的版图。然而魏国的君臣却明白，魏国的国祚，也不会比蜀汉长远多久了。

　　司马昭称晋王后，全副旌旗仪仗都与天子无二。他借口恢复古制，重新建立公、侯、伯、子、男的五等爵位，将魏国的所有贵族和官员进行了重新分封和规划，又命贾充负责修订新版律法，俨然一派开国新朝气象。唯一所缺的，不过是坐在皇位上的傀儡天子的一纸禅位诏书而已。

　　然而就在人们纷纷猜测司马昭何日会将魏国天子踢下宝座之时，司马昭的病情却突然恶化，并日益沉重下去。朝中政事，也渐渐移交给了世子司马炎处理。

　　司马攸走到司马昭卧病的熏风殿外时，看到守在殿外的侍从赫然都是大哥司马炎的心腹，顿时明白这一次要探望晋王的病况，还是不那么容易。

　　"见过二公子。"见司马攸迈步就想走上台阶，一个人从侧面闪出，挡在了司马攸面前，"不知二公子到此有何贵干？"

　　司马攸转头见那人虽然穿一身端正的玄端朝服，头戴长冠，却高鼻深目，体态高壮，并非中原人长相，顿时认出他就是在洛阳为质的匈奴王子刘渊。这刘渊虽说只是个质子，却善于逢迎，司马昭和司马炎都对他十分亲近,如今更是作为晋王府近侍,带人把守在了熏风殿外。

"我来此,自然是来向晋王问安。"司马攸虽然厌恶刘渊明知故问,面上却仪礼如常,语气谦和,"烦请王子代为通禀。"

"晋王殿下正在午睡,只怕不能接见二公子,要不您改天再来吧。"刘渊面上带笑,拦在司马攸面前的身体岿然不动。他比司马攸身材高大甚多,站在司马攸面前就恍如一座小山,将司马攸的视线遮挡得严严实实,竟连熏风殿的大门都看不见了。

"那我就在这里等候,晋王醒了我再拜见。"司马攸已经来过好几次了,却每次都被以各种借口拦在殿外。这一次他已经下定了决心,无论如何也要见到司马昭。

见司马攸果然绕到台阶旁拱手而立,敛目垂眸不再理睬自己,刘渊也拿他无可奈何,只好对一个手下侍卫悄声吩咐了两句。

那侍卫走后没多久,一个面目黧黑的晋王府属官便走到了熏风殿前,朝司马攸行礼:"晋王府从事中郎领记室荀勖,见过安昌县侯。"自从司马昭建立五等爵制度后,司马攸便从舞阳侯改封为安昌县侯,荀勖的称呼,没有一点错处。

司马攸抬起眼睛,对着荀勖拱手还礼,却没有开口。这个荀勖乃是钟会的外甥,自幼由钟会家抚养长大。此番钟会作乱,司马昭为了显示宽仁,不仅留下了钟会几个儿子的性命,对这个荀勖更是优宠有加。反倒是被钟会诬陷谋反的邓艾死后,司马昭在明知邓艾冤枉的情况下,仍旧将邓艾留在洛阳的儿子全部杀死。司马攸知道在邓家冤案中荀勖所起的作用可不小,加上此人外表谨慎严肃而内心狡诈阴险,司马攸对他一直颇为厌恶。

荀勖自然也知道司马攸对自己不满,因此他早早就站在了大公子司马炎一边,为司马炎成功夺得世子之位出了不少力。见司马攸神色冷淡,荀勖也不客套,开门见山地问:"不知安昌县侯此番前来,可是奉晋王所召？"

司马攸听他不称"二公子"而口口声声称"安昌县侯"，分明是有意将自己和晋王的关系隔绝开来。他心知荀勖奸猾，必定留有后招，却仍是坦荡回答："不曾奉召。"

荀勖微微一笑："晋王抱恙，传谕百官未经传召不得觐见。侯爷您请回吧。晋王若是想见您，自然会让人传召。"说着，他朝大门处微微侧了侧身，一副以晋王府属官身份送客的恣态。

见荀勖绵里藏针地将自己和那些不相干的外臣类比，司马攸面色发白，却又不愿与这个小人呛声争执。于是他也微微一笑，依旧端方有礼地问："荀从事，我只是领安昌县侯之爵，并未有官职，因此只算宗亲，不在百官之列。如今我以嗣侄身份求见晋王，还请荀从事通禀。"

闻听司马攸此言，荀勖哈哈干笑了两声，脑子却转得飞快："侯爷这么一说我倒是想起来了。因为晋王抱恙需要静养，而此前又发生了安乐亭侯为潘岳擅闯书房的事情，所以世子已经下令，取消宗亲擅自入府的特权。下次侯爷您就算接到晋王传召，也必须在大门处递名帖等候召见，绝不可像今天这样径直登堂入室了。"

"世子果真有这个命令？"司马攸想起每日晋王府前排起的长长候见队伍，不动声色地问。

"那是自然。"荀勖有些不耐地冷笑道，"下官忝为晋王府记室，掌管一应章表文檄，这还会搞错？"说着，他再度朝大门外伸出手臂，看似谦恭实则揶揄地说，"侯爷请回吧。若是又像上次一样冲撞了晋王，只怕于晋王病体有碍。"

见司马攸还是不动，荀勖皱了皱眉，朝旁边两个侍从下令："你们两个伺候安昌县侯离府。侯爷是贵人，若有任何闪失，我唯你们是问！"

"不必了，我自己会走。"司马攸怎么可能容忍这种羞辱，当下走到熏风殿的正门台阶下，肃然下跪，恭恭敬敬地磕了三个头，终于慢慢转身离开。

他自幼生活在这晋王府中，直到两年前才和嗣母羊夫人另行开府别居，因此这过去的大将军府、现在的晋王府就如同他的家一样，一草一木都是那么熟悉，哪里需要下人引导？可是他心里清楚，此番离开容易，下一次再想进来可就难了。今后要想见自己的亲生父亲，就必须和那些外地前来述职的官吏、外蕃前来谈判的使臣，甚至谋求一官半职的闲散说客一起，在王府大门前的门房外等上几个时辰。反倒是匈奴的质子刘渊、王府的属官荀勖这些人，可以比自己更加亲近自己的父亲。

实际上，自从父亲当上晋王之后，他们就不再是父子，而只是君臣。君臣大防，岂是普通父子之情可以逾越的？

被一个外人赶出了自己的家，司马攸忽然觉得自己就像一个笑话。

脑子里似乎有无数个念头想要喷涌而出，但司马攸知道自己不能想，也不能怨。既然生在这样的家族，所有的亲情本就应该让位给威权，否则司马家还如何能让天下人服膺？于是他努力收束着散佚的思绪，仿佛拔除春天冒出地面的草芽，然后将它们拧成一团，重新埋到深深的土地中去。

他一步步朝晋王府大门走去，紧紧地抿住嘴唇，告诉自己千万不可让旁人看出异样。周围有经过的奴婢向他行礼，他也尽量像往常一样做出回应。心中似乎越来越烦恶，曾经以为痊愈的胸口伤处又隐隐作痛，终于在看清四周无人之时，司马攸掏出手帕捂住嘴，深深地弯下腰去。

一口热血无声地涌出，在素白的手绢上开出了一朵明艳的红花。

与此同时，在熏风殿中闭目养神的司马昭忽然睁开了眼睛，下意识地唤了一声："桃符！"

"晋王殿下有何吩咐？"身边伺候的宦官和侍女连忙围拢过来，殷勤地问。

司马昭看了看四周,觉得脑子清楚了一些,忽然问:"我病了的这些日子,桃符来过吗?"

"这……奴婢们不知。"下人们得过世子司马炎的嘱咐,不敢说是,也不敢说不是。

"派人去传桃符,说我要见他。"司马昭挥了挥手,闭上眼睛,"要快。"

没过多久,司马攸随着侍从的引导,走进了司马昭的寝殿。按照臣下拜见主君的礼节,司马攸远远地在殿门口跪下行礼,口中恭敬地道:"臣安昌县侯司马攸拜见晋王殿下。"

"桃符,过来。"司马昭见司马攸一副恭谨且疏离的模样,心中略有不快,朝他招了招手。于是司马攸应了一声"是",走上几步,在司马昭床前重新跪好。

自上次在书房争执过后,司马昭还是第一次和司马攸单独相处。此刻他见司马攸神情虽然平静,整个人却明显地瘦了一圈,脸上更是苍白得没有血色,料想这段时间这孩子承受了太大的压力大,便和缓地问:"这些日子可还安好?"

"臣安好。"司马攸借着叩头伏地不起,"只是晋王有恙,臣却不能亲侍汤药,每每想起便寝食难安。"

"既然关心我,就过来请安好了。"司马昭淡淡地说。

司马攸微微一愣。以他的脾性,自然不能在这里状告刘渊、荀勖等人,那等于间接指控大哥司马炎。于是司马攸只是回答:"臣触怒晋王,至今仍是戴罪之身,未经传召,不敢擅入。"

司马昭没有说话,只是从床边案头拿起了一封表章:"你这封奏疏我看了,恳请为景王妃羊氏进位为景王后,足以表现你对嗣父嗣母的孝心。我准了。"

司马攸心中一沉。他知道现在大哥司马炎负责处理政事,只有最重要的奏疏才会送到熏风殿让司马昭亲阅。可自己这些天不止上了一封奏疏,大哥却偏偏只挑了这一封。结合刚才司马昭的问话,司马攸忽然明白,此刻自己在司马昭心目中,明显是讨好嗣母而疏远亲生父亲了。大哥的手段,果然是越来越高妙。

然而此刻的气氛却容不得司马攸突兀地辩解,于是他只能顺着司马昭的话头,再度行礼谢恩:"多谢晋王。"口气虽然如常,身体却如坠冰窟,只能手指暗暗用力撑住地面,以免失态。

"抬起头来。"见司马攸始终低头垂目,司马昭有些烦躁。他病中心思较以往柔软,原本想趁此机会修补父子之间的裂痕,然而司马攸谦卑恭谨的模样反倒让他不好开口。

司马攸依言抬头,这才终于看清了司马昭的面容。见亲生父亲脸色蜡黄、恹恹无力,与平日意气风发的晋王大相径庭,只怕去日无多,司马攸心中酸涩却又不敢表露,唯有失去血色的双唇不易觉察地轻轻颤抖。

见司马攸双目中满是哀伤,司马昭想起他在司马师葬礼上情深意切的悲伤模样,心中无端有些厌烦:"我还没死,你做出这副样子给谁看?"

"臣知罪。"见司马昭又要发怒,司马攸不敢辩解,只能压下满腹委屈,再度叩头请罪。

原本想要和缓的气氛又变得如此紧张疏远,司马昭皱起长眉,恨恨地想要把司马攸赶走。然而下一刻,司马昭眼光一凝,蓦地伸出手托住了司马攸的下颔,将他又要垂下的头抬了起来。司马攸正不知父亲要做什么,司马昭已经伸出一根手指在司马攸唇角抹了抹,惊讶地看见手指上沾染了一缕未曾擦净的血痕。

"怎么弄的?"司马昭盯着司马攸的眼睛问。

"没什么,是臣刚才不小心,咬到了舌头。"司马攸低声地回答。

"找太医看过了吗？"司马昭又问。

"只是小伤，并无妨碍。"司马攸安静地回答。

司马昭托着他的脸看了一会儿，终于收回手，轻轻叹息："桃符，你这个性子，我也不知道是好，还是不好。"

见司马攸只是不语，司马昭忽然说："趁我还活着，把你和贾家女儿的亲事办了吧。否则我若是死了，你还得守孝三年，白白耽搁了你们。"

"不！"司马攸大惊，慌忙道，"桃符宁可终身不娶，也要祈求晋王福寿绵长！"

"终于肯自称'桃符'了，可还是只肯叫'晋王'吗？"司马昭握住司马攸的手，轻轻用力，司马攸便顺从地站起身，坐在了司马昭的床边。

"刚才我做了个梦，梦见你还是小时候的模样，唇红齿白，脸颊鼓鼓得像个小桃子。你本来好好地在花园里骑竹马玩耍，一转眼却就不见了。我心里明白你是被管辂那个妖人抓走了，赶紧跑出去找，一急，就醒了。"司马昭凝视着儿子端正文雅的面庞，轻轻叹了一口气，"真有点怀念啊，那个时候，我们只是父子，不是君臣。可是现在，我们都回不去了。你的伤，是我那天踢出来的吧？我明白你的性子，宁可自己挨着也怕别人知道晋王对景王嗣子苛酷不慈，所以不肯找太医诊治……"他心疼地摸了摸司马攸苍白瘦削的面颊，长叹了一声，"你这么为我着想，我却那样对你，真是枉为人父……"

"爹爹……"司马攸再也忍不住了，扑在司马昭身边痛哭失声，"桃符的一切都是爹爹给的。只要爹爹能好起来，桃符什么都可以不要……"

熏风殿红木隔扇门外，荀勖缓缓地从偷窥孔前直起身子，走下了台阶。晋王与二公子的父子亲情依然密不可分。为防变故，有些事情是得让世子司马炎提前做好准备了。

咸熙二年春,在晋王司马昭的主持下,景王嗣子、安昌县侯司马攸迎娶临沂侯贾充长女贾荃。

由于曹操、曹丕父子的倡导,曹魏皇室一向崇尚节俭。就算公主出嫁、皇子娶妃,也不过花费十万钱而已。然而这一次出于对司马攸的补偿心理,司马昭不惜耗费百万钱之巨,在天下人面前呈现出了一个超级盛大华美的婚礼,就仿佛要给恹恹待毙的魏国政权一个华丽的谢幕仪式。

婚礼当日,杨容姬作为贾荃的女傧相,早早便与贾荃的两个异母妹妹贾南风和贾午在贾荃房内等候,看侍女和保姆为新娘梳头换衣。

看着撑挂在架子上的厚重婚服,贾荃的小妹贾午忍不住嘟哝:"黑衣黑鞋黑腰带,穿起来可不跟只乌鸦一样? 等我出嫁的时候,才不要穿这么丑的婚服。"

"那你想穿什么颜色?"看着这个古怪精灵的小丫头,杨容姬问。

贾午歪着头想了想,忽然说:"白色! 娘说我穿白色最好看。"

"四小姐! 现在可不能说不吉利的话!"正在给贾荃插戴步摇的保姆听不下去了,赶紧打岔。

"谁说白衣服只能丧礼上穿了?"贾午不服,"等我出嫁的时候,偏要穿白色,那才是天下最美的新娘!"

自从与潘岳解开心结之后,杨容姬心情愉悦,当下也不在意贾午胡搅蛮缠,耐心地解释:"按照古制,新娘的婚服款式与新郎一致。黑色属阴,于女子大吉,所以上衣下裳都是黑色,又可象征女子的专一。"

"可新郎的服色却是上黑下红,难道男人就不能专一吗?"忽然一个凉凉的声音响起,杨容姬侧头一看,却是贾南风。这个肤色有些黝黑的小姑娘不像她妹妹贾午那么爱说话,可是偶尔开口,却格外惊人。

"周礼上的解释,男子衣裳两色,象征阴阳调和。"杨容姬再度解释。

"横竖周礼是男人定的,他们怎么说都有理。"贾南风嗤笑了一声,冷着脸不再开口。

"那当然了。"贾午走到贾南风身边,看着坐在镜子前一动不动的新娘贾荃,状似无心地笑道,"所以只要能嫁给自己喜欢的男子,管他专不专一呢? 是吧,荃姐姐? "

杨容姬心头一跳,蓦地抬头去看贾荃的脸色,却见她神色如常,就仿佛根本没有听见贾午的话。杨容姬原本以为贾荃经过多年苦苦等待,终于能够嫁给自己的意中人,应该是十分欣喜的。然而看她今日异常的冷静,与外间喜气洋洋的气氛格格不入,杨容姬莫名地有些担心。

难道,贾荃还在因为司马攸酒后纳胡姬的事情耿耿于怀?

"要不等姐姐出嫁的时候,不仅新娘穿白色,新郎也要穿白色。这样大家都美,都专一,好不好? "贾午见贾荃不理自己,便又朝贾南风吐舌头。与同父异母的贾荃比起来,贾午自然还是和自己的亲姐姐贾南风更亲近。

"四小姐就是口没遮拦。不过'人要俏,一身孝',若是真能有白色婚服,那可真真美极了。"在场的保姆和侍女们知道贾午作为最得宠的幼女,早被贾充和郭槐夫妇惯出了一副任性骄纵的小姐脾气,于是都讨好地笑起来。

杨容姬也笑了。她想起了潘岳在邙山草庐养伤的时候,很多时候穿的就是一身白色中衣,衬得他越发净如琉璃,美如玉树。若是自己与他成婚之时他穿一身白色玄端正服,那可真是神子从天而降,来与自己做神仙眷侣了……想到这里,她的嘴角情不自禁露出了一丝甜蜜的笑容。

"杨姐姐,问你个问题。"贾午不知是不是看出了杨容姬耽溺甜蜜的神色,忽然凑过来问,"你知不知道你以后是怎么死的? "

杨容姬一愣,似乎没有听明白贾午在说什么。

"不知道吧,可我就知道!"见杨容姬脸上一片茫然,贾午得意地哈哈笑了起来,"你呀,能嫁给天下第一美少年檀郎,肯定是幸福死的!"

她这么一说,刚才有些僵持的气氛顿时缓和下来,保姆和侍女们都忍不住附和地笑了。

"当然了,还有可能是被天下女子嫉妒死的。"贾午说着,斜睨了一眼杨容姬,转到贾南风身边去了。

杨容姬微微一哂,没有和这个小姑娘计较。

新娘贾荃梳妆换衣完毕,没过多久,就听侍女进来通报:"新姑爷迎亲的队伍来了。"话音未落,贾午已经当先跑了出去,而贾南风斜睨了杨容姬一眼,也一言不发地走了。

杨容姬正被贾南风这一眼看得心中有些不自在,端坐在一旁的贾荃忽然开了口:"阿容,你也出去看看吧。桃符迎亲,檀奴自然是要做傧相的,要不那两个丫头怎么会跑得那么快?"

杨容姬垂眸笑了笑,不仅没有跟着出去,反倒走到贾荃身边坐下:"没关系,我陪着你。"

贾荃隔着凤冠上垂下的珠帘看了杨容姬一眼,见她果然是一副云淡风轻的模样,便摇了摇头,不说话了。

又等了一会儿,外面司马攸已经和岳父贾充行过了授雁之礼,便由贾充的夫人郭槐前来闺房迎贾荃出阁。贾荃神色淡然地听继母郭槐讲了几句新妇的例行训诫,又任凭郭槐给她系上了标志出嫁的帨巾,这才手持却扇遮住面庞,在女方傧相和侍女们的簇拥下,从闺房来到了贾府的大门口。

司马家以儒学传家,因此这场婚礼也遵循周礼古制在黄昏举行。杨容姬走到门口时,已是暮色四合,华灯初上,贾府外迎亲的车队早已点亮了一盏盏宫灯,仿佛一条珍珠连缀的河流在街市上缓缓流过,最终在这里汇聚成了灯火的海洋。

璀璨的灯火中,站在最前面的司马攸身穿玄衣纁裳、黑带赤履的婚服,眉目温润,气质儒雅,望向贾荃的眼眸中满是深深的恋慕和柔情。他身边也簇拥着几个男方傧相,夏侯湛、韩寿等人赫然在列。可是在杨容姬眼中,却只看见了一身黑色礼服的潘岳。哪怕刻意站在司马攸身后的阴影里,潘岳依然是这群人中最为夺目的存在。

潘岳自然也看到了杨容姬。不同于以往的素服,杨容姬今日难得地穿上了质地华贵的黑色丝裳,外罩黑白相间的黼纹披肩,一头乌黑长发也梳成了式样繁复的高髻,插着精致的金色步摇。这番打扮让杨容姬一改平日的清冷素净,倒显出以往不曾显露的雍容妩媚来,让潘岳不由看得一呆,情不自禁地朝她笑了起来。

"看,檀郎笑了!"一个欢喜的声音忽然在杨容姬身边响起,正是贾午,"天,我还是第一次看到他笑得这么开心!不行了,我快晕倒了……"

"他又不是对你笑,你激动什么?"不等贾午赞叹完毕,另一个声音就冷冰冰地打断了她。杨容姬不用回头也知道,说话的是性格古怪的贾南风。

"姐姐!"贾午噘起嘴,拉着贾南风的手不满地扭了扭身子,视线却不由自主地落在了杨容姬的脸上,正看见杨容姬的目光越过嘈杂的人群,与潘岳的眼光胶着在一起。两个人的目光中蕴满了柔情蜜意,仿佛水乳交融,根本无法分开。

"真不知道檀郎看上了她什么……"贾午暗暗咬了咬牙,正想出言讥讽,却感觉到身边的贾南风用力握了握自己的手。她转头看着姐姐犀利的目光,好像忽然明白了什么,无声地笑了起来。

按照周礼,新娘与父母拜别后,就登上新郎家的迎亲马车,而迎亲马车则会在原地绕上三圈,再驶往新郎的家。作为女方傧相,杨容姬与贾南风、贾午姐妹也一起陪伴贾荃前往男方家举行婚礼。

灯火组成的河流又开始在洛阳的街市上流动,洛阳百姓们则拥在路边,满是羡慕地注视着这多年未见的繁华车仗,口中满是赞叹羡慕之声。歌者们跟随在车仗之后,齐声歌唱起古老的迎亲歌谣:

> 何彼襛矣,唐棣之华?曷不肃雍?王姬之车。
> 何彼襛矣,华如桃李?平王之孙,齐侯之子。
> 其钓维何?维丝伊缗。齐侯之子,平王之孙。

杨容姬微微皱了皱眉。虽然说司马攸和贾荃确实是王侯之后,但这首《国风·召南》描述的却是天子家嫁娶的盛况,如此公然唱出难免有僭越之嫌。她转头看了看端坐在车厢正中的贾荃,却见她始终面无表情,就仿佛一个衣装华贵的木偶人,不过听人摆布而已。

想起刚才司马攸望向贾荃的深情眼眸,杨容姬心中微微一叹,伸手碰了碰贾荃藏在衣袖下冰冷的手指:"荃姐姐,二公子一定会对你很好的。"

"我知道。"贾荃没有动,低低回答。

"那你为什么不高兴呢?"坐在角落里的贾午到底年纪小,终于憋不住问。

贾荃隔着珠帘瞥了一眼迷惑的贾午和阴郁的贾南风,淡淡一笑:"高兴不高兴我自己知道就好,外人猜对猜错又有什么关系?"

为显示婚礼的隆重,司马昭特意将婚礼安排在自己的晋王府,而不是司马攸所居的府邸。贾午和贾南风扶着贾荃下车,进入搭建在府中庭院西南角的青庐,新婚夫妇在此行同牢合卺之礼。待到行礼完毕,宾客们就可以正式开宴了。

在青庐中接受新婚夫妇拜见的,除了晋王司马昭夫妇,还有景王司马师的遗孀羊徽瑜,晋王世子司马炎夫妇等,都是天下最尊贵的几个人。以杨容姬的身份，并不被允许多加停留。从青庐门口退去，杨容姬随即被侍女带到女宾区的座席前。

入座之际，杨容姬忍不住往远处张望，却正看见潘岳也在人潮中向自己望过来。两人患难之后敞开心扉，此刻正是如胶似漆的时候。偏偏潘岳回家后，碍于礼法两人不得经常见面，只能趁着司马攸的婚礼多看几眼。此刻两人的目光一旦交接，就再也舍不得分开。

"请杨小姐落座，马上就开宴了。"一旁的侍女开口提醒。

杨容姬见周围女眷全都落座，自己一个人站着颇为失礼，终于收回目光，在席垫上跪坐下去。然而双膝刚一受力，立刻便是一阵猝不及防的刺痛，让她差一点啊的惨呼出声。

这张席垫里，被人藏了数根银针。

温热的血从双膝上渗出，染在黑色丝裳上毫无痕迹。杨容姬咬牙忍过最初的剧痛，随即平静地抬起头，看到了坐在远处用团扇遮住半张脸的贾午，还有始终低沉着脸目光冷厉的贾南风。

"杨姐姐，你知不知道自己是怎么死的？"贾午貌似无心的玩笑话，又回响在杨容姬耳畔，"肯定是幸福死的，但也可能是被人嫉妒死的。"

杨容姬的眼光缓缓扫过在座的众女眷，有认识的，也有不认识的，但此刻全都有意无意地偷窥着她，脸上的表情或好奇探究，或莫名惊讶，或幸灾乐祸，却无一不带着隐约的敌意。她根本无法判断这垫子中的银针，究竟是不是贾南风、贾午姐妹所放。

"原来，檀郎要娶的就是她啊……"

"凭什么她就那么好运气……"

"看她落座时毛毛躁躁的模样，真是个荆州来的野丫头……"

若有若无的议论声传入杨容姬的耳中，四周闪烁的目光如同蛇信将她全身每一分每一寸都舔舐检查、挑剔品味。即使没有膝下软垫里的银针，杨容姬也觉得自己浑身被针毡包裹，挣扎不出。

第一次,杨容姬以潘岳未婚妻的身份尝到了被人嫉妒的滋味。这种如坠蛇窟的感觉,比她几年来预想的还要难以承受。

可是,她知道自己现在能够承受。从她下决心和潘岳在一起的时候起,她就已经对未来的一切做好了准备。今天这点见面礼,不过是上不得台面的小损招,和他们永远见识不到的檀郎柔情相比,又算得了什么?

杨容姬转了转眼珠,毫不退缩地迎上了投射来的所有目光,脸上露出了骄傲的笑容。既然她得到了天下最好的夫婿,她就准备付出任何代价。

"宠辱不惊,贫贱不移。生死不顾,安危不惧。"这是她对潘岳的承诺,那么她就一定会做到。

何况,这应该是她与潘岳成婚之前,最后一次以未婚妻的身份在洛阳贵戚面前亮相。两日之前她接到家中急信,母亲病势加重,要她赶紧回归荆州。参加完好姐妹贾荃的婚礼,她就要启程南归了。

想到这里,杨容姬暗中用力撑起双膝,借口更衣,不失礼数地离开了宴席。那银针造成的小小伤害,对精通医理的杨容姬而言,并不难处理。

然而杨容姬并不知道,一道阴戾的目光此刻正追随着她的背影,仿佛满含恨意的利箭想要将她刺穿。无声的诅咒,也在阴暗的角落里暗暗响起:想要嫁给檀郎,哪里会那么容易? 杨容姬,我必不会让你如愿!

与外院宴会上欢声笑语的热闹气氛截然不同, 此刻的婚房内,却是一派静谧。

司马攸挑了挑跳动的灯芯,布置得富丽堂皇的婚房顿时更加明亮起来。他走到端坐在床边的贾荃身边,轻轻唤了一声"荃姐姐",然后温柔地解开了她头发上的一段红缨。那个时候还没有后世流行的盖头,按照习俗,这段红缨便是他们从此结为夫妇的信物了。

"荃姐姐，我们终于在一起了。"司马攸将红缨珍重地放入一个玳瑁小匣，塞进枕头下，平日端方稳重的脸上此刻净是满足的笑意，"小时候我就幻想着能娶你为妻，如今梦想成真，我心里真是欢喜。"

见贾荃只是低低"嗯"了一声，并不开口，司马攸只当她是羞怯，便挨着她在床边坐下，继续柔声说："说起来，我们也半年多没见面了，让我看看你好不好？"见贾荃的脸始终被凤冠上垂下的珠帘所遮蔽，司马攸伸手就想把凤冠摘下。

"等一等。"贾荃忽然开口，在司马攸的手还停滞在半空之际，霍然起身，端端正正地跪在了司马攸面前。

"荃姐姐，你做什么？"司马攸吓了一跳，赶紧站起身来。他知道因为胡姬怀孕入府的事情，贾荃一直对自己颇有怨愤，因此一心只想以自己的真情徐徐感化她。可贾荃此刻的举动，却完全超出了他的预料。

"我想求侯爷一件事。"贾荃没有理会司马攸的搀扶，固执地跪在地上，"侯爷只要答应了，我以后绝不会再为难侯爷。"

"好，你说。"司马攸从小就拗不过贾荃，只能听她说下去。

"我想请侯爷答应，将我母亲从流放地赦回洛阳。"贾荃埋着头，并不看司马攸的表情，"今天我出嫁，用的是天下最豪华的仪仗，享受的是天下最尊贵的礼遇。可是此时此刻，我的亲生母亲，却在辽东的蛮荒之地饱受折磨。这样强烈的对比，让我觉得今天的富贵每多一分，我身上的罪恶就更深重一分。侯爷既然以忠孝之名闻名天下，自然不会不理解我内心的煎熬。"

"荃姐姐，我早就说过，一定会想办法接李夫人回京。九年前我这么许诺，如今也还是这么许诺。"司马攸见泪水一点一点从贾荃的珠帘下砸落在地上，心疼不已，跪在她身边伸手抱住了她瘦削的肩头，"你再给我一点时间，我一定会做到的。"

"好，那你发誓。"贾荃也知道当年外祖父李丰图谋推翻司马师，被司马师亲手所杀,株连而死之人不计其数。母亲李婉作为罪魁祸首的女儿,原本也应被处死,还是司马师一时慈悲才改为流放。这桩由司马师亲定的逆案铁证如山,只要司马氏当权,都不可能推翻,甚至连天下大赦时都不在赦免之列。可是她始终还是抱着一线希望。甚至可以说,贾荃九年来刻意接近司马攸,内心里始终藏着这个念头,以至于她有时候甚至分不清自己对司马攸究竟是真情多一些,还是利用多一些。

那个时候,她幻想着司马攸能够成为司马师和司马昭的继承人,大权独揽,一言九鼎。可是现在,司马昭已经选定了司马炎为世子,那司马攸又能如何将母亲李婉赦回?贾荃想不出,却不得不逼司马攸自己去想。

"我发誓。"司马攸眼中闪过一丝悲苦之色,却依照贾荃的要求郑重道,"我司马攸若是不能将李夫人从辽东救回,就让我——人神共弃,生不如死,身败名裂,不得善终!"

"桃符……"贾荃没想到司马攸竟一口气发出这么重的誓言来,不由有些心惊。

"荃姐姐,你现在相信我了吗?"司马攸静静地问。

贾荃摘掉了头上沉重的金质凤冠,遮蔽视线的珠帘终于消失,让她终于可以清楚地看到司马攸的脸。此刻她才发现,半年未见,司马攸比以前成熟了许多,越发有了令人心安的沉静力量,可是他的脸色却没有过去那样的健康红润,反倒添了几分病态的苍白。她扶着他的肩膀站起身,感觉到他华贵礼服下的身体瘦可见骨,根本不像他一贯在人前表现的那般丰神如玉。

这半年,他到底经历了什么?贾荃忽然感到了隐约的心痛。

一直在晋王府中住了三天,司马攸这才和贾荃回到了自己的府邸。身为府中的正室夫人,贾荃一进门就接受了府中上下人等的叩拜。

作为司马氏心腹宠臣贾充的长女,贾荃自幼便被作为日后的当家主母来培养，因此应对起来游刃有余，对府中上下一应礼数也颇为周全。然而唯独对一个人，她做不到一视同仁。

那个人就是司马攸的侍妾胡姬。

那胡姬名唤灵襄，乃是入司马攸府后嗣母羊夫人赐的汉名，但府中诸人还是背地里以胡姬相称。她是匈奴人与鲜卑人的混血，显得比平常汉人女子更加白皙丰满，看在贾荃眼中别有一番诱人魅力，难怪当初司马攸酒后会把持不住，与她珠胎暗结。

此刻胡姬孕相明显，大腹便便，却吃力地跪下向贾荃行礼。贾荃视作不见，只歪着头听管家汇报府中房屋、田舍、奴婢等各种情况，时不时还提出一点问题，显得十分虚心好学。直到贾荃带来的陪嫁侍女在她耳边悄声提醒了一句"那胡姬怕是跪不住了"，贾荃这才恍然大悟般转过头，命人去将摇摇欲坠的胡姬搀扶起来，送到住处休息。

没过两天，原本只怀孕八个多月的胡姬忽然腹中阵痛，竟是要生产的模样，府中便有传言是夫人贾荃刻意刁难，才引得胡姬动了胎气，导致早产。

贾荃原本不以为意，却见司马攸听到传言后深深蹙起眉头，一副不胜烦恼的模样，便忍不住冷笑："桃符，你是不是在怪我？"

"没有。"司马攸摇了摇头。

"你若怪我，就明说好了。反正我这也算是犯了'七出'中的嫉妒之罪。你就算为此休了我，我也无话可说。"贾荃依然一副挑衅的模样。

司马攸这次干脆闭口不言。他知道贾家女人一向以嫉妒著名，贾荃的继母郭槐就曾经因为嫉妒杀死乳母，导致两个亲生儿子因思念乳母而夭折。所以司马攸从来不在贾荃面前提起胡姬之事。而且司马攸一直对与胡姬酒后同床之事存有疑虑，一直暗暗掐算着胡姬的生产之期，想要以此判断胡姬的孩子究竟是不是自己的。可是如今因为贾荃使得胡姬早产，已经彻底打破了司马攸的计划，让他再也拿不出切实证据来证明这个孩子不是自己的亲子。

不过这些事情，司马攸并不想让贾荃知道，否则不但改变不了结果，还徒增了贾荃的烦恼。他从小就依恋贾荃，如今终于得偿夙愿娶了贾荃为妻，只愿这件风波早早过去，能够和她安安静静度过以后的岁月。

那天夜里，胡姬生下了一个健康的男婴。

第一次在乳母手上看见那个孩子的模样时，司马攸不禁一惊：这个孩子的五官，明显带着司马家的特征。而贾荃显然也看出了这一点，当即冷哼一声，拂袖而去。

司马攸怔怔地盯着孩子，脑子里不由自主地回想起与胡姬相遇的那一幕。那时他被大哥司马炎灌多了酒，昏昏沉沉只想躺下休息，等到醒来时便看见胡姬睡在自己身边，而自己的衣服，已经不知什么时候被除去了。

虽然睁开眼睛的那一幕是如此香艳，可是其中经过，司马攸却无论如何也没有印象。

"侯爷您看，这眉这眼，小公子长得跟您一模一样，也是个福相呢。"抱着孩子的乳母对司马攸讨好地笑着，"您赶紧给小公子取个名字吧。"

"这……以后再说吧。"司马攸掉转头，快步离开了这僻静的侧院，甚至没有多看一眼躺在床上休息的胡姬。他快步赶上了贾荃，见她只是阴沉着脸一言不发，便开口道："荃姐姐若是愿意，我就把那孩子送给你抚养。"

"我干吗要养别人的孩子？"贾荃冷笑一声，毫不犹豫地拒绝了。就在司马攸尴尬得不知说什么好时，贾荃忽然回转身，眼光直直地盯着他的脸，仿佛做了某个重大的决定："桃符，我也会给你生孩子的。我只抚养我自己的孩子。"

"好。"司马攸被贾荃炽烈的眼神灼得有些心痛，却温柔地顺着她的话头说，"你生的孩子才是我的嫡子，谁都无法取代。"

然而司马攸和贾荃没有料到的是，虽然他们对这个不合时宜的孩子颇为冷淡，司马昭见到孩子时却喜爱异常，不顾病体虚弱，亲自抱在怀中逗弄。

看着司马昭满怀慈爱的神色，司马攸犹豫再三，终于试探着说："这孩子生得太过饱满，连产婆都说不像是早产儿，倒像是足月出生。"

司马昭瞪了司马攸一眼，不以为然地断言："我司马家的男儿，自然不比寻常人。"说完，一向威严的晋王继续摇着小铃铛逗得孩子咯咯直笑，病后憔悴的脸上露出了难得的笑容。

司马昭取春荣繁茂之意，亲自给孩子赐名司马蕤，又重重赏赐了孩子的生母胡姬灵襄，命司马攸正式将她册立为侧室夫人。这一切，让司马攸无奈地暗中叹息，彻底断了否定这个孩子身份的念头。

第 十 章

新　朝

右延国胄,左纳良逸。

——潘岳

平林漠漠,洛水迢迢。杨容姬离开洛阳的时候,又是一年春尽时节。

屈指一算,她离开父母所在的荆州,已经一年有余。

一年前,她怀着济世救人的梦想,孤身入邙山拜孙登为师,想要获取治疗百病的云谷、玉髓。可是如今她回去时,所谓云谷、玉髓却俱成云烟,她两手空空地来,又两手空空地回。

唯一不同的是,来时同样空空荡荡的心中,此刻却满满当当地装进去了一个人。

杨容姬摸了摸心口,唇边不由自主漾起了一个笑容。碍于礼法,未婚夫妻不宜擅自见面,而潘岳的父母又为人谨慎,成日里怕他一步行差踏错便引来满城风雨,更不可能放他前来相送。可杨容姬却觉得,她的檀郎,时时刻刻都陪伴在自己身边:

马车过铜驼大街时,她仿佛看到他站在高高的车辕上,率领着抗命的人群奔赴东市,气度高华,神情慷慨;

马车出宣阳门时,她仿佛看见他端坐在马车上,平静面对周围疯狂追逐的人群,丰神俊朗,不可方物;

马车驶过洛水驿桥时,她仿佛看见他隐藏在远处的茫茫邙山之中,将一只山楂果雕刻的小鸭子递到自己面前,俏皮得意,璀璨如星……

心心念念的都是他的一颦一笑，杨容姬不由自主地掀开车帘，侧头往来路望去。滚滚烟尘之中，青灰色的洛阳城在渐渐远去，连带那个独一无二的人一起珍藏进她的记忆中。杨容姬想，未来的几年，自己就要凭借这些记忆来活着了。直到，她以全新的身份回到这里为止。

那个身份就是——他的妻子。一想到这几个字，一阵暖流又从心中涌起，让杨容姬白皙的脸颊也被烤出了红晕。

一阵马蹄声忽然从远处传来，穿越滚滚烟尘，越来越近。杨容姬手一抖放下车帘，坐在马车内连呼吸都要忘记了——是他吗？她的檀郎，还是不顾礼法、不惧人言前来与自己道别了吗？

仿佛要印证她的猜测，由杨家家奴护卫的马车果然停了下来。随身伺候的老仆在车门外禀告了一句："小姐，有人想见您。"

"是谁？"杨容姬忽然有些情怯。如果真的是潘岳站在车外，当着这么多人的面，她应该说什么才既表达自己的思念又不会给他带来困扰呢？一念及此，杨容姬忽然觉得好笑，枉自己一向自恃冷静从容，一旦陷入情网，竟与其他小儿女一般忸怩无措。

"是我。"尚不待杨容姬理清思绪，一个清脆恣肆的声音就传了进来，竟是年轻女子的声音。

杨容姬一怔，掀开了车帘。

一个少女骑着一匹白马，毫不退缩地迎上了杨容姬的视线。她穿着一袭大红色的衣裙，猎猎风尘中更显得英姿飒爽，仿佛一朵迎风吐蕊的瑰丽牡丹，又像是一只从九天翱翔而下的夺目凤凰。放眼整个洛阳城，如此美艳而又张扬的女子，只有一个。

"胡小姐。"杨容姬走下车厢，朝胡芳敛衽行礼。

"杨姐姐不用客气。"胡芳摆了摆手，干净利落地跳下马背，朝杨容姬盈盈一笑，"听说姐姐要回荆州，我特来送行。顺便想告诉姐姐一句话。"

"请讲。"杨容姬随和地笑了笑。

胡芳的眸子里亮起了光,仿佛两颗坚定不移的黑曜石:"我想告诉姐姐,只要你一天不嫁给檀郎,我就一天不会放弃。就算你嫁给了檀郎,我也可以一直等下去。"

"等到我死是吗?"杨容姬脸上的笑容更深了。

"是!"胡芳脆生生地答应了一声,骄傲地仰起美丽的脸,"我比姐姐年轻,也比姐姐身体强健,迟早能等得到的!"

"好。"杨容姬点头,"既然如此,我们就说定了。如果将来我不幸早逝,就请你代为照顾檀郎。"

胡芳一愣,显然没料到杨容姬不仅不恼怒,反而还顺着自己的话接了下去。她是个敢作敢当的性子,面对司马伦的求婚都可以拼死抗拒,可面对杨容姬的绵里藏针竟一时不知如何回应。

"我记得你说过,遇见檀郎是你的运气,可檀郎遇见你也是他的运气。"胡芳打量着面前安静的杨容姬,感觉得到她安静中蕴含的无法对抗的力量,只能鼓起勇气把话说完,"我以后会让檀郎知道,遇见我更是他的运气。"说着,她翻身上马,手上马鞭一挥,绝尘而去。

杨容姬站在原地,看着那袭红衣飘摇远去,不禁暗暗苦笑。这个胡芳出身将门,大胆率性,听说司马伦登门求亲,竟被她以刀指喉逼出了家门,气得司马伦把求亲的礼物在她家门口砸了个粉碎。她对檀郎如此情根深种,日后还不知是福是祸。

正出神间,忽听有人在远处问道:"请问是杨小姐吗?我家夫人想请杨小姐到车中一叙。"

难道又来了一个?杨容姬暗中苦笑一声抬起头,却见前方站着一个衣着华丽的侍女,却是当初在贾荃身边见过的。

"是安昌县侯夫人吗?"没想到贾荃新婚宴尔,竟也有心专程到城外为自己送行,杨容姬心中一暖,随着侍女走向远处富丽堂皇的侯府马车。

车厢上帘幕低垂，不见一丝动静，杨容姬稍一迟疑，旁边的侍女便催促道："夫人说了，请杨小姐直接进车里叙话呢。"

想到贾荃大概有什么私密话要和自己说，杨容姬不疑有他，当下扶着侍女钻入了车厢，而背后的车帘，也在同一瞬间被侍女严严实实地关上了。

眼前骤然一片漆黑，杨容姬只模模糊糊看到前方有一个人影，下一瞬间，她已经被那人牢牢地拥在了怀中。

朝思暮想的清新气息萦绕在身边，杨容姬只觉得浑身发软，几乎连站也站不住。她下意识地伸手回抱住了他，就仿佛洪荒之中抱住了浮木，无论风吹雨打，无论漂向何方，都用尽全力绝不放手。

"阿容……"得到了她的回应，头顶上方传来了喟叹般的呼唤，低沉而震颤，就像是独弦琴在黑夜中被轻轻拨动，让杨容姬的整颗心也跟着共鸣。感觉到对方越发用力地搂住自己，仿佛恨不得将两具躯体糅合成一处，杨容姬觉得一波波陌生而诱惑的潮水淹没了自己，让她恨不得就此溺死在这片温柔之中。

"檀郎……"在彻底陷落之前，她挣扎着吐出了这个名字，宛如雏鸟的呢喃。

两个人都不再说话，只是紧紧地拥抱着对方，甚至不敢妄动一下。仿佛只要发出声响，这片被黑暗包裹起来的隐秘空间就会轰然垮塌，将他们的秘密彻底暴露在众目睽睽之下。

车厢高度有限，他们无法站立，只能相拥着跪坐在地上。她看不清他的模样，索性闭上眼睛，感受着他柔软的嘴唇从她的头顶一路往下，如同春天的落英一般拂过她的额头、眼睛、鼻子……最终印在她的唇上再也不动，就仿佛漂泊的小船终于找到了停泊的港湾。

他们俩都太青涩，只是将唇贴紧在一起，不知也不敢再做些什么。

可是这个动作却毫无疑问地冲破了十多年来礼法浸染的禁忌,让两个人都觉得仿佛投身于凤凰涅槃的熊熊烈火,在焚化身心的高热中,灵魂纠缠着、融合着,升入高空。

不知道过了多久,他们的唇终于分开。黑暗而寂静的车厢内,她靠在他的怀中,依然带着悸动的喘息,而他则轻轻捋起她一丝散落的长发,在手指上一圈一圈地打着转。

"想不到荃姐姐竟会把车驾借给你。"心情渐渐平静,杨容姬终于可以笑着开口,"这真是个掩人耳目的好主意。"

"是桃符的主意。"潘岳也笑了。见杨容姬不开口,只是羞涩地靠在自己怀中一动不动,潘岳俯身在她耳边轻轻道,"耐心等些日子。等伯母病好了,我就亲自去荆州迎娶你。"

潘岳温柔的呼吸让杨容姬耳朵发痒,脸上顿时一片红晕。然而转念一想到母亲的病,杨容姬心中便是暗暗一沉。

"可惜了你收集的云谷和玉髓,那些原本是准备给伯母治病的吧?"仿佛察觉了杨容姬的心事,潘岳的叹息在黑暗中幽幽传来,"都怪我……"

感到潘岳的身子有些发僵,杨容姬陡然明白了他的心思,原来他还在为连累自己损失了云谷和玉髓而惴惴不安。若是自己的母亲因为缺少这两味药材而不幸身故,那不仅仅是他们的婚期必须拖到三年之后,他的心里只怕一生都抹不去这份愧疚和不安了。

"檀郎。"杨容姬坐直了身体,看着他在黑暗中朦胧生光的脸,一字一字慢慢道,"我在洛阳的这段日子,已经在医馆里用云谷和玉髓尝试着治疗了一些病人,却无一有效。事实证明,那些传说中包治百病的仙药不过是骗人的传说,所以它们也不可能成为治愈我母亲的药材。无论我母亲未来病况如何,都与你没有任何关系,你根本不必因为那些没用的野草石块自责。明白了吗?"

"明白了。"杨容姬的话如同清凉的甘泉,让焦灼中的潘岳顿时舒缓下来。他凝视着面前少女明亮敏睿的眼睛,只觉得能遇见她真是此生最大的幸运,不由点头笑道:"那我们说好了,等你母亲病好了,我们就成亲。"

"哪里有那么快?"杨容姬轻嗔道,"我们还小呢。"

"桃符比我还小一岁,这不都成亲了?连儿子都生了呢。"潘岳故意有些委屈地道,"桃符有了荃姐姐,你又回荆州去了,我一个人孤零零地在洛阳,你也不可怜可怜我吗?"

"你不是还有……"杨容姬吐了吐舌头,将差点脱口而出的"胡芳"两个字憋了回去,却憋不住调笑的口气,"没羞没臊的就想着成亲,你不记得自己五年前说过的话了?"

"原来你也知道。"看见杨容姬戏谑的表情,潘岳微微一窘,"小时候不懂事,非要跟大人们放出豪言,日后要品秩达到一千石才会娶妻。幸亏被你父亲提醒,依本朝惯例,做到一千石官职时你都变成老姑娘了,我才改口变成五百石。"他轻轻拈起她掉落的两根长发,在手指上绕成发圈,放在唇边亲了一下,"现在想想,幸亏那时改了口,否则我现在还不后悔死了。"

杨容姬不答,只是专心在他身上找头发,然而光线晦暗,一根掉落的也没找到。潘岳知道她心思,干脆自己拔了几根,同样绕成发圈,放在她的手心里:"等着我。"

杨容姬笑着点了点头,将发圈小心地藏进怀中。她清楚以潘岳的门第和才华,只要加冠后出仕,至少也是品秩四百石的七品官职。要达到五百石的承诺,真是指日可待。

那么她的幸福,也指日可待了吧。

"对了,还有最后一句要紧的话。"听外面家仆催促,杨容姬终于忍不住开了口。

"是不是还有什么体己话儿要说？在下洗耳恭听。"潘岳见杨容姬有些不好意思，便笑着凑到她身前。

"告诉你一个秘密——"杨容姬将嘴唇凑在潘岳耳边，轻轻地吹了一口气，"你和其他女子往来的事，别看我很大度，其实我——最爱吃醋了。"说完自己先红了脸，一把将潘岳推开，自己掀开帘子就要下车。

"真巧，在下恰好也有吃醋的毛病。咱们真是天造地设的一对儿。"潘岳笑着回答，见杨容姬不理他，又郑重地对着她的背影说了三个字，"你放心。"

杨容姬走后，潘岳回到家中，又开始了深居简出的日子。因为再过两年就要加冠出仕，父亲潘芘深恐他再像之前一样惹出贻祸家门的事来，干脆连太学都不让他去了，只命他闭门读书，修身养性。

若是以前，潘岳少不得要钻些空子，偷跑出家门去与司马攸、夏侯湛等好友聚会。可是如今他满心都是杨容姬的倩影，对周遭的一切兴致缺缺，仿佛魂魄都跟着杨容姬去了荆州，留在洛阳的不过是一具无知无觉的躯壳罢了。

潘岳以前从来想象不到，相思之苦竟能如此深重，仿佛无边无际的海水，淹没了他的耳鼻口舌，让他什么都无法感知，也不愿感知。就连晋王司马昭去世这样的大事，也没能让他从这种浑浑噩噩的状态中清醒过来。反正他尚未出仕，晋王的丧礼也有担任官职的父亲潘芘和兄长潘释去应付，对他毫无影响，而他想对司马昭说的话，都早已说完了。

蜗居日久，已是不知壳外寒暑。直到有一天，两个人闯入了他的房间，焦急地唤道："安仁，你真是好悠闲！"

潘岳放下笔，抬头一看，两个风度翩翩的少年站在自己面前，正是夏侯湛和韩寿。他尚未来得及答话，韩寿已经转到了书案后，将潘岳墨迹未干的字句念了出来:"漫漫三千里,迢迢远行客。驰情恋朱颜,寸阴过盈尺。夜愁极清晨,朝悲终日夕……夏侯兄,我就说安仁这些天躲在家里犯相思病,你还不信,这可不让我抓住了证据吗?"

听韩寿将自己为杨容姬写的情诗大声念出,潘岳大窘,一把抓过案上字纸,揉成一团远远抛了出去。

"德真,别闹了。"夏侯湛皱了皱眉,唤着韩寿的字示意他安静,又转向潘岳,"安仁,这些天你为了杨小姐失魂落魄,竟连二公子的近况都不在意了吗?"

"桃符怎么了?"见一贯脾气温和的夏侯湛难得地露出了责备的神色,潘岳顿时一凛。这些日子整个洛阳都沉浸在司马昭的丧礼中,司马攸作为司马昭的亲子,自然正在灵堂为晋王守孝,还能出什么事情?

"二公子悲伤过度,水米不进,今天已经是第四天了。"夏侯湛面色哀戚,重重叹了口气,"连晋王后与景王后都不能劝他稍进饮食。再这样下去,只怕晋王出殡之时,二公子也性命不保。"

潘岳一愣,一时难以接受这个消息。根据周礼,亲生父亲司马昭死后,司马攸应该服五服中最重的斩衰。根据周礼,斩衰三日不食,甚至连水浆都不能入口,以示孝子哀思之深。只是这个礼法虽然执行了几百年,真正能做到的又有几人?何况在出殡之前,孝子必须哭不绝声,昼夜不停,对于体力精力都是极大的消耗。为了不至于损伤身体根本,大家对于孝子进行必要的饮食都十分宽容。周礼中也说,如果身体有病,则饮食酒肉都不禁止,甚至可以请人代哭。可司马攸不仅严格恪守礼法,还大大超过了周礼中规定的三日之期。四日不吃不喝只是哀哭,身体怎么能受得了?

难道桃符心中,竟是存了死志?潘岳心中陡然冒出这个念头,不禁冒出了一身冷汗,一把抓住夏侯湛的胳膊便往外走:"夏侯兄,快带我去见桃符,我去说服他!"

　　拽了一下，见夏侯湛不动，潘岳疑惑地望向了韩寿。韩寿从书案后绕出来，无奈地叹了口气："你也不要为难夏侯兄了。他虽然已经出仕，却只是个七品的太尉掾，按理只能在晋王灵前拜上一拜而已。他也不过是听说了温裕从晋王府内传出的消息，却哪里有本事把我们带进灵堂里去？"

　　"那你们来告诉我这个，却是想让我做什么？"一想到司马攸此刻已经命在旦夕，潘岳只觉得心如火焚。

　　"我思来想去，如今只有一个人可以带你进晋王府内堂，却不知你是否愿意求他。"夏侯湛显然早已拿定了主意，不疾不徐地说。

　　"谁？"潘岳追问。

　　"安乐亭侯，司马伦。"夏侯湛说完这几个字，便看着潘岳不再开口。

　　"好，我去求他！"潘岳只是微微愣怔了一下，随即毫不迟疑地走出门去。韩寿也随即喊了一声"我陪你"，紧紧跟在了潘岳身边。

　　潘岳看了韩寿一眼，露出一个感激的微笑。他自然明白韩寿急于对以前的过失有所补救。不过如今的司马伦，倒似乎和以前有些不一样了。

　　自从在晋王府见过面之后，司马伦又特地到潘家来拜访过几次，每一次都礼数周全，丝毫没有以前传言中的恶少模样，倒显出几分小心翼翼的憨态来。就连对他颇有成见的潘芘夫妇也渐渐对他有所改观，特地叮嘱潘岳司马伦既然已经改过从善，便不可对他太过冷淡傲慢，以免再度得罪司马家。

　　虽然竭力掩饰，潘岳仍然可以从司马伦眼中看出他深藏的痴迷，这一点让潘岳颇为厌恶，却苦于无法向任何人诉说。但司马伦既然没有过分之举，潘岳就不得不客气敷衍，力图不着痕迹地拉远彼此的距离。如今若非迫不得已，潘岳断然不会向司马伦求助。

司马伦作为司马昭的弟弟，原本也应该在灵堂日夜哭祭。但他哪里吃得了那种苦，一有机会就溜回自己的府邸吃喝休息，因此潘岳和韩寿很容易就找到了他。

听了潘岳的来意，司马伦很是豪爽地一口答应，当下让潘岳和韩寿扮作自己的仆人，带着他们进入了晋王府大门。

一进晋王府，司马伦立刻开始号啕大哭，并装作力不能支的模样，死赖在潘岳身上摇摇欲坠。潘岳唯恐泄露身份，只好低着头，强忍着反感，和韩寿一起将司马伦搀扶进灵堂。司马伦心愿得逞，快活得心里都快开出花儿来，却苦于无法喜形于色，只能闭着眼睛更大声地哀号。

好不容易拖着司马伦进入灵堂，潘岳眼前一片雪白，只见身穿重孝的司马家子弟密密匝匝跪了一地，对着灵堂正上方的司马昭神主牌位哀哭不止，供桌上两只巨大蜡烛的光焰都被震得跳动不止。重重白色帷幔之后，则停放着司马昭的遗体。因为天气炎热，遗体四周垫放着从皇家冰室里调动的存冰，令整个灵堂都充满了阴森冷气。

潘岳并未在灵堂内找到司马攸的身影，只能低头跪在司马伦身后，悄声问："侯爷，您知道二公子身在何处吗？"

司马伦装作擦眼泪，将袖子举到脸前，暗中指了指灵堂后的一方帘幕，正是女眷哭灵的所在："应该和两位王后在内室休息。"他瞥了一眼潘岳震惊焦虑的表情，无奈地耸了耸肩膀，"檀郎，不是我不帮你，那里都是晋王府的女眷，你无论如何都是进不去的。"

"潘岳明白，多谢侯爷。"潘岳知道，司马伦口中的两位王后，正是司马攸的生母王元姬和嗣母羊徽瑜，都是极为疼爱司马攸的人。有她们照顾，桃符应该暂时无恙。于是他只能耐着性子继续等待。

这天乃是司马昭去世的第五天，按照礼制，乃是小殓之日。所谓小殓，就是为死者穿上隆重的寿衣，再用衾被裹尸，用绞布收束，置于棺材之内。果然潘岳没等多久，随着司仪一声"举哀"，主丧的晋王世子司马炎便带头跪在司马昭身边,抚尸痛哭,而一旁的司马家子弟则取过早已准备好的寿衣,准备给司马昭换上。灵堂外跪了一院子的朝廷官员们也同时叩头在地,放声大哭起来。

就在灵堂内外再次掀起哭祭高潮时,忽听外面有人大喝了一声:"且慢!"那声音威严纯厚,即使在这喧闹嘈杂的灵堂内也听得清清楚楚。

这一声断喝恍如平地惊雷,将包括世子司马炎在内的所有人都惊得呆了。潘岳抬头望向大门,想要知道是谁如此大胆竟敢惊扰司马昭的灵堂,却见一个须发花白的老人身穿重孝,大步越过拜伏在地的文武百官,径直朝灵堂走了过来。

虽然是逆光而来,但从那老人挺拔矍铄的身姿,清俊端雅的风度,潘岳还是一眼认出,这个老人正是征东大将军石苞。他原本已经离开洛阳回归驻地淮南,如今定是听到司马昭的死讯,星夜兼程再度从淮南赶来的。

"大胆石苞,竟敢扰乱晋王灵堂,你想造反吗?"司马伦有心在潘岳面前卖弄,当即站起身义正词严地挡在石苞面前。

"老臣不敢!"石苞扑通一声重重跪在司马昭灵前,叩头有声,声音清朗,"老臣只是觉得,晋王生前创下了不世之功业,岂能以诸侯惯例停灵五日便行小殓,自然应该再等两日,行天子七日小殓之礼!"

此言一出,满座皆惊。虽然司马家取代曹氏天下已是路人皆知的趋势,可敢于在大庭广众之下说出来的,石苞却是第一个。一时之间,所有人都低下头,将目光凝聚在膝下的地砖上,生怕一不小心露出不该有的表情,引来飞天横祸。

司马炎原本正专心演绎孝子哭灵,冷不防被石苞抛出这么个棘手的问题,当下心头一乱,一时并未答言。灵堂内外,顿时呈现出一片尴尬的寂静,所有人竟是连礼节性的哭泣都忘记了。

然而就在这片寂静之中,帘幕一闪,一个人影缓缓地从灵堂深处走了出来。他穿着白色的孝衣,外披粗麻制成的斩衰裳,腰系绞带,头戴绳缨,手中拄杖,就那么一步步缓慢而坚定地朝着石苞的面前走来。

"二公子……"石苞盯着来人,蓦地认出他正是刚满十七岁的司马攸,不由难以置信地擦了擦自己的眼睛。只见此刻的司马攸形销骨立,虚弱得仿佛春天的残雪,一阵风来便会化去。他手中拄杖虽然是孝子的标准装扮,但若无这根木杖支撑,只怕他不仅不能行走,连站立的力气都消失殆尽。

究竟是怎样深重的丧父之痛,会将原本丰神如玉的青葱少年压迫到如此境地?与他浩瀚如海的悲痛相比,司马昭所有的下属、亲朋,甚至亲手所立的世子司马炎,在晋王遗体前的痛哭流涕多多少少都显出了做戏的意味。

石苞的心里涌出了一种不祥的预感,然而还不等他分辨清楚这不祥的内涵,司马攸已经走到了他面前,按照礼法向他下跪回礼。

见司马攸的身体因为虚弱而微微颤抖,几乎连跪都跪不住了,石苞忽然想起了当年景王司马师死时的情景,心中大恸,不禁朝司马攸哭着叩拜下去:"二公子快快请起,这是要折杀老臣了!"

感到灵堂内外所有人的目光都聚焦在自己和石苞身上,司马攸撑着木杖直起身,低弱而清晰地说:"世子与诸位大臣已经拟好,叔父的谥号为'文王'。"

世子、叔父、文王。石苞何等聪明,当下便明白了司马攸的话中之意——如今继承司马昭晋王与丞相头衔的人是世子司马炎,而"文王"则预示着司马昭只想做周文王,真正改朝换代的举动则是由他的继承者来完成的。

一言以蔽之,石苞此刻的主人,已经不是司马昭,而是新任晋王,甚至新朝天子——司马炎。此刻他的当务之急,不是向死去的司马昭表达哀思，而是对新主司马炎宣誓效忠。

对于司马攸的提醒，石苞暗中感激，面上却不动声色，只是膝行到司马昭的尸身前叩头出血，怆然哭道："文王之功，遮天蔽日，功业如此，岂能以人臣之礼下葬？老臣愿冒死上书天子，求以天子之礼安葬文王。"见司马炎口中推辞，石苞又拜伏在司马炎脚下道，"天意所指，民心所向，皆不可违背。老臣愿以老迈残躯，扶持世子恪尽文王未竟之业，成就汤、武之功！"

所谓商汤、周武之功，自然是指改朝换代了。石苞统领十万精兵驻守淮南重镇，乃是司马氏手下实力最强的一方诸侯。如今他在大庭广众之下对新主司马炎赤诚效忠，由不得司马炎不动容。虽然已经年近三十，但司马炎的前半生庸庸碌碌，并无多少功绩可言，既未担任过朝中要职，也未带兵镇守过地方。如今他想坐稳司马昭留下的位子，除了"立嫡以长不以贤"的古训，就必须靠实力派大臣的拥戴了。

此刻得到这位实权重臣的承诺襄助，司马炎知道自己夺取那个位子再无失算，心情激荡之下亲手将石苞从地上扶起，两人四手相握，相视而笑，只觉江山易主，不过在他们手掌翻覆之间。

"想不到这个开国的头功，竟是被石苞这个老匹夫夺走了！"望着司马昭灵前惺惺相惜的司马炎与石苞，跪在庭院中的越骑校尉冯纨恨恨地低声咒骂了一句。

"是啊，枉我们追随了世子这么多年，石苞这个时候居然跑来摘了桃子。"跪在冯纨身边的晋王府从事荀勖也低声附和。他和冯纨都是司马炎的心腹，多年来一直鞍前马后忠心耿耿，对出身寒微的石苞颇为不屑，"这老匹夫一向是景王一系，如今不过是看着二公子即位无望，就巴巴地讨好世子来了。"

"可是看他刚才对二公子的表现，显然对旧主还是难以忘情呢。"冯纨阴沉地笑了笑，"我就不信，世子会看不出这一点。"

"就算世子一时看不出,我们不也可以提醒世子吗?"荀勖知道司马攸一向对自己不满,自然不会放过任何抨击景王党的机会,不阴不阳地说,"说起来,这天下已是文王一系的,不是景王一系的。可现在不仅石苞抢了风头,就连二公子也抢了世子的风头呢。"

听了荀勖的话,冯纨了然一笑。虽然并未开口,但两人多年老友,自然了解彼此的想法。司马攸一向以孝道称誉天下,以前在嗣父景王司马师的丧礼上尽孝也就罢了,此番在司马昭灵前哀毁过礼,让所有人心生恻恻,却要将世子司马炎置于何地? 特别是在司马昭死前,司马炎对司马攸颇多防范,司马攸在灵前的这番悲恸哭泣,在外人眼中是孝道,在司马炎和他的心腹眼里却更多地有了愤懑、控诉和挑衅的意味。

自古帝王之家都提倡忠、孝二字。司马氏废黜甚至弑杀魏家天子,早已不敢称"忠"字,只好将"孝"字看成立家立国之本。如今司马炎在生父葬礼上竟比不过司马攸的哀悼之情,不得不说是难以释怀的失败。

有司马攸这个众人景仰的儒家典范在,司马炎即使顺利继承晋王和丞相的职位,依然如芒刺在背,坐卧不宁。"所以,我们还要同心戮力,为世子分忧。"末了,冯纨吐出这句话,又与荀勖对望一眼,彼此心照不宣地点了点头。

冯纨、荀勖等司马炎党羽的心思,潘岳虽然无法全知,却也猜得到几分,对司马攸的担忧不由更为深重。他躲在灵堂角落里悄悄抬眼,见石苞前去朝拜司马炎后,司马攸仍然跪在灵前,明明身体已经虚弱到了极限,却依然强撑着标准的跪姿,不由心痛不已。

司马炎到底没有同意石苞激进的提议,坚持以诸侯之礼行五日小殓。随着司仪一声"擗踊",司马家大大小小的亲属们便根据礼法,擗踊痛哭。

所谓擗踊，乃是捶胸跳脚之意，以示悲伤之切。一时间，灵堂内人人都摆出一副撕心裂肺的哀恸模样，或捶胸顿足，或手舞足蹈，嘈杂一片。

众人卖力的号哭声中，唯有司马攸的身影是安静的。或许是五日水米不进已经耗尽了他的力气，此刻司马攸的眼中已经流不出泪水，只是一瞬不瞬地看着司马炎和几个叔父为司马昭换好寿衣，再用锦衾遮裹。当司马昭的面容最终被锦衾彻底覆盖时，司马攸骤然明白自己以后再也见不到生身父亲了，方才从身体里压榨出的最后一点力气便慢慢消散，身不由己地一头往地上栽去。

"二公子！"随着一声惊呼，两双手同时伸出，稳稳托住了司马攸的身体。司马攸无力地转过脸，首先看到的是自己府中的长史温裕，而另一个人……他的身子猛地一僵，这近在咫尺的清俊面孔，不就是潘岳吗？

"二公子身体不适，请容臣下侍奉他到后堂休息。"温裕向司马炎告了罪，和潘岳一起用力将司马攸搀起。潘岳自始至终深深地低着头，借由头上垂落的孝带遮住了自己的面容。

将司马攸半扶半抱地安置在静室之中，温裕取出早已准备好的米粥，跪在司马攸榻前泣道："二公子略进一些吧，再不饮不食，文王在天之灵也会不安啊。"说着，他舀起一勺米粥送到司马攸嘴边。司马攸却偏过头闭上眼睛，口中低低地说了声："你退下。"

温裕还想说什么，潘岳却给他使了个眼色。于是温裕满是哀恳地看了潘岳一眼，将粥碗放在潘岳手中，默默地退了出去。

见四下再无旁人，潘岳捧着粥碗，正色问道："桃符，你是想殉父吗？"

"没有，我只是……吃不下……"司马攸的嗓子早已干裂嘶哑，出声都十分困难。他打了个手势，潘岳便用勺子在粥碗中澄出半勺米汤来,试探着喂入司马攸口中。

司马攸含住那半勺米汤,努力想往下咽,身体内部却压抑不住地泛上一阵干呕,让他一俯身都吐了出来。

看着好友痛苦的模样,潘岳心如刀绞,却只能从案上倒了一杯清水,让司马攸漱口。等司马攸的气息终于平定下来,潘岳再度端起了米粥,和缓却坚定地道:"桃符,我知道你定是碰上了为难的事情。那就养好了精神告诉我,我一定会帮你的。"

司马攸点了点头,再度含住了潘岳递来的勺子,努力往下咽。虽然开始依然反胃呕吐,但在他的强行吞咽下,终于喝下了小半碗米粥。他闭目养了一会儿精神,这才睁开眼睛,开口道:"文王临去之前,封了我做卫将军。"

潘岳原本正用手巾给他擦拭额头上沁出的冷汗,听到此言,不由怔住了。卫将军乃是二品高官,总领京城禁军与防卫军,不仅可以预闻政务,还可以开府选置官属,等于是掌握了洛阳城内上至天子下至百姓的性命安危。司马昭临死之前,将如此重要而敏感的职位授予年方十七岁的司马攸,究竟是为了什么?

"难道,文王给你的,只是一个筹码?"潘岳想了一会儿,迟疑地问。

司马攸轻轻点了点头,疲惫地闭上眼睛,低声叙说:"爹爹在世的最后一段时间,大哥的人防守得特别严密,不仅不轻易放我入内探望,连与我交好的羊琇、裴楷、王济等大臣也排斥在外,生怕爹爹受到我们蛊惑,会做出什么对他不利的安排。爹爹虽然心里明白,但他那时精神短少,身边心腹之人又都被大哥换走,只能听之任之。所以我一直等到爹爹弥留之际,才得以跟随嗣母见到了爹爹。"

说到这里,司马攸的胸膛剧烈起伏了几下,似乎想平息心中的情绪:"那个时候大哥也在,爹爹就拉着大哥和我的手说,曹家之所以社稷凋零,主要原因就是贬抑宗室、手足相残。爹爹逼着大哥和我发誓,绝不重演曹丕、曹植的旧事,日后一定要兄弟同心,共保司马氏的荣耀,否则他在九泉之下也绝不安生⋯⋯"

"文王一心都在为你着想。"潘岳知道,司马昭果然把自己当初的谏言听进了心里,不仅火速安排司马攸与权臣贾充家联姻,临死时还在为保护司马攸而费尽心力。

"爹爹的心里,其实一直都在担心我的将来。"司马攸说到这里,眼中又浮现出悲哀欲死的神色,"他当众册封我为卫将军后,又留下我单独说了几句话,说他知道我还小,并不能胜任卫将军的职位。他这么做,只是为了大哥掌权之后,我可以用手中的兵权去换取任何我想要的东西。而他能为我做的,也只能是这些了⋯⋯"

潘岳默默地点了点头。虽然司马昭的为人有诸多可堪诟病之处,但他对桃符,却是一个好父亲。一旦司马攸主动交出兵权,天下舆论必定站在司马攸这边,那司马炎就算想要有所动作,也不得不对自己的声誉多加考虑。

"对了,爹爹还对大哥提到了你。"司马攸看着潘岳,想起他之前因为司马家几乎丢掉性命,此刻终于可以宽慰一下他了,"爹爹说,潘岳本性纯良,日后除非犯有大逆,不得加害。"

"桃符!"潘岳猛地直起身子,紧紧握住了司马攸苍白冰冷的手。他明白司马昭这句话的分量,而他更加相信,这句话是司马攸在司马昭死前为自己争取来的。

"爹爹一直记得他煮茶时你说的话,所以这是你应得的。"司马攸用力捏了捏潘岳的手,勉强一笑,便又缩回手去,下意识地捂住心口皱了皱眉。

见司马攸不打算再开口,潘岳等了一会儿,终于忍不住道:"可是这些都不能解释你为什么五日不进饮食。"他明知道这个时候应该让司马攸好好休息,可若不解开司马攸的心结,只怕他永远无法真正康复。所以潘岳只能狠下心逼问:"难道你心里,觉得文王的死与你有关?"司马攸一向身体强健,却在处斩嵇康之日对司马攸发怒后开始染病,外界因此有传言是司马攸气病了晋王,这才丢掉了世子之位。

司马攸睁开眼睛,仰望着头顶白色的帐幔,半晌才缓缓道:"檀奴,你还记得当年管辂为什么要杀我吗?他说我身负六凶星相,将来必定殒身、灭家、亡国、乱天下,说不定现在命运的车轮已经开始转动了。"

"十年前妖人的胡言乱语,你怎么还没有忘掉?"潘岳恨极,不顾礼节地呵斥道,"文王何等睿智之人,若是他也相信那妖人的话,当初怎么会杀了管辂将你救回来,这十年间又怎会对你宠爱有加?如果你因为触怒过他就觉得对他的死负有责任,甚至自罚一般不饮不食,你以为他在天之灵就会安生吗?"

"不,不是这样的。"司马攸难得见到潘岳动怒,急切地摇着头,语气却因为太过激动而断断续续,"我说的,是以后的事情……连爹爹都预见到了,我以后在大哥手下,实在不知如何自处……如今仍有不少宗亲大臣念着当初景王的恩德而拥戴我,若是以后真的走到了与大哥……与大哥对立的那一步,只怕那殒身灭家、亡国乱天下的预言就真的会实现了!"

潘岳心中一沉,只觉得呼吸都憋闷起来。司马攸一向内敛自持,在父母兄长面前都是一派雍容沉静的风范,大概只有在自己面前,他才会露出这种脆弱凄惶的神情。至于司马攸所描述的二王争权的图景,对于一向以儒家君子甚至圣人的标准来严格要求自己的司马攸而言,确实比死亡更加可怕。可这种未来,偏偏不是他一个人就能决定的。

"桃符,你想做皇帝吗?"虽然四下无人,潘岳还是将声音压到了最低,在司马攸耳边轻声问。

"不!"司马攸仿佛被黄蜂蜇到一般瑟缩了一下,随即看着潘岳惨淡地笑了笑,"我的理想,你还不清楚吗?修身、齐家、治国、平天下,这是圣人早已指明的道路。我只愿追随在大哥身后，帮助他结束这个乱世，还百姓一个河清海晏、安居乐业的盛世。"

"既然如此，便容易了。"潘岳点了点头，静静地说出一句话，"人之生也直，罔之生也幸而免。"

这句来自《论语》的名言，司马攸自然是知道的。孔子认为，一个人能在世上生存，靠的就是正直。不正直的人虽然也能生存，不过是因为他侥幸避过了灾祸。混沌迷茫多日的心中仿佛看到了一缕曙光，司马攸恍然问："你的意思，是要我秉持直道？"

"不错。《易经》里说，'直其正也，方其义也。君子敬以直内，义以方外。敬义立而德不孤。'"潘岳看着好友渐渐疏朗的面容，继续鼓励他，"桃符，你一向是中正君子。只要你秉持正直公义之心，以直道事君待人，堂堂正正，问心无愧，那还有什么可迟疑和惧怕的呢？"

"是啊，最不济，也能在后世留一个清清白白的名声。人生所求，无过与此。"司马攸微微一笑，似乎找到了支撑自己的力量，"檀奴，你会陪着我的吧？"

"君臣之义，朋友之情，潘岳定不敢相负！"潘岳知道这些儒家的大道理司马攸自己未必想不出，他所需要的，不过是志同道合者的支持罢了。想到这里，潘岳站起身一撩衣摆，正色敛容就要下拜，却被司马攸一把拉住。两个人四目相交，双手相握，虽然再未出一言，但彼此却都清楚，所谓生死一诺，从他们幼年时就已许下，延续至今从未褪色，反倒历久弥坚。

一个人影悄悄地从静室门外退了出去。

文王司马昭的葬礼之后，在石苞为首的重臣逼迫下，魏国天子曹奂下诏禅位。十一月十二日，晋王司马炎登皇帝位，改国号为晋，将咸熙二年改元为泰始元年，封十一位异姓功臣为公爵，石苞以首功位列第一,贾充、冯纨、荀勖等人皆有封赏。

司马炎即位后,追封司马师为景皇帝、司马昭为文皇帝,并一改曹魏体制,下诏以"曹氏抑损宗室,夷于平民,山陵未干,祚移他姓"为由,册封司马氏二十七人为王。其中司马攸乃是皇帝一母同胞的嫡亲兄弟,封齐王,食邑最广,地位最尊。

一代新朝,自此开始。

第 十 一 章

离 京

辞京辇兮遥迈,将远游兮东夏。

——潘岳

泰始二年的正月,是晋朝开国后的第一个新年。为了彰显新朝气象,皇帝司马炎一改曹魏的节俭作风,亲自下令从府库拨款,将太极殿、明光殿和后宫大大小小的殿宇修葺一新,后妃宫人们的衣饰也各有赏赐。由于司马氏代曹魏称帝的过程完全是水到渠成,退位的魏帝及宗室也颇受优待,因此国境内处处太平顺遂,宫城内外皆是一番喜气洋洋的欢乐气氛。

司马炎根基不深,完全是凭世家大族们的支持才坐上了皇帝宝座。为示恩遇,他特诏正月十五之前公卿百官皆在家休沐,正月十六日才开启了新年的第一场朝会。

当时风气,士族公卿以放任政务为雅事,既粉饰太平又自命清高。因此这新年第一场朝会上也无事可议,无非是百官朝贺,歌功颂德而已,倒也把新登基的皇帝司马炎哄得十分高兴。他前半生一直为世子之位耿耿于怀,如今骤然成为天子,主宰天下芸芸众生,不禁有些飘飘然起来。

等到下朝回到内宫,皇后杨艳便带着嫔妃和皇子皇女们前来给司马炎问安。行礼之后,皇子皇女们顾不得刚刚学会的宫廷礼仪,七嘴八舌地喊着"爹爹"将司马炎围在了正中,就仿佛当初在家中一般。皇后杨艳想要制止,司马炎却宠溺地摇了摇头:"就让孩子们再闹一回吧。"

皇后杨艳也知道这种父子亲昵的场景以后难得，便默默点头，退在一旁含笑观望。她是司马炎的结发之妻，两人成婚之后夫妻恩爱，司马炎似乎也不好其他女色，收房的妾侍寥寥可数。杨艳一共生了三子三女，其中长子早夭，次子司马衷就成了嫡长子。如果不出意外，日后司马衷就应该被册立为晋朝太子。

只可惜，自从三岁时生了一场大病，司马衷的反应就比其他孩子迟钝一些。杨艳当时的心思都放在新出生的小儿子司马柬身上，对司马衷疏于照顾，等到发现司马衷的变化时，心中又是难受又是自责，对司马衷越发疼爱起来，并一直想方设法在司马炎面前掩饰司马衷的愚钝。好在现在司马衷还小，刚刚发蒙读书，杨艳还抱有极大的希望等待司马衷渐渐聪颖起来。

此刻司马炎正拿着一个彩绸结成的圆球和孩子们抛掷着玩耍，只是每当他把彩球掷向司马衷时，司马衷总是接不住，彩球便骨碌碌地滚到一旁，引来其他兄弟姐妹的哄抢。其中年方六岁的司马柬身手最为灵活，在一群孩子中如同一只小猴子蹿来蹿去，越发显得哥哥司马衷动作笨拙。

"柬儿，不要胡闹！"眼看司马柬又将司马衷手里的球夺了去，皇后杨艳终于忍不住开口斥责。司马柬虽然也是她的亲生儿子，但杨艳总觉得是司马柬的出生害得原本聪明乖巧的司马衷变成了现在的样子，心中难免有些迁怒。加上司马柬那孩子过于顽皮，处处欺负老实乖顺的哥哥司马衷，让杨艳对他越发严厉起来。

司马炎却对司马柬灵巧的身姿颇为欣赏，当下一把将司马柬抱在膝盖上，笑着揉了揉他的小脑袋："柬儿真厉害！来，告诉父皇，你以后想做什么？"

"柬儿要做大将军！"司马柬挥舞着抢在手中的彩球，得意地叫道，"做了大将军，保卫爹爹……哦，不，父皇！"

"好好,等你长大了,父皇就封你做大将军!"司马炎开怀大笑,一旁的司马衷也跟着憨厚地笑了起来。

正在一家人享受天伦之乐时,一个内侍走了进来,伏地奏报,"陛下,齐王求见。"

"齐王"二字一出口,就仿佛在烧得红红火火的炭炉里浇了一勺冷水,让整个房间中的热闹气氛陡然僵持起来。司马炎看了一眼跪地的内侍,嘴角的笑容消失不见,轻轻地哼了一声:"齐王来做什么?"

"齐王殿下说了,是为了他辞去卫将军一职的事。"内侍小心地回禀。

"他倒是着急得很。"司马炎心中暗暗冷笑了一声,转头看向皇后。杨艳猜到他的想法,便点了点头笑道:"齐王位尊,又是至亲,便是在内宫召见也不违制。"

"不行。"司马炎想也不想地拒绝了杨艳的提议,盯着传话的内侍吩咐,"让齐王去太极殿东堂外等候。"

魏晋时洛阳皇家正殿为太极殿,而太极殿东堂西堂则是皇帝召见大臣商议国事的地方。司马炎不让司马攸进后宫而让他去太极殿东堂,分明是用臣子的身份压过他天子胞弟的身份。皇帝的这点心思,皇后杨艳自然是明白的,于是她带着司马衷、司马柬等儿女伏地行礼,送皇帝离开。

乘坐步辇从内宫进入太极殿东堂,司马炎刚想宣齐王司马攸觐见,忽然又想起什么,一指旁边两个随侍的内侍:"为朕整理衣冠。"

司马炎刚刚下朝,身上穿的还是隆重的朝服,方才与儿女嬉戏时也不过是抛抛彩球,仪容并未凌乱。但一想到这是自己第一次以皇帝的身份单独接见司马攸,司马炎就生怕自己身上任何一点瑕疵影响了皇帝的威仪。被弟弟司马攸在地位和声望方面压制了十多年,此刻的司马炎竟有一种难言的紧张。

端坐在上位书案之后,等到内侍为自己抚平了衣襟衣袖上的每一道褶皱,司马炎又伸手正了正头上的冠冕,方才敛容正色下令:"宣齐王。"

"宣齐王觐见!"一个内侍快步走到殿门外,大声宣召。

"宣齐王觐见!""宣齐王觐见!"远处一声声的回音传来,将皇帝的诏令传达到了重重宫门之外。

司马炎忽然深深地呼出一口气,会心一笑。多年的蛰伏换来一步登天,当初时时威胁自己地位的二弟司马攸,此刻已经距离自己那么远了。

过了好一会儿,齐王司马攸终于穿过了重重宫墙,来到了司马炎所在的太极殿东堂之中。

司马攸的身上也穿着朝服,显然是刚刚下朝就前来求见皇帝。待到司马攸行完参见皇帝的大礼,司马炎面子上不好薄待这个嫡亲的胞弟,便吩咐人给齐王赐座。

司马攸谢了恩,撩袍在内侍搬来的软垫上跪坐下去,一举一动无不恭谨守礼,让司马炎挑不出一丝错处。司马炎暗地里最厌恶的便是司马攸这种完美无瑕的作风,却只能捺住性子,以最仁慈的君主与兄长的口气问道:"桃符前来,有什么事吗?"

听到司马炎问话,原本端坐着的司马攸立刻长跪起来,恭敬地回答:"回禀陛下,年前臣已上表辞去卫将军一职,不知可曾送达御前?"

虽然一心要摆出君君臣臣的架势,听到司马攸口中称自己"陛下"而不是"大哥",自称"臣"而不是"桃符",司马炎还是稍稍有些不习惯。看起来,倒是司马攸进入新的角色更顺当一些。于是司马炎轻咳了一声,端起皇帝的架子道:"齐王的奏表,朕已看过了。不过你的卫将军一职是先皇所封,先皇一去你就急着辞去,怕是不妥吧。"

"臣资历浅显,不足以领此重任,若是因此耽误了国家大事,万死莫赎。"司马攸说着,再次伏地行礼,"何况臣私下还想求陛下一个恩典。"

"什么恩典?"司马炎挺了挺脊背,心中暗暗提起了防备。当日司马昭在病榻上封司马攸为卫将军,摆明了是将洛阳兵权交给他,好让司马攸以后有筹码与自己做某种交换。不过司马炎想来想去也不知道司马攸会交换什么,事实上一直把洛阳兵权抓在手里才是对司马攸最好的选择。

"臣妻贾氏之母李氏为前朝逆案牵连,流放辽东乐浪郡已经十二年了。求陛下看在李氏老迈,而臣妻又是一份殷殷孝心的分儿上,恩赦李氏回归洛阳,颐养天年。"司马攸仿佛没有觉察到皇帝的紧张,平静地回答。

司马炎微微一愣,就仿佛他已经准备好迎接暴风骤雨,扑面而来的却只是一片羽毛。不过下一刻,司马炎的心思已经转圜过来,不动声色地道:"李氏之父李丰谋逆,被景皇帝亲手诛杀。若是朕特赦李氏,只怕百年之后,愧对列位先皇。"

"陛下的难处,臣自然明白。"司马攸知道司马炎只是故意摆架子,却不得不帮着他把架子做足,"陛下以孝治天下,就当是怜悯臣与臣妻的一片孝心。列位先皇泉下有知,也只会称赞陛下的仁德。"

司马炎看着面前司马攸臣服的身影,没有说话。他心里当然明白,一个老而无用的李氏换一个手握兵权的卫将军,自然是大大的划算。更何况就算司马攸不交出兵权只是上表哀求,皇帝也不好固执地拒绝赦免李氏,从而影响他有意树立的宽仁名声。此刻司马攸几乎是将卫将军的权力拱手让出,司马炎焉有不接受的道理?

虽然心中喜悦,司马炎却不愿这么早就让司马攸发现自己的底线。于是他撇开这个话题,拿起书案旁一卷文书,命内侍交给司马攸:"这是各诸侯王自行选定的属官名册,齐王先看看吧。"

司马炎称帝后立即封司马家二十七人为王,各赐以封地食邑。因为诸侯王并不离开洛阳,司马炎便恩准他们各自选定亲信官员前往封地担任地方官,算是各位诸侯王的家臣。对于这个政策,司马攸十分反对。他三次上疏,认为东吴未平,国内尚不安定,不宜给藩国下放选官之权,但是司马炎都置之不理。

此时除了齐王司马攸,二十六位诸侯王都选定了属官。见三次上疏都无法奏效,司马攸便提出让朝廷为齐国指派官吏,坚决不肯自行指定人选。

皇帝司马炎知道司马攸心存谨慎,此举是为了避免培植私人拉拢朋党的嫌疑。司马攸的举动虽然符合司马炎的利益,但一想到此举无异于是向世人暗示皇帝对齐王有猜忌之心,司马炎就暗暗感到恼怒。正好诸侯王报上来的名册中有一个有趣的地方,司马炎迫不及待地想看看司马攸的反应。

果然,当司马攸浏览手中名册之时,目光骤然凝聚在某一处上。那是琅琊王司马伦所选的属官,为首的琅琊内史职位人选,赫然是一个司马攸熟悉的名字:潘芘。

潘岳的父亲潘芘。

司马攸握着名册的手指不由自主地紧了紧。司马炎册封的二十七位诸侯王,只论司马家的血统,不论各人的功绩德行,因此司马伦那样不学无术的纨绔子弟也得以封为琅琊王。司马伦对潘岳一直有觊觎之心,上次潘岳拼死相抗后司马伦稍稍收敛了一些。如今他专挑潘岳之父潘芘为自己的属官,摆明了是要把整个潘家纳入自己的羽翼之下。司马伦虽然才智平庸,但在潘岳身上还是动了不少脑筋。

"齐王看完了吗?"见司马攸凝眉沉思,司马炎故意提醒了一声。

"是。"司马攸将名册交给内侍奉还,犹豫了一下开口,"臣以为,潘芘担任琅琊内史有些不妥。先皇在时,琅琊王与潘家……"

"这些朕都知道。"司马炎抬手止住司马攸,随意地道,"以前的事情,琅琊王也特地向朕解释过,想要借此弥合与潘家的嫌隙。琅琊王是朕的九叔,这点小事,朕也不好驳回他的面子。"

司马攸低头听着皇帝的话,心中越发觉得不妥。他明知不该在提出赦免李夫人的要求后再向皇帝要求什么,可那诸侯属官的名册一旦公布天下,就再无挽回的余地,只好硬着头皮伏地请命道:"陛下,琅琊王与潘芘之子潘岳素有嫌隙,众人皆知。若潘芘成为琅琊王属官,生杀予夺皆在琅琊王之手,潘岳势必为琅琊王所胁。一旦有不测发生,必为士林之耻,让朝廷蒙羞。所以臣恳请陛下更换潘芘的职务。"

"你要朕驳回琅琊王的人选?"司马炎假装大度地一笑,"那也可以,只要你上书举荐潘芘为齐国官吏,朕就为了你驳回琅琊王的请求。"

司马攸暗中咬了咬牙关。他以前不是没想过把潘岳的父兄纳为自己的属官,可以多加照拂,但那样一来就彻底把潘家满门和自己牢牢地绑在了一起,再无一点转圜余地。以自己这样尴尬的身份,给潘岳一家打上"齐王党"的标签对他们未必是幸事。所以司马攸宁可放弃任命属官的权利,让司马炎来指定齐国封地的官吏,反正他司马攸坦坦荡荡,也不需要在封地培植自己的势力。

见司马攸低头思索,脸上的表情看似平静,却隐隐透着倔强,司马炎顿时烦闷,一拂袖站了起来:"齐王再不决断,朝廷这就颁布诸侯属官的诏令了。"

见皇帝有逐客之意,司马攸终于道:"听凭陛下安排。"相比起整个潘家被自己所累,司马攸宁可去直面司马伦的种种花招。何况司马攸相信潘岳的才能,他只会越来越强大。区区司马伦,不过是潘岳人生道路上出现的第一块绊脚石罢了。

就在皇帝和齐王在太极殿东堂内为潘家的前途争执之时,一驾华贵的马车已经停在了潘岳家门口。在众人的前呼后拥下,新封的琅琊王司马伦踏下马车,迈步走进了被侍从叩开的潘家大门。

"安仁,本王来看你了。"将成群结队的侍从都留在潘宅外,司马伦熟门熟路地就往宅中走去。这里他已经来过多次,早已以潘岳的朋友自居,亲切地称呼他的字"安仁"。此番料到潘岳的父兄都在官署办公,司马伦更是语气轻松、举止自在,浑不把自己当外人看待。

"潘岳见过琅琊王殿下。"潘岳听到声响,没奈何放下手中书卷,将不请自来的司马伦让入房内。这些日子来司马伦一直刻意示好,潘岳碍于他的身份不得不一次次虚与委蛇。可司马伦虽然一直未曾逾矩,口中言辞却越来越亲密放肆,让潘岳心中厌恶得仿佛吞了苍蝇,恨不得将司马伦涎笑的脸摁在泥地里,才能一吐心中的憋闷之气。

然而他什么都不能做,对方再荒唐无行,毕竟也是晋朝王爵、当今天子的九叔。若是反应过激,不仅会触怒司马伦,只怕还会连累整个家族。于是潘岳只能强打精神,请司马伦在房内上首落座,微微苦笑道:"殿下驾临,不知有何指教?"

"我哪里能指教你,我当然是来请你指教的。"司马伦盯着潘岳,呵呵地笑着,"最近听说了一件事,不甚明了,所以想求安仁指教。"

"殿下请讲。"潘岳垂下眼帘避开司马伦的目光,远远地坐下。

"就是关于大名士嵇康和阮籍的事情。他们两个都是安仁尊敬的人吧?"司马伦见潘岳点头,便兴冲冲地朝他探过身去,"听说嵇康和阮籍契同金兰,关系非比寻常。有一次他们去山涛家里喝酒,山涛的妻子韩夫人故意把他们灌醉,好让他们留宿在自己家里。晚上韩夫人偷偷跑到嵇康和阮籍所住的房间窥视,竟然流连忘返,整整看了一夜。这我就不明白了,若说韩夫人是倾慕嵇康和阮籍二人的风姿,也断不至于能看上一夜,何况两个人都睡着了有什么好看的?所以安仁你说说,那天晚上嵇康和阮籍住在一起做了什么？"

听了司马伦绘声绘色的描述，潘岳的眼中闪过了几分恼怒。他自然风闻过嵇康和阮籍之间不同寻常的交往，只觉他们至真至性，随心所欲，旁人无须置喙。然而司马伦此番故弄玄虚的描述，明显地带着对自己的暗示，却只显得龌龊可鄙。

见潘岳并不回答，白皙如玉的面颊上却微微泛红，司马伦知道他听出了自己的弦外之音，不由又笑了起来。他再度朝潘岳身前凑了凑，见潘岳下意识地退远了一些，便坐直了身子，从怀中掏出一张纸来："这是我新得的阮籍《咏怀诗》，吟罢只觉得余音绕梁口齿留香。安仁你比我懂诗，一起来品评一下如何？"

见这个纨绔子弟一改品性开始谈论诗文，潘岳暗暗松了口气，倒宁可司马伦一直这样附庸风雅下去。他伸手接过司马伦递来的诗笺，仔细阅读起来：

> 昔日繁华子，安陵与龙阳。
> 夭夭桃李花，灼灼有辉光。
> 悦怿若九春，磬折似秋霜。
> 流盼发姿媚，言笑吐芬芳。
> 携手等欢爱，宿昔同衾裳。
> 愿为双飞鸟，比翼共翱翔。
> 丹青着明誓，永世不相忘。

才看到前两句，潘岳就暗暗抿紧了嘴唇。不等全部看完，他就明白了司马伦哪里是来谈什么诗文，他心心念念的，还是如何挑逗自己罢了。安陵君与龙阳君，都是历史上有名的君王男宠。这首诗中的语句，早已将司马伦的欲念揭示得清清楚楚。

"安仁觉得这首诗如何?"见潘岳还是不开口,司马伦在一旁笑道,"携手等欢爱,宿昔同衾裳。愿为双飞鸟,比翼共翱翔。不过我猜就算是安陵君与龙阳君再世,也比不过洛阳檀郎的风采吧?"

潘岳深深地吸了一口气,终于忍下了拂袖而去的冲动。他正思忖如何摆脱这难堪的局面,忽听外面仆从报了一声:"老爷回来了。"便赶紧逮住机会朝司马伦拱手:"容潘岳先去迎接家父。"说着,大步走了出去。

潘芘先前看到门外的王家仪仗,早已猜到又是司马伦来访,一张脸越发阴沉起来。他没有理会上前行礼的儿子,反倒朝着跟在潘岳身后的司马伦跪拜下去:"下官潘芘,见过琅琊王。"

见到父亲的样子,潘岳心中一惊。以前司马伦来访,父亲虽也以礼相待,却从不曾像今日这般卑躬屈膝。

见潘芘以大礼参拜,司马伦倒不出意料,大剌剌地受了潘芘的礼,这才伸手将他扶起:"潘公已经接到朝廷的任命了吧?"

"正式的诏书尚未颁发,但尚书台已经知会下官了。"潘芘毕恭毕敬地对司马伦回禀道,"下官还要多谢殿下拔擢之恩。"

"嗯,琅琊内史之职掌管我琅琊国一应政务,本王也是信任潘公的能力啊。"司马伦志得意满地笑道,"从此潘公成了我琅琊王府属官,我们就可以更亲近了!"他转头看向一脸震惊之色的潘岳,哈哈笑道,"等明年安仁加冠之后,本王还可举荐安仁担任我府中要职。你们潘家人的前途,通通包在本王身上了!"

"那就先多谢殿下了!"潘芘赔笑着道了谢,和司马伦又互相恭维了一阵,好不容易才把这位尊神打发走。

眼看司马伦的王府车驾浩浩荡荡地离开,潘芘脸色一沉,对着潘岳道:"你过来。"

潘岳默默地点了点头。方才的一切起伏太大,他一时还没能整理出清晰的思路。

潘芘带着潘岳来到上房，吩咐人将邢夫人和长子潘释也请了过来。将一应仆从斥退，潘芘又命潘释关紧了房门，这才重重地叹了一口气："琅琊王司马伦选了我做琅琊内史，不日就要离京赴任，你们都知道了吧？"

"老爷要离开洛阳了？"邢夫人一惊，"那司马伦呢？"

"各位诸侯王并不亲赴封地，琅琊王自然还是留在洛阳。"潘芘看了一眼妻子。

"那檀奴怎么办？"邢夫人知道若是潘芘一走，司马伦更会肆无忌惮地纠缠潘岳，不禁着急起来，"桃符不是封了做齐王吗，爵位比琅琊王还高，要不让他去求陛下更改任命？"

"事事都想倚仗齐王，齐王能护得住我们一辈子？"潘芘皱眉否定。以前司马攸受司马昭宠爱时尚且护不住潘岳，此番司马炎当政，司马攸就更加起不到什么作用了。

"那能不能找个借口，辞掉这个官职呢？"邢夫人见潘岳一直低头不语，知道他因为司马伦已经受了不少委屈，满是心疼。

"现在去辞职，这不摆明了不给琅琊王面子吗？你就不怕他以后衔恨报复？"潘芘顿足，"就算我可以拼了仕途不要，儿子们以后怎么办？琅琊王再不济也是天子宗亲，我们得罪不起！"

"那可如何是好……"邢夫人无法可想，求援一般望向长子潘释。

"儿子的意思，父亲还是安心去琅琊国赴任的好。"潘释终于找到了开口的机会，侃侃而谈，"父亲此刻已经是琅琊王的属官，与琅琊王分属君臣，身家性命都由司马伦做主，因此不仅不能得罪，还要在任上做出一番政绩来。否则一旦被琅琊王抓住把柄，搓扁揉圆都由他说了算，不仅父亲被祸，整个潘家一门都会深受其害。还不如专心辅佐琅琊王，搏个更好的前途。"

见潘芘频频点头，邢夫人回味了一下潘释的话，忽然有些恼怒起来："你说得倒是在理，可你弟弟怎么办？司马伦抓了你们父亲在手，檀奴以后岂不是处处受制于他？！"一边说，一边红了眼眶。

"母亲。"潘岳伸手扶住邢夫人，面上露出一个宽慰的笑。刚才父兄说话之时，他已经打定了主意："琅琊王自然不能得罪，大哥在洛阳的仕途也不能耽误。我有一个办法，可以做到两全其美。"

"什么办法？"全家人素知潘岳天资聪颖，异口同声地问。

"司马伦既然要留在洛阳，我就随父亲前往琅琊赴任。"潘岳回答。

"妙，妙极！"潘释当即拍手赞叹，"反正司马伦一直待在洛阳，也没办法追到琅琊去。"

"确实两全其美，这样你父亲和你的仕途都保住了。"邢夫人恨恨地朝大儿子骂道，"可是你怎么不想想檀奴明年也要出仕了，他跟着你父亲跑去琅琊就等于断送了他的前途！"

"地方上也不是没有举荐为官的机会……"潘释嘀咕了一句，却终是不敢驳斥邢夫人。魏晋之时内官为重，外官为轻，就连保荐出仕，外地士子的品级也自动比洛阳低一等，前途更是不可同日而语。潘岳自幼才名卓著，父母长辈都寄予了很高的期望。如今因为一个司马伦作祟，就骤然斩断在洛阳的人脉跑到人生地不熟的外乡去，这样的牺牲让潘芘夫妇一时无法接受。

见父亲阴沉，母亲恼怒，而兄长潘释则是一副愤愤不平的模样，潘岳呼出一口气，佯作轻松地对父母道："儿子要到明年才能加冠出仕，这一年随父亲去琅琊暂住，正好在仕途羁绊之前纵览河山、熟悉民生。这样大好的机会，就算不为了司马伦，儿子也舍不得放过。"

"那一年之后呢？"邢夫人不安地问。

"一年之后的事情，谁知道会变成什么样？"沉默许久的一家之主潘芘终于开口，"就这样定了吧。我前往琅琊赴任之时，檀奴随我一起前往。"

为免节外生枝,潘家人对外隐瞒了潘岳跟随潘芘前往琅琊赴任的消息。一直等到出发那日,夏侯湛、韩寿、温裕等人才得到消息,匆匆跑来给潘岳送别。而司马攸也带着王妃贾荃,亲自乘车来到洛水河边的长亭中,为潘岳践行。

自从大婚之后,潘岳就没有见过贾荃。此刻见她衣饰华美,妆容精致,隐隐透出一副皇室宗妇的富贵气派,潘岳连忙躬身行礼:"见过齐王妃。"

"别这么客套,还是像小时候一样叫我荃姐姐好了。"贾荃明显心情不错,也不避嫌,伸手将潘岳扶了起来。

潘岳知道皇帝司马炎已经批准了司马攸的请求,特赦贾荃的母亲李婉回归洛阳,想必不久之后母女就可以团聚。想起初见贾荃时她发誓要将母亲从流放地迎回的场景,潘岳忽然发现,他与司马攸、贾荃,已经整整相识了十二年。而如今,那个倔强的小姑娘的心愿,终于靠司马攸交出兵权得以实现。司马攸对贾荃的心意,真是情深意长。

见潘岳不住地打量自己和司马攸,贾荃有些不好意思,笑着嗔道:"檀奴看什么呢? 莫不是因为阿容远离,你就嫉妒起我和桃符了?"

"不是嫉妒,是羡慕。"听贾荃提到杨容姬,潘岳低头笑笑,脸上露出了一丝怅惘。他曾经打算出仕之后就迎娶杨容姬的,如今这一番远走琅琊,却不知是否会影响到他们的婚期了。

"阿容确实该羡慕我。"见潘岳情绪有些低落,贾荃继续打趣道:"外人都说檀郎和齐王性格类似,一样的端方内敛,温文尔雅。可我却知道,你和桃符哪里像了? 桃符温润如玉表里如一,你却是玉壳子里面藏了一枚火炭,一不小心就会灼人的。我以后可要好好提醒阿容,千万别被你灼伤了。"

"我可没见哪个女子像荃姐姐这样夸自己夫婿的。要夸他就夸,何必拉我做幌子……"潘岳果然被贾荃逗得笑了。正要调笑司马攸两句,贾荃却蓦地发现潘岳的长兄潘释站在长亭外,不时偷偷地向这边张望。贾荃知道潘释是来为父亲和弟弟送行的,索性开口唤道:"是潘家大公子吗?请过来一叙。"

潘释被她叫破,顿时有些局促。他走进长亭,向司马攸和贾荃见了礼,站在一旁面色讪讪。

"潘兄有话请讲。"司马攸也察觉了潘释的异样,和气地开口询问。

"是。"潘释越发有些紧张,低头盯着地面道,"下官只是想提醒齐王妃,此时尚未开春,天寒露重,不宜在此开阔的水边多加停留。"

"这也要你来提醒?"贾荃扑哧一笑,"我身体一向壮健,不妨事。"

"可是现在,大概有所不同……"潘释抬起头望向司马攸,却察觉司马攸的面色微有迷茫,不由涩声道,"齐王殿下难道不曾发觉,王妃比以往丰润了一些?"

"潘兄是什么意思?"司马攸还没有理清头绪,一旁的潘岳却察觉贾荃面色有异,想了一想,茅塞顿开,"荃姐姐,你有喜了?"

听潘岳这么一嚷,司马攸顿时又惊又喜,一把握住了贾荃的手臂:"荃姐姐,是真的吗?"

贾荃见瞒不过去,只好羞涩地点了点头:"原本想等胎稳之后再告诉你的,却不料檀奴兄弟俩眼睛这么尖。"

"太好了!"司马攸欢呼一声,一改平日的沉静稳重,一把将贾荃抱了起来,在原地转了一个圈。

"齐王不可……"潘释一急正想出声阻止,司马攸却已经停住了身形,稳稳地将贾荃护在怀中:"若是男孩,以后就是齐王世子。加上李夫人就要回来了,真是双喜临门呢。"

"桃符你真厉害,一转眼就两个孩子了。"见司马攸满脸喜色,潘岳脱口说出这句话,忽然醒悟到贾荃对胡姬所生的司马蕤颇为不喜,便岔开话题,"只可惜我看不到小世子出生了。"

"没事的,你就当去琅琊游山玩水,过不了多久就会回来。"贾荃心情愉悦,靠在司马攸身边爽朗笑道,"不就是个司马伦吗?桃符忌惮他是叔父,我可不怕他!等我改天想个主意,帮你彻底解决了这件事!"

"那就先谢过荃姐姐了!"潘岳心中不太信,却也不戳破,笑嘻嘻地朝贾荃一揖到地。

"没错,我们一定会帮你彻底解决这件事。"司马攸的神色却不像潘岳那样随意。他看着潘岳的眼睛,郑重地承诺,"给我一年时间,我一定会让琅琊王再也无法困扰你。"

"好!"潘岳知道司马攸一般很少做出承诺,一旦许诺就必然会做到,当下心中感动,重重地点了点头。几个人絮絮地说着话,一直到潘芘在马车上派人催促,潘岳这才与司马攸等人告别,登上马车,依依惜别而去。

当司马伦得知消息赶来阻止时,潘家父子的马车已经走出去很远,再也无法追回。直恨得司马伦提起马鞭在官道上狂抽了三鞭,在漫天沙尘中咬牙切齿地咆哮了两声,最终只能悻悻而返。

在回到洛阳平昌门下时,司马伦看到一袭快马风驰电掣般跑出了城门。马上人影窈窕纤秀,红衣猎猎,仿佛一团烈火直卷向远处官道。几乎是一瞬间,司马伦认出那个人影正是胡芳,想必她和自己一样,刚刚才得到潘岳悄然离京的消息。只是连自己都无法追上潘岳,胡芳就算再怎么策马扬鞭,也终究是一无所获了。

此刻的潘岳,正惬意地掀开车帘,望着道路前方崭新的风景。摆脱了司马伦的纠缠,潘岳只觉得心情骤然轻松,暂时将对前途的忧虑抛到了脑后。

自从八岁从家乡荥阳来到洛阳后,这是潘岳人生中的第二次远行。一路上他只觉天长水阔,荡涤胸臆,大有飞鸟脱出樊笼一般的欢快,便利用旅途休息之余写出了《登虎牢山赋》《沧海赋》等文章,一经流传便脍炙人口,经久不衰,洛阳檀郎文采之盛与姿容之美越发名动天下。

只可惜,潘岳此番前往琅琊本是为了避祸,却不料这一场千里跋涉,却种下了毕生最大的祸根。

第 十 二 章

天　师

多疑少决，胆劣心狷。

——潘岳

　　司马伦的封地琅琊国东临大海，西邻司马攸的封地齐国。自东汉以来，琅琊国的治所定在开阳城。潘芘所任琅琊内史的官署，便也在开阳城中。

　　"张林，都安排好了吗？"此刻开阳城一家酒肆楼上的包间内，有人悠悠地问。

　　"回天师，都安排好了。"另一个人毕恭毕敬地回答。

　　"那就好。"脚步声响，被称为"天师"的人慢慢踱到了窗前，隔着半卷的竹帘望着脚下纷纭的行人。他不过二十岁左右的年纪，穿一件绛红色的丝袍，一头漆黑的长发并没有梳成发髻，而是随意地披在肩背上，只用一根同样绛红色的绸带略略绑住。虽然室内并没有风，他宽大的袍袖和流水般的黑发却仿佛在轻轻飘动。

　　站在天师身后的，是那个叫作张林的青年。他比天师年长几岁，一张古铜色的脸上透着精悍之气。他的头上也佩戴着绛红色的头巾，不过材质却比天师的差了一截，明显地揭示了两人身份的差距。

　　见天师手扶窗棂，目光不住瞟向远处的城门，张林赶紧解释道："凡是京城来就职的官员，必定会走开阳城正门，车驾也必定会从这条郡府大街前经过。属下早在上个月就预订了这家酒肆的二楼，就是为了让天师可以居高临下一览无遗，免得被那些无知小民冲撞到您的贵体。"

"贵体？"天师忽然哼了一声,转过头来,露出一张极为精致俊美的脸,"你觉得我尊贵,可我在官府的户籍中仍然是一个下贱的草民。那些世家大族把持了一切通往庙堂高位的通道,我们这些寒门庶民,对他们而言不过是蝼蚁罢了。"

"不不不……"张林知道天师的脾气,不敢和他秀媚惑人的目光对视,连忙低下头赔笑道,"天师神通广大,之所以还困在琅琊这个小地方,只是因为洛阳朝廷还没有见识到您的本事。属下倾尽家财追随天师,就是相信天师迟早有飞黄腾达的一天。"

"是吗？"天师似乎很喜欢听到这种说辞,脸色不忿之色稍稍平息。"你知道我为什么要你做下这番布置吗？"他白皙纤长的手指把玩着一枚雕工精致的白玉兽头印章,好整以暇地问张林。

"属下不知。"张林老实地摇了摇头,"不过天师自然有天师的道理。"

"上个月,我做了一个梦。"天师的眼神渐渐迷茫,嘴角也噙出了一个模糊的笑,"我梦见一阵清风从天而降,化作一只白鹤将我驮起。我骑着白鹤飞越千山万水,看到了一座繁华的大城。虽然没有人告诉我,我却知道那里就是洛阳,是我该去的地方。我正享受着独上青天俯瞰洛阳的快意,突然发现驮着我飞行的不是白鹤,而是一个姿容绝美的少年……"天师说到这里闭了闭眼睛,似乎又沉浸在那个美好的幻梦中,"我醒来的时候,恰好知道了新任琅琊内史潘茈带着儿子潘岳前来赴任的消息。于是我在先师灵前卜了一卦,卦象显示我的梦就应在潘岳身上。"

"明白了！"张林恍然大悟,"潘家是洛阳的官宦世家。如果潘岳真的是天师梦见的那个人,天师就可以凭借潘家的引荐前往洛阳,实现天师的宏图大志了！"

"我也未必有什么宏图大志,只是觉得人生一世,不应该蜗居在琅琊这个小地方而已。"天师懒懒地回答着,嘴角挑起一丝意味不明的笑,"何况我也想知道,所谓洛阳檀郎,是否真有传说中的那般倾城美貌。"

"属下觉得那个檀郎多半是洛阳人吹捧出来的。否则他为什么一路行来连车帘都不敢打开……"张林嘟哝了一句,"洛阳人若是有缘得见天师的真容,只怕就会明白他们是井底之蛙。天下这么大,洛阳不过是大一些的井罢了。"

"你倒是会比喻。"听着属下的赞美,天师矜持地笑了笑,不置可否。他再度朝窗外探了探身,看到远处的官道上腾起一片烟尘,便用手中的白玉印章敲了敲窗棂:"他们来了。"

"好!"张林应了一声,拿出一面随身的绛红色小旗,从窗口向外挥动了几下。此时此刻,楼下直通城门的大街上,已经聚集了越来越多的行人。见到二楼窗前的暗号,有些人便有意识地往人前挤去,把住了通往郡守衙门的必经路口。

过了一会儿,开阳城门外果然驶进了两辆马车。拉车的马匹、赶车的仆从和车厢车辕上都蒙着一层细细的黄土,显示着一路的疲惫辛劳。眼见终于到达了目的地,赶车人明显松了一口气,却不料才进城门,两辆马车便被蜂拥而来的人群堵了个结结实实。

看着车夫、仆从们茫然无措的模样,二楼窗口上的张林忍不住扑哧一笑:"看这阵势,只怕那位新上任的潘内史以为琅琊有天大的冤情呢。"

"闭嘴!"一旁的天师忽然凌厉地呵斥了一声,让张林陡然一惊,不敢再出声。张林本是琅琊的富户,因为崇拜天师而将家产全部奉出,自己也成了天师最倚重的干将。平时天师对他颇为客气,如今难得疾言厉色,张林便不敢再放肆聒噪。

学着天师的模样凝目朝楼下望去,张林只看见一个身穿锦缎常服的中年人站在车辕上,向四周百姓拱手致意,嘴里说着些"下官初来贵地,还望各位父老关照"之类的场面话,想必就是新任琅琊内史潘芘了。虽然潘芘乃是除了琅琊王之外琅琊国的第二号人物,可围堵的百姓们显然不买他的账,依然七嘴八舌地喊着"檀郎"的名字,表示若不让潘家檀郎出来一见,他们就不会放潘芘的马车通过。

看见潘芘无可奈何的神色,张林忍不住心中暗暗得意。一个月前,天师下令要见潘岳一面,让张林绞尽了脑汁。要知天师的地位在弟子们心目中虽然尊贵,可在真正的世家大族看来却不值一提,更何况听说那潘岳在洛阳结交的,都是最顶尖的高门贵胄?没奈何,张林只好想出了这个最直接的做法,派遣手下众弟子混杂在普通百姓中,趁着潘芘初入城还未真正履职之际,逼迫潘岳在大庭广众之下现身。

最无赖的方法果然也最有效,见潘芘无法劝退众人,车帘一掀,潘岳果然从车厢内钻了出来,站在父亲身边向各位开阳城百姓施礼问好。他甫一出现,张林就觉得眼前陡然一亮,仿佛一阵清风吹过,将潘岳身边的车厢上、马匹上还有随从身上的仆仆风尘都吹去了。

身边的世界刹那间安静下来,张林不由自主地屏住了呼吸。

忽然,扑通一声,将张林从失神中惊醒过来。他悚然转过头,才发现天师手中一直把玩的白玉印章掉在了地板上。而天师也显然意识到了自己的失态,轻咳一声,从窗口直起身子,将双手拢进了宽大的袍袖中。

"天师看清了吗?"为了掩饰双方的尴尬,张林佯装无事地问,"可否让众弟子撤离?"

"嗯。"天师点了点头,没有更多的话语。

张林领了命令,再度从怀中掏出绛红小旗在窗口挥舞了几下,便随着天师离开窗口,走到几案前坐下。见天师只是垂目不语,眉头微蹙似乎有什么心事,张林连忙赔笑道:"其实属下刚才看那潘岳,容貌并没有传说中那么惊人。若以五官而论,还是天师您更胜一筹。"

天师没有答言,却抬起手止住了张林。他一向自负容貌,自然也觉得自己单论眉眼,并不比那名满天下的潘岳逊色。然而洛阳檀郎,容止无双,潘岳之所以成名,"容"是其一,"止"是其二。所谓的"止",就包含了举止、风度、神韵、气质和才华。有了这些,哪怕将来潘岳容颜老去韶华不再,也绝不会让他的魅力有半分减退,反倒如同窖藏的美酒,日久弥香。

正是这所谓的"止",让天师再自负却也明白,自己这一生与潘岳终究是天渊之别。

可就算是相隔天渊又如何,自己苦心修炼,一生最大的心愿不就是移山倒海、颠倒乾坤吗?潜龙在渊,终有一日能够一飞冲天!

"天师?"见天师久久不曾开口,张林有些小心地问,"那个潘岳,确实是天师梦中之人吗?"一边说,一边将捡起来的白玉印章双手奉还。

天师接过玉印,在手中转了两圈,唇角忽然勾起了一抹志在必得的笑容:"对,就是他。"他望了一眼窗外,方才的喧嚣声已经渐渐平息了,可方才那个站在车辕上的身影,却已经深深镌刻进了他的脑海,"既然天意让潘岳来到琅琊,我就要让他助我青云直上,鹤唳九霄!"

琅琊一地,最出名的自然是琅琊王氏家族。琅琊王氏的发端在于出了一个"卧冰求鲤"的大孝子王祥,顺带着王家的子子孙孙也步入了魏晋二朝的仕途。潘岳来到琅琊的这一年,已经八十二岁的王祥被司马炎封为太保,而王家后人也大多在洛阳为官,留在琅琊老宅的不过是些尚未出仕的年幼子弟。

潘芷忙于公务,潘岳闲居无事,便与慕名而来的王氏子弟交游。其中相交最厚的,便是王祥的侄儿王裁。

王裁与潘岳年纪相当,为人也颇热情,常常带着潘岳驾车外出,向他介绍琅琊的山水风光、风俗人情。

这一日,潘岳与王裁行经城外一片农田,正看见三四个衣衫褴褛的男女农人跪在地上,而一个术士模样的人正一手仗剑,一手捏诀在空地上来回挥舞。

"安仁可知道他们在做什么吗?"王裁揣测潘岳从未见过这等场面,特意命车夫在附近停下,好让潘岳看清那术士所做的一切。

"不知。"潘岳自幼时经历管辂作法杀司马攸的事后,对一应法术都十分反感,因此没有兴趣回答王裁的提问,只是礼貌地敷衍了一句。

"是五斗米道的法师在作法。"王裁没有发现潘岳的异状,只是兴致勃勃地介绍道,"五斗米道的弟子很好辨认的,他们一般都佩戴绛红色的头巾,地位高一些的法师则会穿绛红色的法袍。说起来,琅琊这儿信奉五斗米道的百姓还真不少,就算不少富户也愿意奉献家财来供养五斗米道的天师呢。"

潘岳点了点头。他来琅琊这些天,对五斗米道也有所耳闻。这个教派在东汉末年由张陵在巴蜀创建,因为入教者需要缴纳五斗米,所以称为五斗米道。五斗米道以老子的《道德经》为主要经典,将黄老之学、谶纬思想与神仙方术糅杂在一起,风靡一时。张陵被道徒尊称为张天师,其孙张鲁则更是自称"师君",在汉献帝时期占据蜀中二十余年,直到曹操派兵征伐才归降。

以潘岳的理解,真正的道家如孙登等人讲究的是避世隐居,修身养性,而看现在那法师装神弄鬼的模样,这五斗米道虽然也打着道家的名号,更多却是与各地的巫术掺和在一起。

"我们走近些,可以看得更清楚。"王裁似乎对那五斗米道法师作法很有兴趣,率先跳下马车朝田间走去。潘岳无奈,只好也跟着王裁弃车步行,走进一望无际的麦田之中。

只见那作法的法师舞了一阵剑后,忽然以剑指天,眼仁上翻,口唇急速翻动不知在念叨些什么,而那些农人大气也不敢出,只是跪在地上以额触地,显然对这位法师极为敬畏。

那法师呆立了片刻,猛地大喊一声栽倒在地,竟是人事不省!几个农人吓了一跳,正想上前查看,那法师却翻回眼仁坐了起来,面上僵硬的表情也恢复了正常,对众农人叹口气道:"你家小儿的魂魄,正是被疠神娘娘掳去的。我刚才神魂出窍去向疠神娘娘要人,却吃了她一记掌心雷,神魂只能回归躯壳。"

"那可怎么办啊?"几个农人霎时慌张起来,"还望法师神魂再出一次窍,一定要把我家宝儿的魂魄夺回来啊。"

"好。我道中人扶危济困,少不得拼却这条性命再战一场!"那法师有意无意地瞟了一眼远处的潘岳和王裁,挂着手中木剑站起来,一副正义凛然的模样。

农人中为首的一对夫妻对望了一眼,赶紧从怀中又掏出一把铜钱来,放在了法师的掌心中,连声道:"宝儿的性命,就拜托法师了!"

法师掂了掂手上铜钱,皱皱鼻子似乎嫌少,却立刻又像想起了什么,挺胸叠肚地点了点头:"你们等着,我再去找疠神娘娘斗一场。"说着,举起手中桃木剑又挥舞起来。

潘岳此刻已经看清,一个农人妇女怀中正抱着一个两三岁大的孩子。那孩子小脸惨白,闭着眼睛毫无生气,显见是生了重病。他心中恼恨这家人愚昧,不将孩子送医却把仅有的一点积蓄塞给术士,当即忍不住钻出麦田,大喝了一声:"且慢!"

那些农人原本没有在意有人走近,此刻却见一个神仙似的公子从天而降,不禁都怔住了。王裁则赶紧追了上来,匆匆劝阻潘岳:"安仁,法师作法的时候,断断不能打扰的!"

潘岳心道再不打扰,那孩子就会耽误病情,甚至有生命危险。他深恨那法师诓人钱财误人性命,当即朝那呆若木鸡的法师低声斥道:"把骗的钱拿出来！"

"你……你……你是金真天师？"那法师盯着潘岳的脸看了半晌，忽然双膝一软跪在了地上，"弟子有眼无珠，不知天师降临，罪该万死！"一边说，一边把刚才收的那些铜钱掏了出来，全都堆放在了潘岳的脚下。

金真天师？潘岳乍听这个称呼，顿时一愣。然而见那法师的意思，竟是要将收取的钱财转送自己，不由既好气又好笑，当下将铜钱捧起，交还到了那对农人夫妇手中。此时他深憾杨容姬不在身边，只能叮嘱他们尽早将孩子送到开阳城内的医馆去。而那几个农人一听法师唤潘岳为"金真天师"，更是惊讶得说不出话来，唯唯诺诺地抱着孩子走了。

待到众农人散去，那法师兀自跪在地上，一对眼珠只随着潘岳打转。等潘岳转过来面对他时，那法师却立即俯下头去不敢对视，身子因为激动还在轻轻地打着战。

"我们走吧。"潘岳不想和他纠缠，转身就要与王裁离开。

"金真天师留步！"那法师膝行一步拉住了潘岳的衣服下摆，忽然眼角一奔拉，苦苦哀求起来，"小人道行浅薄，自知给五斗米道丢了脸，还望金真天师能够点拨一二，小人愿意当牛做马侍奉天师！"说着，便小鸡啄米一般磕起头来。

"你认错了，我不是什么金真天师。"潘岳哭笑不得，只能一再否认。

"这样的神仙之姿，就是看一眼也是天大的福气，除了金真天师还能是何人？"那法师满眼痴迷地愣了愣，又趴在地上咚咚磕头，口中兀自叫着："请天师开恩，教我法术！"

潘岳见他缠夹不清，断非言语所能说服，只好不再理睬那个法师，和王裁抽身而去。幸亏那法师并不敢追赶，仍然跪在原地口口声声地唤着"金真天师"，巴望潘岳能够回心转意。

沿着麦田中的小路回到马车上,王裁终于没忍住笑了出来:"那个愚人不识洛阳檀郎,竟将你当作了金真天师!"

"不知那金真天师是什么人?"潘岳好奇地问。在他的记忆中,只有人将其他美少年误认为洛阳檀郎,却从没有人将自己误认为其他人。

"金真天师,乃是琅琊五斗米道中最神秘的存在。"王裁虽然出生世家大族,平日对市井小民信奉的五斗米道却颇有些兴趣,"听说他姿容绝世,道法高超,却很少有人见过他的真面目。或者说他经常以不同的面目在世间游走,外人却无法得知他的身份。方才那个五斗米道徒定是见安仁你容貌不凡,才误将你当作了金真天师。说起来,倒真让我有些好奇那个金真天师的真容了。不过我猜与安仁相比,必定相差甚远。"

潘岳不置可否地笑了笑,他自矜身份,可没有兴趣与一个故弄玄虚的术士比较。但是无可否认,金真天师的名字还是给他留下了深刻的印象。

"只要潘岳对天师有了好奇之心,以后的事就好办了。"麦田深处,张林走到那个五斗米道法师身边,望着远去的马车长舒了一口气。他得到关于潘岳行踪的线报,赶紧命令一个弟子将作法的地点选在潘岳的必经之路上,就是要将金真天师的大名传入潘岳的耳中。

"祭酒算无遗策,弟子佩服。"那五斗米道法师毕恭毕敬地跟在张林身后,满脸都是讨好的笑容。

"可是看看你刚才做了什么?居然没及时让那小孩醒来,平白浪费了我给你的符水,在潘岳面前丢脸!"张林忽然笑容一敛,一个耳光甩在了那法师脸上。

"弟子不该见钱眼开拖延时间,弟子知错!"那法师哭丧着脸分辩,"可是看潘岳那个傲慢模样,就算弟子真的用符水让那小儿醒来,他也不会认同本道的做法呢。"

"潘岳自幼拜习儒家,要让他信服五斗米道自然需要一个过程。"对于潘岳所表现的反感,张林倒是浑不在意。

"那要怎样让他信服呢?"法师问。

"这些就不用我们操心了。"张林胸有成竹地回答,"只要潘岳亲自见了金真天师,不怕他不被天师收服。天师的神通,你们没见过的还多着呢。"

几天之后,王裁兴冲冲地来找潘岳,说他得到消息,那金真天师将在琅琊台举行春播祭,邀请潘岳一起去观看。

"春播祭乃是琅琊自古流传的风俗,不知道这次由五斗米道承办,会变成什么样子。"王裁兴奋地道,"以前我虽久慕金真天师大名,却碍于家中大人约束无法得见。如今长辈们都在京中任职,终于能够得偿所愿了!"

潘岳知道王家乃是世家大族,平时与寒门出身的官员尚不屑往来,更何况一个不入流的草根术士?只是看王裁对五斗米道如此有兴趣,潘岳不好意思拂逆了他的热情。更何况举行春播祭的地点琅琊台乃是古代名胜,潘岳早有计划前往游览,当下便点头答应了王裁的邀约。

琅琊台在东方渤海之滨,名称在《山海经》中就有所记录。据说早在姜太公时,琅琊山上便建造了供奉四方天帝的四时祠,越王勾践则最早在那里修筑高台会盟诸侯。至于如今的琅琊台,则是秦始皇东巡时耗费十万人工所建造的,方士徐福就是从那里带着数千童男童女东渡大海,为秦始皇寻找不死仙药。

潘岳和王裁经过两个时辰的颠簸,钻出马车时,扑面而来的是带着咸味的海风。海风吹得他们袍袖飞舞,身心凛然间别有一番痛快淋漓。转头望向身侧,但见群山连绵,悬崖壁立,漫卷的海水一波波地撞击在灰白色的岩石上，随即碎裂成千片万片，如同白梅一样四散纷落。在苍青色的山峰之间，一座高台恍如奇迹般拔地而起，居高临下，气势恢宏，仿佛苍鹰一般俯瞰着身下奔腾的大海。

潘岳的心里暗暗喝了一声彩。这座琅琊台台基三层，层高三丈，秦朝时原本是用岩石堆砌而成，如今年深日久，石块脱落，很多地方只留下了夯土所建的台基。然而即使只是残破遗址，他也可以想象站在台顶纵览海天的豪情。那豪情从霸主勾践、秦皇嬴政的身上喷薄而出，穿越千百年的时光，直到如今也不曾从琅琊台上消散。

"琅琊台，是王者之台啊。"忽然一个声音在耳边响起。潘岳转过头，惊讶地发现说话之人并非王裁，而是一个从未见过的青年。

"小人张林，忝任五斗米道祭酒，见过两位公子。"那青年头戴绛红色纱巾，举止谦恭，彬彬有礼，"金真天师得知两位公子莅临，特命小人迎接二位登台。"

"祭酒？"潘岳微微有些吃惊，想不到这个民间教派，竟也采用了朝廷的官职名称。

"本道下者称鬼卒，中者称祭酒，上者称天师。"张林笑容可掬地解释道，"潘公子初到琅琊，日后对五斗米道定会越发熟悉的。"

"金真天师就在台上吗？"相比起潘岳的冷淡，王裁倒是有兴趣得多，"听说他已近百岁，容貌却依然如双十少年，可是真的吗？这世上，难道真有长生不老的秘方？"

"真人传妙道，寿永固金石，陈王曹植也曾在诗里说过此事。天下之大，真人自然是有的。两位公子若是心诚，必定能够见到。"张林神秘地笑了笑，似乎并不想透露更多，只带着潘岳和王裁避开琅琊台下聚集观礼的平民百姓，从后山被五斗米道弟子把守的小道登上了台顶。

台顶一侧已经设下了一些座席，张林以王裁门第最高，引他入了居中首座，潘岳则在次席落座，正好可以清清楚楚地看见台顶正中的祭礼。说是祭礼，其实不过是五斗米道的法会，一开始便是道中弟子上台表演，或打拳，或舞剑，或杂耍，并无任何出彩之处，却也引得台下百姓叫好不绝。

"金真天师何时现身？"王裁等得有些不耐烦，悄声问一旁的张林。

"天师位尊，还请两位公子稍待。"张林说着，偷眼打量潘岳，见他虽然面色如常，手指却下意识地轻轻点击着座前的几案，便知他的耐心也耗得差不多了。于是张林悄悄向身后的弟子打了个手势，示意吊胃口适可而止。要知道这场春播祭，原本就是金真天师为潘岳一人而设。若是潘岳不耐烦地拂袖而去，一切准备便都白费了。

果然，张林的暗号一下去，那些不入流的表演便通通撤下，空旷的琅琊台顶正中，忽然爆发出一片灿烂的五彩火光。待到火光散去，一阵浓密的白色烟雾便从台上冉冉上升，恍如白云出岫，迷幻空蒙。朦胧之中，一个人影在烟雾中缓缓出现，虽然看不清面目，单那颀长曼妙的身姿便足以撩人心魄。

"金真天师，金真天师！"台下的围观人众已有人欢呼起来，就连潘岳也情不自禁地凝神观望。

只见那金真天师身穿一身华丽的青袍，手持木剑，腰悬玉印，脸上带着青色面具，堪堪遮住了半张脸，只露出一双既美且魅的眼睛。他的眼睛原本望向琅琊台下奔腾汹涌的海水，烟雾散去之后便轻轻一轮，一路扫过台上众人，直到在潘岳脸上打了个转才收回了目光。虽然只是淡淡一瞥，但每一个被他眼风扫到的人无不心驰神往，就连潘岳也忍不住微微一怔，心道此人的眼神，真可谓秀媚入骨。

"金真天师此刻所扮的，乃是总领东方的青帝太昊。"张林在潘岳耳边解释道。

那金真天师亮相完毕，便迈开步子，在琅琊台上仗剑起舞。他的舞姿并不拔尖，然而胜在身姿轻捷面貌魅艳，从远方吹来的海风更是吹得他一头披散的长发如绸缎般飘扬飞舞,在这陆地与大海交接之处恍如帝子下凡,引发台下仰视的众人声声欢呼。

金真天师舞了一会儿,几个身穿青袍的童子便捧来一条白幡,一管羊毫,还有一方盛满墨汁的砚台。金真天师持起羊毫笔,在悬空的白幡上写下了一行大字:"天师敕令:责青帝镇定农事安。"写完之后又盖上了自己腰间所悬的玉印,这才将完成的符咒往天上一抛。就在众人的目光随着那道符咒起落时,一道火光忽然从金真天师脚下蹿出,于半空之中将那道符咒烧成了灰烬!

在众人的惊呼声中,浓密的白色烟雾再次从金真天师脚下升腾而起,将他全身笼罩无踪。待到烟雾散去,站在琅琊台正中的金真天师赫然已从一身青袍换成了一身红袍,附带脸上的面具也变得鲜红如火。

"金真天师此刻所扮的,乃是总领南方的炎帝神农。"见潘岳脸上终于露出了异色,而王裁则更是连声追问金真天师在如此短的时间内如何更换装束,张林的语气虽然依旧谦恭,却也忍不住带出了一丝得意。

虽然换了服饰,金真天师手中的桃木剑和腰间的白玉印却没有变。在仗剑舞动一阵后,几个红衣童子又捧着白幡、毛笔和砚台走上。金真天师挥笔在白幡上写下"天师敕令:责炎帝镇定农事安"一行大字,盖上玉印,再度用地底蹿上的火光将这符咒焚烧殆尽。

接下来,金真天师又先后化身为总领西方的白帝少昊和总领北方的玄帝颛顼,一共写下四道责令东南西北四方天帝保佑农事的符咒,算是尽到了春播祭的主旨。待到最后一阵白色烟雾散去,金真天师已经换去了刚才玄帝的黑色衣装,恢复成五斗米道天师的绛红色法袍。而弟子们送上来的白幡,也比方才的大出了一倍有余。

这一次,金真天师没有再用毛笔,而是用他的桃木剑蘸了朱砂,在白幡上酣畅淋漓地写下了几行鲜红大字:"我今持剑,天降神兵,役使百神,令我长生。万邪惧怕,天地相倾。"写完,金真天师将白幡往台下一抛,随即从手心中飞出一道火光,将这最后的符咒也在半空中烧成了灰烬。

"好!"王裁看得入迷,忍不住和四周欢呼的人群一起大声叫好,"天师风采,果然无与伦比!"琅琊台下的百姓们,则争先恐后地抢夺着符咒的灰烬。据说将这灰烬拿回家和水服下,就能驱邪祛病,延年益寿。而金真天师号称百岁高龄却如双十青年一般的身姿,更是为这种灵丹妙药做了绝好的注脚。

祭礼完毕,正准备离开琅琊台的金真天师听到王裁的称赞,转头朝王裁和潘岳所坐之处望了一眼,微微一笑。哪怕隔着一层面具,也能让人感觉到那笑容中隐含的万种风情。

"这位金真天师果然有些神通。"从琅琊台上下来,王裁一边和潘岳走回马车,一边对刚才祭礼的场景念念不忘,"看来这五斗米道,也并非父辈们传说的那般恶俗不堪,倒是值得探究呢。"

潘岳敷衍一笑,没有开口。幼年时经历过天下第一术士管辂的禳星仪式,他对任何令人眼花缭乱的巫术法术都心怀戒备,何况刚才金真天师那些瞬息换装、投火焚符之类的把戏,不过是奇技淫巧,一旦揭穿谜底,未必有什么神奇之处。

两人正准备返回开阳城,马车刚刚启动,却突然停了下来。掀起车帘,潘岳看见外面站着的正是那个五斗米道祭酒张林。

"潘公子,我家天师诚邀公子到四时祠一见。"张林抱拳为礼,恭谨地传话。

"是金真天师相邀吗?"不待潘岳答话,王裁就兴冲冲地问,"我能不能一起去?"

"天师之命,只邀请潘公子一人。"张林为难地看着王裁,"还望王公子海涵。"

"那我在这里等你。"王裁有些失望,转头却见潘岳一脸的犹豫,似乎想要回绝邀请,连忙笑着怂恿道,"安仁你去吧。说不定金真天师是怜惜你年少俊美,想要传授你长生驻颜之术呢。"

自从杨容姬说过醴泉云谷等仙药通通毫无效果之后,潘岳就对当世流行的所谓长生不老之术颇为怀疑。再看刚才金真天师的身形舞步,潘岳也断不相信他有传言的百岁高龄。然而少年人的好奇终究战胜了对巫术道法的厌恶,潘岳思忖片刻点了点头,跳下马车,随着张林向山间的四时祠走去。

四时祠位于琅琊台旁的山麓之上,自周朝之后多次修缮又多次损毁,此刻望去,朴素无华的夯土墙面倒是别有一番幽远神秘的上古风味。

"这四时祠是供奉主宰四季的四方天帝的神殿,天师就在里面等着潘公子。"张林引导潘岳走进了祠堂内,光线顿时昏暗起来。下一刻,张林退了出去,轻轻关上了四时祠的大门。

鼻端飘动着一种潘岳从未闻过的甜香。他在原地站了一会儿,眼睛终于适应了室内的晦暗,发现自己果然站在一个空旷的殿堂之中。这里应该已经被废弃了多年,一应神像、供桌、帐幔等物都无影无踪,除了地上铺设的座席之外空无一物。

伸手摸了摸地上的座席,指尖没有一丝灰尘,想必五斗米道徒已经将这里打扫干净。潘岳并没有落座,只是望着四面空荡荡的墙壁,谨慎地唤了一句:"金真天师?"

"请潘公子稍待。"一个青年男子阴柔清澈的声音在黑暗中响起,然而殿堂内并没有其他人。

潘岳朝着一面墙壁走上几步,终于看清墙上有一扇隐蔽的小门,而刚才的声音,就是从门后传来的。

既然对方说了稍待,潘岳也不好催促。此刻他临近墙壁,才发现这四时祠的四面墙上都画着大幅的壁画。只是这些壁画似乎年代久远，室内光线又暗，他刚进来时根本没有发现。

沿着墙根慢慢移动脚步，潘岳开始观察起那些壁画来。大概是因为远古画工不佳，壁画的线条粗疏，色彩暗淡，哪怕潘岳使劲睁大眼睛，看起来也十分吃力。模模糊糊间，他只能看见画面上有大海和海岛，海岛上修筑着亭台楼阁，天空中还有仙人在飞行。

既然这里是供奉四方天帝的祠庙，那画面上描绘的，也应该是四位天帝与众臣遨游海天的场景了。潘岳心中猜测着，习惯性地沿着墙面继续往下看。然而，不知是不是因为太过耗费眼神，他渐渐觉得头晕目眩、浑身无力，不得不放弃观摩壁画，走回座席前坐下休息。

"劳潘公子久等，还望恕罪。"黑暗中那阴柔清澈的声音又响了起来，带着撩拨人心的魅力。下一刻，墙壁上的小门打开了，一朵灯花在晦暗的殿堂内亮起，照出了一个颀长绰约的身影，正是手持铜灯的金真天师。

铜灯的光焰并不大，却刺得潘岳一瞬间举起袖子遮住了眼睛。待到他放下袖子时，金真天师已经坐在了他的对面，而那盏铜灯，恰好放置在他们两人的正中。

金真天师还是穿着五斗米道标志性的绛红色法袍，长发披散，只用一根同样绛红色的发带轻轻拢住。这一次，他没有佩戴面具，一张雌雄莫辨、清秀柔美的脸一览无遗地显露在潘岳面前。而他的眉心正中，用朱砂画着一个奇怪的符号，仿佛两条小蛇盘曲在一起，更添魅惑。

"金真天师。"潘岳忍住晕眩，拱了拱手，"不知天师相邀，有何指教？"

"指教不敢当。"金真天师也拱手还礼，"只是以前在下与潘公子有约，此时想要与潘公子印证这份约定。"

"什么约定？"潘岳皱眉。

"前世之约。"

"前世？"

"潘公子难道不觉得,你我这般的姿容,前世岂会是凡夫俗子？"金真天师微微一笑,声音如同流水一般轻柔低回,荡涤着潘岳的脑海,"潘公子若是一时想不起来,不妨听我慢慢述说,我相信定会唤起你前世的记忆。"说着,他举起两人中间的铜灯,在潘岳面前晃了两晃,缓缓地站起身来。

潘岳的目光下意识地落在了那盏铜灯上,只觉得那枚灯焰不断扩散,已经不像先前那般刺目,反倒让人觉得舒适和放松。他坐在原地没有动,眼神却追随着金真天师持灯的手,看着他一路走到了一幅壁画前。

"四方天帝分掌四季,分别住在大地四极的大海中。大海的尽头称为归墟,与天上银河相贯通。天上地下,原本便是一脉相承。"金真天师一手持灯,一手指着墙上的壁画,娓娓道来,"大海之上,一共有五座神山,称为蓬莱、方丈、瀛洲、岱舆、员峤。这些神山,便是四方天帝和他们臣仆的住所。"随着灯光的照耀和金真天师的描摹,潘岳渐渐看清了那些神山上不仅有楼台亭阁,还有各种奇花异树、飞禽走兽,而神山上的神仙们,则有的抚琴、有的作画、有的煮茶,个个都是一副逍遥快活的模样。

"这些神山原本植根在大海底部,然而天长日久,神山从海底脱离,从此不断地在海面上漂浮。四方天帝恐怕终有一天神山会漂到归墟沉没,便打算想一个办法,挽救整个神界的厄运。"金真天师持灯走到下一幅壁画前,满意地看着潘岳的眼神已经牢牢地黏在了手中的灯焰上,显然正用心聆听自己的讲述,"终于,四方天帝有了对策。他们借口鳌龙一族叛乱,将原本也是神灵的鳌龙一族全部俘到神山上作为奴隶,又挑选出体形最大的十五头鳌龙,命令它们每三头一组潜入海中托住神山。从此五座神山便不再在海中漂荡,避免了颠覆的厄运。"

"你知道这些跟我们有什么关系吗?"金真天师忽然停下了讲述,循循善诱地问潘岳。

潘岳茫然地摇了摇头。此时此刻,他只觉得殿内的甜香气味越来越浓重,熏得他几乎丧失了思考的能力,只能听任金真天师不停地讲下去。

"有关系,有很大的关系。"金真天师的声音,在潘岳耳中忽远忽近,而他手中的铜灯,也照亮了另一幅壁画,"看,这就是你。"他指着壁画上一个风姿秀逸的少年对潘岳道,"你本是岱舆山上一名仙人,却与一名鳌龙皇室少年结为生死之交,一心想与他同登青天,肆意遨游。你一心筹划帮助好友脱逃,却忘了自己的任务——去给驮住岱舆山的三头鳌龙喂食,导致它们饥饿之下吞食了龙伯国巨人的钓饵,被巨人钓出大海。于是岱舆神山失去了依托,被洋流卷入归墟之中,最终沉没。"

眼看潘岳骤然变色,明显被神山倾覆的结果所震动,金真天师趁势继续说道:"你犯下了大错,被四方天帝责罚,是你的鳌龙好友舍弃自身的性命,将你救出生天。投胎转世之际,你悔愧无极,发誓来生必定要偿还鳌龙的恩情。无论将来他是何等出身,你都要用尽全力扶他、助他,让他脱离泥沼重回九霄,实现原本属于他的荣耀。这些,现在你都想起来了吧?"

"都想起来了吧?都想起来了吧?"金真天师的话仿佛自带着回声,在潘岳的脑海里不断回响。四方天帝、归墟、五座神山、龙伯钓鳌……这些典故,他以前读书的时候确实有所耳闻,并非金真天师的杜撰。而在那盏铜灯的照耀下,原本暗淡模糊的壁画也陡然分明起来,活了一般在潘岳眼前旋转盘旋,生动地提醒着遥远前世的恩怨与誓言。一时间,真与幻、传说与现实、前世与今生混淆在了一起,让潘岳忍不住抚上额头,轻轻呻吟了一声。

"我知道你一直对我心存感激愧欠,现在,是该你实现承诺的时候了。"金真天师看出了潘岳的迷茫,魅惑的声音乘胜追击,一心要坚定潘岳的信念。

原来,自己这一世的任务,就是要扶助面前这个五斗米道的天师进入被士族把持的朝堂,让他实现他的青云之志吗?潘岳迷迷糊糊地想着,不由自主地问:"那我应该如何帮你?"

"把我引荐给齐王。"金真天师知道,凭潘岳现在的资历还帮不了多少忙。可齐王司马攸是天子一母同胞的亲弟,一人之下万人之上的地位,若能以齐王作为门槛,任何人都可以一步登天。

齐王,谁是齐王?潘岳的眼神被面前闪烁跳动的灯焰照得有些涣散。对了,他想起来了,齐王就是桃符,就是他最好的朋友。金真天师的意思,是要自己将他带到桃符的面前……

眼看潘岳的嘴角缓缓露出了笑意,金真天师忍不住再次强调:"我前世乃是神之鳌龙,所以今世道法高深,无往不胜。如今你对我已经心悦诚服。待到齐王见过我的神通,也一定会听我号令……"

"为何听你号令?"潘岳忽然问。

"自然是为了替天行道,统御苍生……"金真天师说到这里,忽然顿住了。因为他惊愕地发现,潘岳的眼神不知何时恢复了清明!

"这便是传说中的摄心之术吧?天师的道法,果然高妙。"潘岳霍然起身,冷眼看着尚未回过神来的金真天师。

"你……你为何醒了?"金真天师兀自举着铜灯,不相信有人竟能从自己的法术下逃脱。以迷香和灯焰诱人陷入半昏半醒之态,再将早已准备好的命令植入对方的脑海深处,本是金真天师的拿手好戏,所以他才相信只要找到机会,自己就能够操控天下之人。

"那是因为天师低估了人的意志。或者说,以前天师之所以能用巫术操控手下道徒,不过是因为那些道徒都愚钝无知。天师这辈子混迹于愚夫愚妇之间,还不曾真正遇见过才智之士。"潘岳冷笑了一声,一拂袖子推开了四时祠的大门。

这丝毫不留情面的讥讽让金真天师呆愣了片刻,随即不甘地追问:"我的法术从不会失灵,难道是我刚才说错了什么?"

潘岳挑了挑嘴角,毫不犹豫地下山而去。他才不会告诉这个妖人关于司马攸和自己的种种过往,也不会告诉他自己绝不允许任何术士再出现在司马攸面前。

"天师,不是说潘公子是奉天命来辅助您的吗?可依属下的观察,反倒是那王裁王公子对五斗米道更有好感?"潜伏在四时祠外的张林看着潘岳离去的背影,无措地询问。

"王裁那边不在话下。至于潘岳的倔强,不过是天命达成之前必经的考验。"金真天师强压着被潘岳讥讽的羞恼,将张林打发离开。一直到整个四时祠内外只剩下他一个人,金真天师才将手中铜灯往那些伪造的壁画上一砸,狠狠发誓:"潘岳,我迟早会收服你的!"

第 十 三 章

仇 怨

望渐台而扼腕，枭巨猾而余怒。

——潘岳

春播祭之后，天气渐渐回暖，草长莺飞，处处春光。然而风景再好，无人共赏也是枉然。到琅琊不过两个月，潘岳却已经开始思念远在洛阳的亲人和朋友，特别是司马攸。

虽然两人时常有书信往来，但潘岳知道以司马攸的性格和处境，有些事情和心情，岂是那薄薄的信纸所能承载的？就算司马攸愿意说，他也绝不敢落在白纸黑字上。潘岳只能从司马攸信中的字里行间，去揣测好友的处境。

根据司马攸信中所说，他辞去统领洛阳防卫的卫将军一职后，皇帝不顾他的推辞改封他为骠骑将军，统领五千营兵，参与政事，又按照其他宗室的惯例多次赐予丰厚财物。哪怕司马攸屡屡表示自己仅凭封地的租税已经足够生活，皇帝仍然坚持封赏，司马攸不得已只能拜谢皇帝的盛恩。

司马攸的书信中但凡提到皇帝司马炎，口气都十分恭谨，叙述也俱是事实，然而个中滋味，潘岳却能从那好友端正清雅的笔迹中品味得出。司马炎刚刚建立新朝，羽翼未丰，面对各个强大的世家大族还是一名弱势的皇帝，他自然需要树立贤明亲善的形象。司马攸辞去卫将军之职，司马炎也怕在群臣中落下剥夺齐王兵权的口实，所以要用改封骠骑将军来掩饰。至于厚赏宗室，乃是司马炎培植司马家的诸侯王对抗世家大族的策略,当然不能允许司马攸例外。

在潘岳问到贾荃之母李婉夫人的近况后,司马攸在信中只提到李夫人已经从流放地回到了洛阳,在洛阳城中租赁了一处别院居住。虽然只是短短数语,却让潘岳心生疑窦:李夫人遇赦回京是天大的喜事,为何司马攸的信中不见丝毫喜色,不仅没有提到岳父贾充,连齐王妃贾荃的反应也不曾提及?只是这件事牵涉到贾荃一家的隐私,潘岳在书信中也不好追问。

虽然心系洛阳,潘岳却不得不耐着性子在琅琊消磨出仕前的最后一年。自春播祭后,父亲潘芘的身体状况就一直不佳,病痛不断,请了好几个当地的名医会诊,都查不出病因,只能开出些不温不火的方子,慢慢调理。

而王裁自从在琅琊台见过金真天师的祭舞之后,对五斗米道越发有了浓厚的兴趣。他几次邀约潘岳再去观看五斗米道的法会,却都被潘岳以照顾父病为由婉言拒绝了。

听说潘芘久病,王裁也少不得登门看望。只是他一来,满口都是辟谷、修真、灵芝甚至房中术什么的,让潘岳颇有些难耐。然而潘芘倒是被勾起了兴趣,真真应了"病急乱投医"那句俗谚,与王裁相谈甚欢。

刚开始潘岳还会反驳一二,后来见父亲不喜,索性借口外出,避免与王裁见面。然而他却没有料到,自己与五斗米道的纠葛,竟是躲也无法躲掉。

这天一早,潘芘就派人来告诉潘岳,他请了五斗米道的天师过来作法祛病,要潘岳务必参加。潘岳虽然心中不信,却碍于父亲的病况,强捺住性子没有反对。一直等到日暮时分,潘芘那边终于派人来通知,五斗米道天师已经驾临,让潘岳赶紧过去。

潘岳无奈赶到父亲所住的院子,果然看见父亲冠带整齐,斜倚在正房游廊下的软榻上,十来个头顶绛红色头巾的五斗米道弟子分列在院落两侧。而院子正中，则站着一个身穿绛红色纱质法袍的人，手持桃木剑，腰悬白玉印。虽然只是背影，那背影却纤秀灵动，俊美飘逸，一派与凡夫俗子大相径庭的出尘风范。

听见潘岳给父亲见礼，那天师忽然转过头来，微微一笑："潘公子，我们又见面了。"

"金真天师？"潘岳看清那张魅惑众生的脸，不由想起琅琊台之事，语带讥嘲，"天师不是一直戴着面具的吗，怎么这次却以真面目示人了？"

"贫道的面具不过是为了隔绝世人的狂热罢了，这一点潘公子自然深有所感。"金真天师彬彬有礼地回答，"方便的时候，贫道自然愿意赤诚相对。"

看他云淡风轻的模样，好像琅琊台四时祠的那一场闹剧从未发生过。潘岳轻笑了一下，没有再接话，只是站在父亲身后，冷眼旁观金真天师这次玩什么把戏。

此刻天已尽黑，点点繁星在夜空中逐渐点亮。金真天师煞有介事地观察了一会儿天象，以手指天对潘芷道："南斗主生，北斗主死。潘内史生病，乃是因为受北斗星辰的影响。现在就劳烦潘公子为父向北斗星君祈祷，求以身代。北斗星君感受到潘公子的孝心，就能免去潘内史身上的病气。"

"我？"潘岳现在才知道金真天师要自己前来别有用心。他刚一踌躇，潘芷便不满地重重咳嗽了一声："檀奴，听天师的话！"潘岳无法当众违抗父命，只能无奈点头。

"夜深露重，潘内史还请回屋内休息，这里交给贫道和潘公子就好了。"金真天师恭敬地送走了潘芷，又转身对潘岳笑道，"公子是孝子，自然不会让贫道为难，是吗？"他的语气虽然客气，却已经掩不住志在必得的得意。

潘岳暗暗深吸了一口气,跟着金真天师走到院子中心,对着北斗星君的神主牌位跪了下去。潘家以儒学传家,讲究父子伦常,金真天师正是利用了这一点,让潘岳连反抗的机会都没有,只能忍气吞声,任凭金真天师摆布。

潘岳胸中正自气闷,不妨头顶一松,那金真天师竟然抽出了他头顶的发簪,将他一头长发全部披散下来。

"你要干什么?"潘岳又惊又怒,想要起身理论,金真天师的双手却在他的肩头一按,好脾气地笑道:"潘公子不要紧张。你向北斗星君祈祷,愿意以身代父,总要表达一点诚意。"

"什么诚意?"潘岳反感地拂开金真天师的手,直挺挺地跪在地上冷笑,"天师是要潘岳割股疗亲吗?"

"公子是金身玉体神仙之姿,贫道怎么舍得真的伤到公子?"金真天师柔声笑道,"因此贫道想到了一个权宜之计,只要将公子一缕头发和十指的指甲献给北斗星君,星君就能体会公子的一番拳拳救父之心了。"说完,金真天师向一旁的弟子使了个眼色,弟子立刻取出一把剪刀,双手奉给金真天师。

潘岳藏在袖子中的双手暗暗握成了拳头,却只能任凭金真天师剪下了他的一缕头发。下一刻,金真天师走到潘岳面前,俯身拉住了他的一只手,殷勤笑道:"贫道来为公子剪指甲了,公子千万不可乱动。"

金真天师容貌俊美,笑容更是摄人心魄,然而潘岳却没来由地感到厌恶。他偏过头大力抽回手,却依旧感觉自己的手指如被毒蛇舔舐,恨不得狠狠清洗一遍。"我自己剪。"潘岳毫不掩饰的厌恶让金真天师笑容一僵,却最终将剪刀递给了他。

此时五斗米道的弟子已经在北斗星君的神主牌位前烧起了一个火盆,又抱来了一只肉冠饱满、羽毛鲜亮的大公鸡。金真天师将潘岳的头发和指甲装进一个小小的锦囊之中,系在大公鸡颈下,又对潘岳笑道："这只鸡便是公子的信使。现在烦请潘公子虔心为潘内史写一篇祷文，由贫道施法送到北斗星君的御案之上。潘内史能否痊愈，就全看公子的孝心能否感动北斗星君了。"

潘岳心中一哂，却没有再说什么。他跪在神主牌位前瞑目思索了一会儿，便接过五斗米道弟子送来的笔墨和条幅，对身边一众五斗米道徒道："你们都退开。"

见金真天师仍然站在自己身边不动，潘岳不由蹙眉道："我为父亲撰写祷文，乃是我们父子与北斗星君之间的事，天师不过是传信之人，岂有信差拆看所送书信的道理？"

金真天师被他这么一抢白，一时间竟无话辩驳，只好悻悻道："也罢。只要潘内史病愈，潘公子自会明了本道的神通。"说着他果然走开几步，矜持地背过身去。

潘岳胸有成竹，没多久就在条幅上写下了满满一篇文字。他亲自将条幅卷好，这才让金真天师将它系在了公鸡颈下。

等到一切就绪，金真天师终于挥起了桃木剑，像当日在琅琊台上一般舞动起来。他舞了一阵，提起朱砂笔在黄纸上画了一个复杂又莫名其妙的符咒，盖上自己的玉印，这才用火将符咒焚化成灰，倾倒进早已备好的水碗之中。

接下来，金真天师将混合纸灰的那碗水高高供奉在北斗星君的牌位之前，又命人抓起公鸡绑住双脚双翅，连带嘴巴也用细绳牢牢捆住，投入了熊熊燃烧的火盆之中！

公鸡吃痛，奋力想要挣扎逃离，奈何已经全无反抗之力，甚至连嘶叫都无法发出，只能在火焰中痛苦地滚动着，喉咙中发出一种潘岳从未听到过的痛楚呜咽，仿佛地狱中传出的哀号，声声撕裂着他的耳膜。而周遭的五斗米道徒却处之泰然，很显然对这种活焚祭品的场景早已习以为常。

心头的怨怒忽然被这只无辜公鸡的惨相所点燃，潘岳猛地站起身，一脚踹向火盆。火盆倾倒，公鸡也从火海中滚了出去，潘岳抢过一个五斗米道弟子手中所执的幡旗，几下就将公鸡身上的火焰扑灭。

"你干什么？"金真天师不料潘岳骤然破坏了作法仪式，勃然怒喝，"难道你不管父亲的病了吗？"

"你们这样虐杀生灵，怎么可能消除我父亲的病症，只怕还会给他添加罪孽！"潘岳一把扯下公鸡脖颈下系着的祷文，将烧了一半的祷文扔在金真天师脚下，"你自己看！"

金真天师弯腰捡起半截残纸，依稀看到上面残留的字迹是："朗朗乾坤，妄悖之人，杀生淫祀，歌舞妖孽。食啖百姓，荼毒生灵，死受苦刑，魂魄难安。万劫当还生贱人中，长夜冥冥，不得开度，痛毒困苦，福道无缘……"每看一句，金真天师的脸色就难看一分。终于，他将半截残纸抛在地上，抬头盯住潘岳冷笑道，"潘公子，你究竟是什么意思？"

"这是你们五斗米道尊奉的孙登仙人所写的《明真科经》，天师不会没有读过吧？"潘岳冷笑道，"孙登仙人秉持道家正心，对你们这些打着道家旗号却施行巫术欺世害民的骗子最为痛恨。他这篇经文语义直白，直接指出装神弄鬼欺骗世人的假道人必受地狱苦刑，难道还要我多加解释吗？"

"潘公子的论断下得太早了！"金真天师倒也镇静，指着供奉在北斗星君牌位前的那碗符水道，"一会儿给潘内史服下符水，潘内史的病情必然减轻。那时候潘公子就知道自己错了！"

"是吗？天师居然有如此自信？"潘岳走上前端起那碗符水，在鼻子下闻了闻："天师能否告诉我，这碗水中，除了麻黄、雄黄、朱砂还放了别的什么？据我所知，这几味都是虎狼之药，就算是重病之人，服下之后也会被激发体内残存的元气，表面上似乎病势好转，实则埋下更多的隐患。"见金真天师的脸色骤然铁青，潘岳知道自己打到了毒蛇的七寸,不由庆幸自己受杨容姬影响读了不少医书。他不给金真天师任何狡辩的机会,继续说道,"不过就算病人的病势不轻反重,你们也是不会害怕的。因为你们尽可能推脱说那是家人祝祷之时不够诚心,所以才没有感动北斗星君。金真天师,我说得对吗?"

"你……你到底想要怎样?"金真天师恼羞成怒,"走,我们到潘内史面前去评理!"

"如何向父亲交代,是我父子之间的私事,就不劳天师费心了。"潘岳说完,高声唤了一声"送客!"院外早已布置好的仆役们便应声拥了进来,将五斗米道众人往府外搡去。

"天师,这可怎么办才好?"五斗米道祭酒张林见对方人多势众,忍不住焦急地询问,"要不属下拼死闯到潘内史那里去?"

"不必了!"金真天师知道若真闹到潘芷那里,只怕自己也讨不了好处,索性袍袖一挥,当先就往外走。

"可是,就这么算了吗?"张林不甘心地跺脚。虽然金真天师说潘岳是命中注定助天师登天之人,可现下的情况怎么越来越不对劲呢?

"当然不能算了!"金真天师狠狠地咬紧了牙关。他已经输给了潘岳两次,那么第三次,他不管付出什么代价也要征服他!

关于赶走五斗米道天师的事情,潘芷虽然震怒,但禁不住潘岳入情入理的分析,终究只能叹息一声,就此罢休。从此之后,他也学着当世许多信奉老庄的官员一样,大多数时间只是躲在府中养病,公事一日一日地懈怠了下去。

洛阳太远,琅琊又太寂寞,潘岳闲居无聊,便加倍地思念起了杨容姬。碍于礼法,他与杨容姬无法直接通信,只能借由潘芷与杨容姬的父亲杨肇的书信往来了解对方的近况。此刻他知道杨容姬的母亲病势日渐沉重,大概已经活不过今年冬季,不由得更加忧心忡忡。

如果杨容姬的母亲病逝,按照礼法杨容姬必须守孝三年。那么他们的婚期,又要耽搁很久了。想到这里,潘岳的心情不由又黯淡了几分。

"公子,浴房已经准备好了。"一个声音忽然在门口响了起来。

潘岳蓦然抬头,正看见一个眉清目秀的年轻人朝自己恭敬地笑着。他恍惚了一下终于想起来,这是前几日王裁写信推荐到内史府上任职的小吏,父亲碍于琅琊王氏的面子,便收了下来。

见到潘岳迷惑的模样,那年轻人连忙自我介绍道:"小人名唤孙秀,是王公子见我会写几个字,推荐到公子身边服侍的。"

"你既然识字,做仆役便委屈了你,我去跟父亲说,给你在府衙中安排个差事吧。"潘岳见那孙秀虽然穿着仆役的粗布衣服,气质却颇为灵秀,便起了一点惜才的心思。

"多谢公子好意,不过小人还是愿意近身服侍公子。"孙秀见潘岳皱了皱眉,赶紧又道,"小人自幼最仰慕的便是读书人,听说公子文采非凡,便一心想跟着公子受些熏陶,还望公子垂怜。"说着深深一揖,态度十分诚恳。

"好了,我答应就是。"潘岳没有心思在这种小事上纠缠,便点了点头,"只要你不怕耽搁了自己的前程就好。"

"多谢公子,小人一定会尽心竭力服侍公子的!"见潘岳首肯,孙秀满心欢喜地站起来,"请公子随小人前去沐浴。"

跟着孙秀来到浴房,潘岳见浴桶、澡豆、浴衣等物品全都准备得妥妥帖帖,便对站在一旁的孙秀道:"行了,你出去吧。"

"小人伺候公子宽衣。"孙秀并没有离开的意思,反倒走上一步,伸手想解潘岳的腰带。

"不用。"潘岳后退一步,难得地有些慌乱。然而他见孙秀满脸坦然,想起王家乃是豪门,仆役伺候沐浴应该也是常事,便不好再说什么,只是示意他出去。这一次孙秀没有再坚持,躬身行了个礼,一声不响地带上门离开了。

潘岳闩上门,这才除去衣服步入浴桶之中。桶中的水温恰到好处,还散发着一股淡淡的香味,让人心旷神怡。

虽然外面艳阳高照,但门窗俱都关得严严实实,浴房内光线十分暗淡。潘岳将全身都浸没在温水中,头靠着桶沿,深深地吸了一口气。四周一片昏暗,水波在他的肌肤上微微荡漾。这温热柔软的触感,半明半昧的氛围,让他再度想起了杨容姬,想起了她离开洛阳回归荆州的那一天,他和她躲在司马攸宽大的马车内深情相拥。

潘岳清清楚楚地记得,在那个隔绝了外人窥探和礼法束缚的隐蔽空间内,他的手是怎样抚过杨容姬柔顺的长发、纤秀的脊背,最终牢牢地箍住了她盈盈一握的腰肢。他是那么用力地拥抱着她,仿佛想要将她嵌进自己的身体中去。

那是一种陌生却熟悉的感觉,仿佛一个人在水面漂浮了太久,终于找到了肯接纳自己的土地,让人的心中充满了炽热的狂喜,只想永远与那片土地合二为一,直到天地崩、江水竭。可是现在,他们却不得不再次承受分离,无法预知要等到什么时候才能重逢,好不容易可以在岸上栖息的身心,又一次被孤独地抛进了水中。

似乎是承受不住这汹涌的思念,潘岳闭上了眼睛。只有在梦中,他和她才能抛去躯体,让精魂在一瞬间跨越千山万水的阻隔,相依相偎。

水中的香气混合着水汽氤氲而起,在潘岳的鼻端萦绕,像极了那天在马车中亲吻杨容姬时,她身上散发的芬芳。潘岳轻轻地呻吟了一声,回味着那一刻带给他的悸动和震撼,眼神渐渐迷离,就仿佛有一头小鹿时刻想要冲破他的身体奔腾而出,却始终被他理智的藩篱束缚,不敢为所欲为。

不过现在,只有他一个人,不论再怎么放纵,也不会有人窥见……

当潘岳从浴房内出来的时候,一直守候在门外的孙秀不出意外地发现了潘岳脸上的红晕。那红晕就如同太阳将升未升之际染就的朝霞，只有鬼斧神工的造化之力才能创造出这样的美景，让满园春光顿时黯然失色。

虽然早已预料到少年血气方刚，无法抵挡水中的香气，孙秀的心还是蓦地一跳，随即掩饰一般垂下头去。

按照魏晋时士人的风俗，沐浴之后由于身体和头发都并未干透，不能直接换上日常衣着，便用细软棉布特制了浴后穿着的长衫，称为明衣。此刻潘岳穿着一件白色的明衣，命孙秀搬来一把带靠背的胡床放在庭院正中，随后他便放松地靠在胡床上，借着初夏温暖的阳光晾晒头发。

明衣质地轻薄，被发梢上的水浸湿之后更是如同一层半透明的蝉翼，若隐若现地包裹着衣下的肌肤。这种摆脱束缚的轻快感觉，让潘岳感到十分舒适。他靠坐在胡床上沐浴着灿烂的阳光，慵懒自在地闭上了眼睛。

孙秀站在庭院的角落里，借着身边树木扶疏的阴影掩饰着自己的存在，似乎不敢惊扰了面前图画一般的美景。等了一会儿，见潘岳始终半躺在胡床上闭目不动，任由身边茑萝架上星星一般的落花铺满衣襟，孙秀这才大胆地抬起眼睛。

仿佛一条蛰伏许久的蛇终于可以爬出洞口昂首吐信，孙秀的目光肆无忌惮地黏在潘岳身上，从明净的额头一路滑下，掠过他精致的眉眼，晕红的脸颊，半隐的胸膛，修长的双腿，一直到从木屐里露出的白玉一般的脚趾。一种从未感觉过的躁动从孙秀的体内升起，他艰难地咽了一口唾沫，突然明白了那些在洛水边追逐檀郎、掷果盈车的痴男怨女们的感受。而那些，原本是他万般鄙视的。

孙秀暗暗庆幸多亏自己一意坚持，才借由王裁的推荐进入潘府，又费了诸多心思得以担任潘岳的贴身侍从，否则怎么可能亲眼看到檀郎出浴之后的绝美一幕。

　　而自己这一生，就算最终无法达成心愿，能看到这一幕也算是不曾虚度了吧？

　　孙秀正看得入神，却不妨潘岳猛地睁开了眼睛，正对上了他如痴如醉的目光。孙秀心中一凛，慌忙低下头，生怕潘岳发觉到自己心中的秘密。

　　然而潘岳根本就没有注意到站在角落里的孙秀。他在胡床上坐直身子，目光凝聚着似乎还在思索着什么，忽然开口吩咐："拿纸笔来！"

　　孙秀不敢怠慢，慌忙从屋内搬来一张书案，将笔墨纸砚一一备好。而潘岳似乎早已迫不及待，不等孙秀压好镇纸，便提笔在纸笺上一口气写了下去，就仿佛他刚才酝酿的情感已经全部涌上了喉口，只有全部倾吐出来才能畅快地呼吸。

　　孙秀在一旁看着潘岳笔走龙蛇，很快一行行诗句便出现在洁白的纸笺上：

> 独悲安所慕，人生若朝露。
> 绵邈寄绝域，眷恋想平素。
> 尔情既来追，我心亦还顾。
> 形体隔不达，精爽交中路。
> 不见山下松，隆冬不易故。
> 不见涧边柏，岁寒守一度。
> 无谓希见疏，在远分弥固。

　　一直写完最后一句，潘岳才觉得在心中憋闷许久的思念和爱欲终于得以全部宣泄。他长长地舒了一口气，一转脸却看见孙秀正探着脑袋，盯着自己刚写好的诗句发呆。

"看得懂吗？"潘岳忽然问。

"看得懂。"孙秀使劲点了点头，抬眼却发现潘岳的眼光已经转向了远方，似乎想透过天边的浮云看到什么。

"公子这首诗，是写给某个女子的吧？"见潘岳不作声，孙秀小心翼翼地问。

潘岳似乎被这个问题扯回了思绪，他微笑着点了点头，重新提起笔，在诗句的末尾添上了两行小字："中心藏之，何日忘之。潘岳思杨氏而作。"

"能得公子如此用情，这位杨小姐，想必也是倾城倾国的容貌了？"孙秀仍旧赔笑着，想要从潘岳口中知道更多。

"你不懂的……"潘岳刚摇了摇头。忽然一阵风来，将案上诗笺吹得腾空而起，仿佛一只白鸟向着墙头蹁跹而去。孙秀一声惊呼，跳起身就追了过去。

"追不到就算了，我可以另写一份。"潘岳见孙秀为了追了那诗笺不惜爬上了墙头，只当这侍从心眼太实，忍不住出声劝阻。

"不行，公子的笔墨是宝物，岂能轻易外流？"孙秀说完，身影一晃，已经跳墙出去了。

潘岳无奈地笑了笑，也不管他，只是提笔将方才的诗句重新写了一遍。这首诗是他方才情动之际为杨容姬而写，指望着能附在父亲给杨容姬之父杨肇的书信中，让远在荆州的她能够体会到自己的相思之意。

过了良久，孙秀终于走了回来，却沮丧地说那诗笺被风刮进了河中，再也无法打捞。潘岳并不在意，挥挥手让孙秀下去了。

回到自己的房内，孙秀见四下无人，终于伸手入怀掏出一件物事，却正是潘岳方才所写的诗笺。一口气将诗句再次通读一遍，哪怕孙秀只是外人，也感受到了潘岳字里行间那刻骨铭心的爱恋。

"中心藏之，何日忘之。潘岳思杨氏而作。"孙秀缓缓地念着诗句末尾的两句落款,忽然笑了起来。虽然潘岳隐瞒了那位杨小姐的闺名,但这点信息,已经足够了。

孙秀识文断字,聪明伶俐,很快就成了潘岳身边不可或缺的得力侍从。潘岳偶尔和他谈起诗文,发现孙秀虽然读书不多但领悟力超群,对他不由得渐渐看重。虽然在琅琊没有什么知交好友,但身边多了一个见解不俗的侍从,对潘岳而言也算是种安慰,于是他与孙秀的关系也渐渐亲密起来,既像主仆,又像朋友。

孙秀心思活络,见潘岳日日望着远山发呆。便瞅了个机会对潘岳说:"公子可知道琅琊有一种风俗,叫作'拘梦'的?"

"何谓'拘梦'?"潘岳奇怪地问。

"就是如果思念什么人而无法得见,就把那人的一件东西盛入木匣,请有道行的仙师作法,然后夜晚就能够与那人的灵魂在梦中相会。听说活灵活现,就跟见了真人一样呢。"说到"有道行的仙师"几个字时,孙秀偷偷地瞄了一眼潘岳,果然见他唇角露出了一丝讥嘲:"你所谓的仙师,是五斗米道的吧?"

"五斗米道传到琅琊不过几十年,这'拘梦'的风俗可是自古就流传下来的。"孙秀竭力撇清与五斗米道的关系,继续怂恿,"反正只是一件东西而已,仙师作法之后就会归还的。就算不灵,也没有什么损失。公子要不要试试?"

"就算古已有之,也多半是巫术而已。"潘岳不以为然地摇了摇头,却架不住孙秀再三劝说,只好抱着试一试的心态道,"那你自己去找什么仙师,不许把他们带进府里来。"

"小人知道。"孙秀满脸喜色地跟在潘岳身后打转,"公子只要给小人一个杨小姐身边的物件,小人保证把一切办得妥妥帖帖的。"

"你怎么知道我想梦见谁?"潘岳瞪了他一眼。

"'形体隔不达，精爽交中路。'公子自己说的思念杨小姐，难道不认吗？"孙秀背出一句潘岳写的诗句，涎着脸笑道，"若非公子写出这句来，小人还一时想不起'拘梦'的说法呢。"

潘岳脸上一热，觉得无法再掩饰推脱，便点了点头道："我没有她的随身物件，不过这个可以吗？"说着，从怀中掏出一个精巧的荷包，将里面一束小小的发圈摊在手心中。这是他和杨容姬分别时，用她的几根长发盘绕而成的，从洛阳到琅琊都贴身珍藏。

"可以可以，小人这就拿去找仙师作法。"孙秀说着，伸手就想接过发圈，却发现潘岳的手蓦地一缩。他正担心潘岳改变了主意，潘岳却伸手从发圈中抽出一根长发，其余的又小心翼翼地重新收回了荷包内。

"我见过五斗米道的天师作法，动不动就要焚化符咒，希望这次不要把这根头发也烧了。"潘岳将那根长发珍重地交到孙秀手中，半认真半玩笑道，"若是不灵，以后你再提起什么巫术，我就把你赶出去！"

"不会不灵的。再说小人这么忠心耿耿，公子哪里舍得赶我走？"孙秀故作可怜地眨了眨眼，接过那根长发小心收好，转身出门去了。

潘岳无奈地笑着摇了摇头。虽然厌恶五斗米道，但孙秀的提议诱惑太大，由不得他不动心。

傍晚时分，孙秀终于回来了。他交给潘岳一小包香料，说仙师称这香名为"千里香"，只要晚上睡觉之前焚化，梦中魂魄就能随着香气飘行千里，得以与远方的人相会。

潘岳屋内素来不喜欢薰香，孙秀初来服侍时也曾提起过此事，却被潘岳一口拒绝。不过这一次，潘岳却将那包香料交给了孙秀，让他在府中别处找来香炉，按照"拘梦"之术的要求办理。

那天夜里，不知是否因为不适应薰香的气味，还是心有所想无法安宁，潘岳在床上辗转反侧了许久，直到后半夜才沉沉睡去。

蒙蒙眬眬间，潘岳只觉得一个人步履轻盈地来到了自己床边。他努力想要睁开眼睛,眼皮却如山般沉重,好不容易挣扎着睁开一条缝隙,发现那个人已经坐在了自己身边。在窗外透进的月光下,只见她身姿苗条,长发如水,淡淡的幽香一阵阵袭来,说不出的温柔旖旎。

"阿容?"潘岳惊喜地叫了一声,想要起身却无法动弹,这才醒悟自己是在梦中。努力半天,只从被子里微微抬起一只手,向床边人影伸去。

"檀郎……"床边的人影低低地应了一声,伸手握住了潘岳的手。潘岳只觉得那只手修长柔滑,让他忍不住心中一荡,呢喃道:"阿容,抱抱我……"

杨容姬垂下头,似乎在犹豫。就在潘岳暗暗失望的时候,杨容姬却忽然侧身躺在了他的身边,伸出手臂圈住了他的肩膀。

她的脸背对着窗户,黑暗中什么也看不清楚,只有带着馨香的呼吸幽幽吹拂着他的耳垂。潘岳虽然明知自己是在做梦,但杨容姬薄薄的衣衫下柔滑温热的肌肤却那么真实,让他的脸禁不住热得要烧起来。就算分别那日他们也曾经深情相拥,可那时候她衣裳端严,哪里像现在这样只穿了一件薄如蝉翼的寝衣?可见她的灵魂也是在躯体熟睡之际,穿越千山万水才来到了自己身边。

"檀郎思念我,我也日日思念檀郎。"杨容姬伏在潘岳身边,静静地享受了好一阵甜蜜温馨的亲密气氛,半晌才微笑着说,"多亏了五斗米道的仙师作法,才能令我们梦中相聚。"

那所谓的"拘梦"之术,看来果然灵验……潘岳迷迷糊糊刚想到这里,杨容姬却已经蓦地坐直了身体,让潘岳只觉怀心中俱是一空:"阿容?"

"时辰到了,我得回去了。"杨容姬望了一眼微微透出天光的窗纸,怅然开口。

"怎么这么快?"潘岳大惊,伸手想要挽留她,却只抓了一个空。

"仙师说你之前对五斗米道颇有不敬,所以这次只是小露一下手段,让你见识一下他们的神通。若想夜夜欢聚,除非你与金真天师修好,他自会倾力相助。"杨容姬说完,身影渐渐远去,"檀郎,一定要记住我的话……"

"阿容,阿容!"潘岳拼命想起身拉住她,身体却依旧如同魇住了一般丝毫动弹不得。他徒劳地挣扎了一阵,终于精疲力竭,又昏昏沉沉地睡了过去。

不知又昏睡了多久,潘岳才被一阵敲门声惊醒。他睁开眼睛看到满室炫目阳光,只觉头痛欲裂,勉强对外面应了一声:"进来。"

"小人侍奉公子洗漱。"推门进来的乃是孙秀。他手里端着水盆毛巾,满脸堆笑地走了进来:"公子这一觉睡得真好,这都快午饭时分了,小人忍不住才敲了门,还望公子不要怪罪。"

"我竟然睡了这么久?"潘岳一惊坐起,只觉浑身酸软,倒仿佛这一夜没有入睡,而是在山水间跋涉了许久。

"公子昨晚是不是梦见杨小姐了?"孙秀见四下无人,压低声音问。见潘岳点了点头,孙秀又笑道:"怪不得公子这么疲累。小人听仙师说了,这'拘梦'之术是让两人的灵魂在中途相会。所以公子这一夜,可是往返了从琅琊到荆州的一半路程呢。"

"可惜魂飞千里,相聚不过片刻。"潘岳揉了揉胀痛的额头,怅然叹息了一声。

"没关系,若是公子喜欢,小人再去求仙师作一次法好了。"孙秀偷觑潘岳脸色,见他眼中水汽氤氲、脸上红潮未褪,与平日端正肃穆的神色截然不同,便知他如世人一般食髓知味,巴不得一次次重复这极乐的体验了。

"对了,有一件事我觉得很奇怪。"潘岳忽然正色开口,让孙秀吓了一跳,"仙师作法,必然要收取酬金,昨日为何不曾听你提到?"

"这……"孙秀暗骂自己疏忽,但他反应奇快,当即做出一副为难的样子回答,"这事小人确实一直瞒着公子。因为那个仙师说……说他不收公子的钱,是奉了金真天师的吩咐,希望公子能够领略五斗米道的好意……"

又是金真天师。潘岳接过孙秀递来的毛巾擦了擦脸,感到脑子清醒了些,不由又把梦中杨容姬的话咀嚼了一遍:"这金真天师,果然有些法力。"

听见潘岳难得地称赞了金真天师一句,孙秀的脸上露出了笑容。"公子若是愿意,小人就再去请五斗米道作一次法,让公子再梦见一次杨小姐如何?"

"好。"潘岳点了点头,"若是他们真有这个本事,我就算入了五斗米道又何妨?"

孙秀等的就是这句话,顿时兴高采烈地再次带着杨容姬的长发出门而去。待到晚间回来时,孙秀照例取出一包千里香,放进了潘岳房内的香炉中。

到了半夜,潘岳在睡梦中果然听到了几声低低的呼唤:"檀郎,檀郎我来啦。"他心中一震,慌忙想要睁眼,却发现自己的身体照例绵软无力,只能模模糊糊地看见一个身穿寝衣的苗条身影走到了自己身边。

"阿容。"潘岳应了一声,想要坐起却无能为力,只能朝杨容姬轻轻招了招手,"到我这里来。"

没有了第一次的矜持,杨容姬果真坐在床沿,朝潘岳俯下身来。她先只是像上次一样小心地躺在他的床侧,后来却似乎被看不见的丝线越缠越紧,终于嘤咛一声伏在了他的胸膛上。温香软玉在怀,潘岳虽然是在梦中,也忍不住血脉贲张,连呼吸都急促起来。

杨容姬把脸埋在潘岳的颈侧,过了好一阵柔声道:"檀郎,我终于想明白了,既然我们只是梦中相会,那做什么都是可以的吧?"她在他耳边低声细语,口中呼出的热气一阵阵地撩拨着他的心弦。

感觉到怀中的身体轻轻扭动，潘岳蓦地一僵，下意识地想点头，长年的礼法教养却让他挣扎着吐出两个字："不行……"

杨容姬"哧"的一声笑出声来："就算在梦里，檀郎也如此克制吗？"说着，柔滑的手指如同蝶翼，轻巧地滑进了潘岳的衣领，在他的肌肤上一路燃起了炽烈的火苗。"我都不怕，你怕什么？"她轻轻咬啮着他的嘴唇，灵巧的舌尖撬开他的牙关，让他的呼吸都为之一滞。相比起来，他们在洛水边分别时的那个吻，实在是太轻太浅太儿戏了。

"别闹……"潘岳轻哼了一声，想要伸手制止杨容姬，双臂却绵软无力，根本无法动弹。

"口是心非，其实檀郎是喜欢这样的吧……"杨容姬笑着，双手依然调皮地一路播下火种，从他的领口一路往下，攻城略地，终于让他忍不住猛地一颤，呻吟出声。

"我终于等到了这一天。"杨容姬得逞一般轻轻地笑着，极是娇媚，"你知道吗？从见到你的第一天开始，我就为了你神魂颠倒。为了你，我什么都愿意做……"

情事之时喁喁的耳语原本最是销魂，然而潘岳的心却骤然一缩，只觉得身体中残存的情欲都化为冷汗，从四肢百骸中渗了出来。他暗暗一咬舌尖，终于积蓄出一点力气将手臂探到枕下，口中却漫不经心地笑道："真的吗？我还记得那天你穿了一条鹅黄色的裙子，不知道那裙子现在还在不在？"

"在，当然在……你喜欢的东西，我当然都会留着……"杨容姬娇媚地笑着，蓦地一声惊呼，却是潘岳猛地坐起，一把将她推到了地上！

方才还绵软无力的潘岳，此刻不知哪里来的力气，翻身走下床榻，摸索着抓住了窗前几案上摆放的一只青瓷花瓶。他一手将瓶内的几朵芍药花扯出来扔在地上，一手将花瓶高举倒扣，瓶内的清水便尽数浇在了自己的头上！霎时之间，他原本迷蒙恍惚的眼睛恢复了清明，即使是在黑暗之中,也让人觉察到了他眼中凌厉的愤怒。

"杨容姬"此刻才反应过来潘岳在干什么,惊呼一声,掩面想要夺门而出,却不妨潘岳已经从身后扑来,将她扑倒在地。潘岳虽然身形瘦削,但他个子高挑,又经常练习儒家六艺中的射、御之术,纤细柔弱的"杨容姬"根本无法对抗。下一刻,潘岳已经抽出散乱的腰带,将对方的双臂牢牢地在背后绑了起来。

一直到确认对方再也无法逃走,潘岳这才忍着尚未被冷水冲尽的晕眩站起身来,踉跄着一把推开窗户,将依然袅袅吐着香气的香炉扔了出去。直到把这些事情都做完了,他才颤抖着手指点亮了油灯,冷笑着对俯趴在地上的人道:"我们第一次见面的时候,你穿的可不是鹅黄色的裙子。"

骤然被灯光一照,趴在地上的人惊慌地把头埋了下去,借由披散的长发遮住了面孔。淡黄色的光晕洒在她的身上,将她一身凌乱的白色寝衣也染成了微黄,被衣带绑在背后的纤细手腕徒劳地挣扎着,楚楚可怜。

可是此刻的潘岳却没有半点怜香惜玉之心。他擎着灯盏蹲在那人身边,冷冷地问:"你是谁?"

伏在地上的人没有说话,也没有抬头,安静得仿佛死了一般。潘岳也不强迫她,只在一旁耐心地等待着。寂静之中,只有灯芯轻微的爆裂之声和某种极轻却又极怪异的嗒嗒声。

潘岳低下头,发现地板上已经积出了一小摊暗色的血迹,这才醒悟一般望向自己执灯的手,看到血流正缓缓地沿着灯柄和灯座滑下,最终一滴一滴地打在了地板上。

刚才为了强迫自己清醒,他用藏在枕头下的铁锥刺破了掌心,这才凭借疼痛让被香料熏软的身体奋力一击,得以摆脱了那冒充杨容姬之人的控制。此刻伤口虽然剧痛无比,但他还是庆幸自己对五斗米道早有戒备,这才神不知鬼不觉地在枕下预备了铁锥。

只是他还是低估了自己对迷香和摄心术的抵御能力,所以才有了方才短暂的意乱情迷。一想到这里,潘岳怒气上涌,拢了拢胸前散乱的衣襟,对着面前那个不言不动的背影呵斥了一句:"抬起头来,我倒要看看是谁冒充杨小姐!"

"我是不是杨小姐,真的有那么重要吗?"伏在地上的人忽然笑了,"不要否认,刚才我带给你的欢愉,只怕真的杨小姐也比不上呢。"

听到这个声音,潘岳蓦地一震。先前他被摄心术所控,想当然地把对方当作杨容姬,此刻清醒了才发现,这根本不是杨容姬的声音,而是另一个他熟悉的声音!

心头一个可怕的念头闪过,潘岳一把抓住了那人的头发,将那人的头强行抬了起来。一看之下,他面色大变,手一松灯盏掉在地上,顿时熄灭了。

那个人,赫然便是孙秀!

"哈哈哈哈!"意识到潘岳的失态,地上那人忽然笑了起来,"怎么,刚才我们还两情相悦,现在却觉得我辱没了你?"

"第一次的阿容,也是你。"潘岳深吸了一口气,竭力稳定住自己的情绪,"你们的法术确实很高明。如果不是你说错了话,也许我一直都不会发现。"这确实是实话。如果不是那人情动之际说第一次见到潘岳便为他神魂颠倒,潘岳在昏沉无力之中根本难以分辨对方的真实身份。

只可惜,当初杨容姬对他的拒绝太过刻骨铭心,哪怕他深陷情欲之际也无法忘记。只是这其中的隐情,孙秀又怎么可能知道!

"我说错话?不,我只是说出了自己真正的想法而已!"地上的孙秀一改方才的倨傲,猛地抬头望着潘岳,眼中俱是真挚的狂热,"檀郎,我是真的看重你,否则我为什么不顾属下的劝阻,宁可屈尊在你身边当一个小小的奴仆?我没有别的目的,只是想让你看到我的手段,让你诚心诚意拜在我道门之下而已……只要有你相助，将来我必定会飞黄腾达，让你也得到你想要的一切……"

"你究竟是谁？"潘岳听他说话的语气越来越似曾相识，脑中仿佛一道雷电闪过，顷刻间将前因后果全部照亮，"你是金真天师！"这孙秀的模样，和金真天师确实有几分相像，只是两人的打扮和气质实在有天渊之别，孙秀又刻意添加了一些易容之物，自己才一直没有将他们联系起来。

"不错，我是孙秀，也是金真天师！"孙秀眼中光芒闪烁，声音也渐渐傲岸起来，不再是原先小吏孙秀那种毕恭毕敬的语气，"潘公子，若非你对我早存有戒心，否则永远无法识破我的手段。所以只要你肯将我引荐给齐王，我必定能够为他上祈神佑下揽人心，甚至可以助他夺取……"

"你给我住口！"潘岳蓦地喝止了孙秀，一把揪住衣领将他直扯了起来，"看看你这些肮脏龌龊的手段，装神弄鬼，男扮女装，迷香催情，居然还有脸想见齐王？你满口胡言乱语，谎话连篇，不就是为了借我的手往上爬吗？你说的每一个字，都让我恶心！"

"恶心？"孙秀愣愣地盯住潘岳愤怒羞辱的神色，眼中的热情渐渐变成了嘲讽，"你在我面前何必装什么清高？看你在琅琊台的反应，谁知道你和齐王是什么关系？对了，还有琅琊王，谁知道你们使了什么见不得人的手段，才让你父亲一介庸才当上琅琊内史的高官？"

"原来这才是你真正的心思！"潘岳怒极反笑，也懒得和这个妖人辩驳，只是拖着他走出了房间，来到了外面的小院中。

睡在不远处的几个童仆听到动静，此刻早已聚在了小院门口，探头探脑地往里张望。潘岳一眼瞧见他们，当即将孙秀往地上一扔，随口吩咐道："将他给我绑在树上，再找一根马鞭来！"

"潘岳，你敢！"孙秀大怒，奈何双臂被绑，神情狼狈，再有什么惑人心智的花招也无法使出。

"我有什么不敢？"潘岳只觉得多年来刻意保持的涵养都被这个小人摧毁殆尽，只剩下心中熊熊的怒火在恣意燃烧。他接过仆人递来的马鞭，冷笑道，"大不了你就把今日的事情说出去，旁人只会说我是放荡不羁名士风流，可你就不怕在徒子徒孙面前丢尽脸面？"说着，扬起手狠狠一鞭就抽了下去，"这一鞭，是为了阿容，被你这种妖人冒充，真真是亵渎了她！"

潘岳这一鞭使了全力，孙秀只穿着轻薄寝衣的身上顿时便是一道血痕，疼得他忍不住惨叫出声。然而孙秀却明白，潘岳说得没错，一旦今日的事情泄露出去，一个贵族公子鞭挞童仆无伤大雅，可金真天师的名声却要彻底扫地了。所以潘岳才认准了自己必须硬吃下这个哑巴亏。这个世上，人与人之间就是如此的不公平！

"这一鞭，是为了齐王。齐王天潢贵胄，德行仁厚，岂能容你轻视利用？"潘岳说着，又是一鞭狠狠抽下。

"这一鞭，是为了我自己！"潘岳语声一滞，再说不下去。十九年来他洁身自好，为了躲避司马伦的纠缠不惜僻居琅琊，不料却着了这个妖人的道儿。这样的愤懑，他甚至不敢向家人朋友倾诉，唯有将所有的怒火随着马鞭发泄而出，才不至于愤懑成伤。

三鞭抽完，潘岳将马鞭扔在地上，这才发现自己掌心的伤口再度绽裂，满手都是鲜红。那孙秀原本皮肤保养得如同少女般娇嫩，此刻三鞭抽下去，三条长长的血痕在白衣上鲜艳刺目，痛得他脸色惨白，连嘴唇都咬破了。

"把他解下来扔到大门外面去，永远不许进府一步！"潘岳忽然觉得身心俱疲，转身对着童仆吩咐。

"潘岳，你有种就杀了我！"身后的孙秀忽然大声喊了起来，"否则我一定会回来的，把今日所受之辱千倍万倍地还给你！"

想起孙秀精通改头换面之术，就连声音也能转变得毫无破绽，潘岳不禁一怔。若是此人真若附骨之疽，自己究竟何时才能真正摆脱？

看样子，必须给他一个更深刻的教训。

"来人，到府衙里把烙铁拿来！"潘岳再度吩咐，又在一个仆人耳边低语了几句。

"你要干什么？"孙秀再硬气，此刻也不由有些慌乱起来。

潘岳不回答，任孙秀在无尽的猜测和恐惧中煎熬。虽然号称神通广大的金真天师，但剥去一切伪装，这孙秀依然不过是个卑微荏弱的凡人。

过了一会儿，仆人果然端来了一个燃烧的炭盆，里面一柄烙铁已经隐隐烧成了暗红色。潘岳举起烙铁，在孙秀的面前晃了几晃，灼人的热气让孙秀禁不住惊恐地转开了眼睛。

"你不是还想通过易容再混到我身边来吗？"潘岳冷笑道，"那我就在你脸上烙个印记，就算你的易容术再高明也遮盖不去。"

"你不能这么做！你干脆杀了我好了！"孙秀终于忍不住凄厉地喊出了声，惊恐的泪水滚滚而落。他一向自负美貌，若是真的被毁了容，实在比杀了他还要可怕。

"把他的眼睛蒙上！"潘岳一声令下，果然有仆人取出一块黑布，将孙秀的双眼严严实实地蒙了起来。黑暗加重了恐惧，孙秀死命地挣扎起来，却徒劳地感觉到烙铁的热气距离自己的脸越来越近。

终于，一个东西重重地压到了他的脸上，强烈的刺激让孙秀不顾一切地惨叫出来。他一声接一声地惨叫着，仿佛他的天地已经崩塌，他的人生已经毁灭。他唯有用最大的力气惨叫出来，才能让自己不被灭顶的痛苦埋没。

孙秀不知道自己叫了多久，直到他的嗓子已经嘶哑，才听到周围传来的哄笑之声。蒙住眼睛的黑布被解去，绑住手臂的绳子也松开了，孙秀茫然地睁开眼,看到的是潘岳和其他几个仆人讥笑的表情。

"放心,公子刚才没有烙你的脸。"一个仆人笑着道,"不信,你自己摸摸看!"

孙秀慌忙抬起双手,在自己的脸上用力摸了摸,平整光滑,甚至没有一丝痛感。他不死心地又摸了摸,感到手上有些湿意,抬手一看,却只是清水。

他瞥了一眼那骇人的烙铁,依然照原样放在炭盆之中。可潘岳既然没有真的毁了他的脸,那一瞬间脸上强烈的刺激又是什么?

见孙秀一双余惧未消的眼睛四下张望,那个仆人又"好心"提醒了一句:"是冰块!公子不过是吓吓你罢了,偏你自己吓成那个熊样,连是冷是热都分不出来!"说完,众人又笑了起来。

孙秀眼神一瞥,果然在地上看到了丢弃的冰块,显然是端来炭盆烙铁之时悄悄备下的。想到自己刚才发疯一般的失态,孙秀腿一软几乎要跌倒,却扶着树干勉强站直了身体。

"这只是给你一个教训,下一次我就要用真正的烙铁了!"潘岳冷冷地抛下这句话,转身就走。他对这个妖人是如此憎恶,恨不得把内心中所有潜藏的黑暗情绪都凝聚成一道利箭,远远射进对方身体,让他永远不再出现在自己面前。

"今日之耻,来日必定百倍奉还!"孙秀浑身发抖,牙齿咬得咯咯作响,半晌终于可以说出完整的句子来,"终有一天,我会杀了你!"

"好啊,我等着。"潘岳不以为意地一笑,扬长而去。见识过司马昭的杀气、司马伦的淫威,孙秀这卑鄙妖人的诅咒,对潘岳而言真真不值一提,反倒是对推荐孙秀入府的王裁更感到失望一些。

可是此刻,爱憎分明的少年还不知道,他埋下的这颗仇恨的种子,以后会长成多么可怕的怪兽!而高高在上的玉堂华厦,也最终会在这头怪兽的肆意咆哮中轰然倒塌,将千千万万人压成齑粉。

第 十 四 章

盛　宴

生则荣易，终哀实难。靡不春华，鲜克岁寒。

——潘岳

　　孙秀的出现和消失，并未在潘岳心中留下长久的阴影。泰始二年秋，也就是潘岳父子到达琅琊国九个月之后，潘芘因为病势恶化，不得不辞去琅琊内史之职，带着潘岳离开开阳城，重返洛阳。

　　在离开琅琊的那一刻，潘岳已经将孙秀和五斗米道通通抛在了脑后。对他而言，琅琊不过是一个小小的驿站，而他真正的人生，依然在那座被青灰色城墙包裹起来的洛阳城中。哪怕洛阳城中潜伏的威胁依然存在，他也不得不打点起精神去应付。

　　马车到达洛水的时候，提前收到消息的兄长潘释早已带着家仆在此等候，而齐王司马攸虽然不方便亲自迎接，却专程请来了一位宫中太医，托表兄夏侯湛领来为潘芘把脉开方。

　　宫中太医的医术非琅琊的大夫可比，几服药下去，潘芘的病势渐渐平缓。潘岳也终于可以抽出身来，前往齐王府探看司马攸夫妇和新出生的齐王府二公子。

　　到得司马攸的府邸前，潘岳惊奇地发现大门外排着长长的车驾，豪华的马车、低调的牛车，甚至平民百姓家没有车盖车帷的简陋露车混杂在一起，一幅车水马龙的热闹场面。这样熙熙攘攘的景象，忽然让他联想起当年大将军司马昭的府邸。看来司马攸这个一人之下万人之上的齐王，可不是白当的。

只是这样的繁华景象，不知怎么，让潘岳生出了一股陌生感。他忽然想起来，自己居然不曾准备拜帖。而没有拜帖的访客，一定会被见惯了王侯将相的门房拒之门外的吧。

正踟蹰间，忽听车帘外有人唤道："是安仁到了吗？温裕在此等候多时了。"

听到故人的声音，潘岳赶紧从车中走出，与温裕见礼。此时温裕已经转任了齐王府长史，一见潘岳便笑着道："齐王殿下怕你不习惯门外的阵势，特地要我早早出来接你的。"说着便领潘岳避开闲杂人等，从府内人专用的小门进入齐王府中。

"门外候见的都是些什么人？"潘岳奇怪地问。就算司马攸被允许以骠骑将军的身份参与政事，也不该事务如此繁忙。

"什么人都有。"温裕无奈地耸了耸肩膀，"朝廷里的亲贵大臣、骠骑营里的文书将校、齐国的属官士卒，甚至还有从外地上京来申冤求告的平民百姓。齐王不分贵贱，只要有时间都会亲自接见的。"

潘岳默默地点了点头。他从琅琊回洛阳正好途经司马攸的封地齐国，一路上听闻的都是齐国百姓对司马攸的赞颂。据说齐国上到官员下到士卒，一旦遇上疾病或死丧，司马攸都会命人对他们给予财物抚恤。而治下百姓若是遭遇了天灾，司马攸不仅会免除他们的租税，甚至会提供赊贷和赈济。这样一来，司马攸虽然从未踏足过齐国一步，却已经深深获得了齐国的民心，让他在朝野的声望越发隆盛。

只是这样的声望，就和齐王府门外熙熙攘攘的车驾一样，让潘岳心中发堵。战国时齐国的孟尝君听了门客冯谖的建议，在封地招揽人心留作退路，和如今司马攸的做法颇多类似。只是孟尝君后来终于因为名望太高而遭受了君主的猜忌，不得不仓皇逃到别国。如今司马攸的情况和孟尝君类似，他却又能逃到哪里去？

"安仁，齐王在里面等你。"温裕的话打断了潘岳的沉思。他猛地抬头,才发现自己面前是一座精致的垂花拱门,粉白的女墙上爬满了蔷薇,点缀着尚未完全凋谢的零星花朵——原来,他已经来到了王府内宅。

温裕已经悄悄地退了出去。潘岳伸手推开院门,首先入耳的是一阵细弱的婴儿哭声。

然后他一眼看到站在廊下的司马攸,愣住了。

司马攸的怀中,抱着一个小小的婴儿。

虽然上次离开洛阳时司马攸已经有了长子司马蕤,但他对那孩子并不在意,几乎所有的时间都是交给保姆侍女等人看顾。所以潘岳根本想象不出,和自己一同长大的好友居然也有抱着孩子轻声逗弄的时候。看着司马攸盯着孩子的哭脸一副又是心疼又是宠爱又是无可奈何的表情,潘岳忍不住笑了出来,拱手道:"府外宾客如云,堂堂齐王却躲在这里做孺子牛!"

"檀奴!"司马攸猛一抬头看见潘岳,顿时满脸喜色,"你终于来了,快帮我哄哄山奴,哭了小半个时辰我都不知怎么办才好了!"和过去一样,即使长久不曾相见,两人一见面便撇开了客套,十分自然亲切。

"我可从来没哄过小孩子……"潘岳哭笑不得,没奈何登上石阶,从司马攸怀中接过襁褓,圈在手臂里轻轻摇晃。他见府内仆婢环伺,偏偏司马攸却不肯假手于人,可见对这个孩子有多么珍爱。

说来也怪,那小婴儿先前还皱着眉头张着小嘴咿咿呀呀哭闹不休,被潘岳一抱,却渐渐止住了哭声,睁开黑葡萄一般的眼睛盯着潘岳,忽然咧嘴笑了起来。

"看这模样,真真是又一个小桃符。"潘岳见那婴儿长得与司马攸十分相像,忍不住心生喜爱。

"看来山奴很喜欢你啊。"司马攸见孩子终于停止了哭闹,不由长舒了一口气。

"二公子的乳名叫山奴？"潘岳从未抱过婴儿，此刻只能小心翼翼地继续抱着这个小肉团轻轻摇晃。他记得司马攸写信告诉过自己，这个嫡子的大名叫司马冏，乃是粲然生光的意思。

"嗯，他出生的时候我正好在读你新写的《登虎牢山赋》，就给他取了这个乳名。"说着，司马攸伸出手指轻轻摸了摸孩子的小脸，脸上浮起慈爱的笑容，"正好'山'是半个'岳'字，我们山奴要是以后有潘岳叔叔一半的风度才情就好了。"

潘岳一窘，正要谦虚两句，不妨屋内一个声音道："廊下有风，别把山奴吹坏了！"

"好，我这就抱他进来！"司马攸答应了一声，赶紧从潘岳手中接过婴儿，又苦笑着对潘岳眨了眨眼。

潘岳微微一怔。他听得出来，屋内说话之人正是齐王妃贾荃。只是贾荃的语气，并没有初为人母的喜悦，反倒带着积蓄已久的恼怒和急躁。

想起刚才司马攸给自己的暗示，潘岳定了定心神，跟着司马攸走进屋内。却见贾荃正慵懒颓然地半靠在榻上，司马攸则侧坐在她身旁，将孩子递到她怀中。

"见过齐王、齐王妃。"潘岳想起刚才一直没有机会对司马攸行礼，生怕落人口实，此刻赶紧躬身下拜。还不等司马攸开口，贾荃已经将孩子递了一旁的乳母，对屋内的奴婢们吩咐："你们都退下。"

"檀奴坐下，我们好好说说话。"见屋内再没有闲杂人等，连山奴都被乳母抱去了别处，贾荃这才坐直了身子，让潘岳到近前落座。司马攸没有阻止她，只是默默地握住了贾荃的手。

潘岳垂下眼帘，眼前却是贾荃蜡黄憔悴的脸。他听夏侯湛提过，贾荃的儿子是早产，所以孩子生下来就很羸弱，贾荃也在生产时吃了不少苦头，至今还未完全调理好。而导致贾荃动了胎气的原因，则是因为亲生母亲李婉遇赦回京后,父亲贾充一直不顾贾荃和司马攸的苦苦规劝,坚决不肯前去与李夫人一见,更不用说与她共续夫妻之情了。面对父亲的冷酷和母亲的哀愁,贾荃不顾孕体两处奔波,终于在悲伤疲惫之下早产,几乎丢了性命。

联想到这些,潘岳顿时理解了贾荃如今略带烦躁的口气和态度。而看司马攸的反应,显然对贾荃的变化早已习惯了。

"檀奴这次回京,琅琊王可来纠缠过你?"三个人的沉默中,贾荃一开口竟是这个话题,完全出乎潘岳的意料。

"嗯,琅琊王派人来邀请过我几次,但我要照顾父亲的病体,所以都推辞了。"潘岳暗暗叹了一口气。为了父亲的病他们不得不回到洛阳,而一回洛阳,司马伦顿时成了一块阴云,牢牢地笼罩在他的头上,如疽附骨,无法摆脱。

"你还记不记得,你上次走的时候我答应过你,一定能彻底解决琅琊王的事?"贾荃又问。

"记得。"潘岳点了点头,心中却不以为然。琅琊王司马伦贵为当今皇帝的叔父,也是司马攸和贾荃的叔父。贾荃论身份论能力,都无法动到司马伦一丝一毫,所以他从未将贾荃的承诺当过真。

"那我现在告诉你,我可以兑现承诺了。"贾荃一笑,没有理会司马攸惊讶的眼神,只是盯着潘岳道,"不过,我也要你帮我一个忙。"

"齐王妃请说。"潘岳点了点头。一别大半年,尽管他还可以像以前那样私下称呼司马攸为"桃符",可他却无法再开口称呼贾荃为"荃姐姐"了。做了母亲之后,贾荃变了很多,不过寥寥几句话,却已让潘岳觉得陌生起来。

"我母亲的事情,你应该也听说了。"贾荃丝毫没有隐讳自己的家事,实际上,新朝炙手可热的权贵贾家这件事早已在整个洛阳传得沸沸扬扬了。"我父母乃是少年时的结发夫妻,伉俪情深。若非遭遇大变,怎会违心离异？如今我母亲好不容易从流放地回到洛阳，父亲却狠下心肠拒不相见，你说这是什么原因？"

"这……"潘岳踌躇未答。这几天他也听家人议论过此事，却不方便在贾荃面前开口。

"你也不用不好意思，所有人都知道为什么。"贾荃冷笑了一声，"说来说去，还不都是因为我父亲的后妻郭氏？郭夫人的妒性，只怕全天下也无人出其右吧！"

潘岳默默点了点头，瞥见司马攸也是一脸的无奈。自李婉夫人被流放之后，城阳太守郭配便赶紧将女儿郭槐嫁给贾充为妻，生下了贾南风和贾午两个女儿。传说这位郭槐夫人嫉妒异常，她曾经先后为贾充生下了两个儿子，却每次都因为不满贾充与乳母亲近而将乳母活活鞭打致死，两个小儿也因为思念乳母患病而死，导致贾充断绝了后嗣。这次听说李婉回来，郭槐更是大怒，捶床大骂贾充。所以所有人都说贾充对李婉夫人如此绝情，都是因为惧怕郭槐的缘故。

"那郭夫人最开始仗着自己年轻，而我母亲在流放地又吃了十二年的苦，便专程找到我母亲所居的别院，想要当面羞辱她。可谁知才一见面，她就被我母亲的容貌气质所震慑，情不自禁地跪下请安，口称'姐姐'，真真是滑稽至极。"贾荃说到这里，情不自禁地笑出声来。一旁的司马攸却适时地取过一块手帕，为她拭去了眼中滚落的泪水，小声劝道："你身子还没养好，今天先不说这些了好不好？"

"不，我一定要说完！你付出那么大的代价请天子赦回了我母亲，可不是为了让她回来继续过孤苦无依的生活！"贾荃深深吸了几口气，平复下激动的情绪，继续对潘岳道："那郭槐见过我母亲之后，自惭形秽，就千方百计找人盯住我父亲的行踪，阻挠他前去与我母亲见面。有她和她两个女儿盯梢，我甚至也无法安排父母见上一面。为此我母亲心神俱损，我也寝食难安……"

"我明白齐王妃的意思了。"潘岳看着贾荃悲愤难平的表情,揣测道,"王妃想让我设法让令尊令堂和好?"

"是。"贾荃重重点头,"我也知道难为了你。可是这几个月来我已经试过了一切可能的方法,也求助了所有能求助的人,却始终无法如愿。如今我正好能够以解决琅琊王问题为条件来挟制你,少不得要逼一逼你这个大才子了。"

"王妃言重了。"潘岳见贾荃毫不隐讳地说出心中的打算,不由苦笑了一下,"此事不易,容我仔细考虑一下。"

"你也不要有太大压力。这些天来,她对谁都是这样。"送潘岳离开时,司马攸悄悄地劝慰道。看得出来,面对贾荃与贾充同样的固执,他身为齐王也无能为力,而更多的,却是对妻子的疼惜和无奈。

"这件事,倒让我想起了当年陈皇后失宠于汉武帝,遂找司马相如千金买赋的故事……"潘岳慨叹了一声,忽然眼前一亮,转头问司马攸,"山奴下个月就满百日了吧?"

齐王府的二公子司马冏虽然只是次子,但他是正妃贾荃所生,如无意外必定会成为齐王世子,因此他的百日宴也格外热闹。宴会那天,琅琊王司马伦早早就来到了齐王府。虽然辈分上是二公子的叔祖,二十出头的司马伦对看小孩却没有什么兴趣,他兴冲冲地赶来,自然是别有所图。

这一日宾客如云,司马攸应接不暇,寒暄两句之后,司马伦便笑眯眯地说:"桃符你忙你的,我四处走走,不用管我。"而司马攸无暇多顾,便点了点头回应了一声"九叔请自便",随即被温裕等人引到大门口迎接客人去了。

司马伦得了司马攸的首肯,果然毫不客气地在齐王府中转悠起来。他先是在宾客区转了一圈,又佯装欣赏墙上的字画,一路沿着游廊走向了内宅。偶尔撞见齐王府中的奴婢，个个都来去匆匆，也无人管他，司马伦乐得把齐王府里里外外转了个遍，心中暗叹皇帝虽然以前与司马攸有过夺嫡之争，即位之后对这个嫡亲弟弟倒是不薄，同是王府，这齐王府可比自己的琅琊王府气派多了。

虽然自恃齐王叔父的身份，司马伦到底不敢闯进司马攸妻妾所居的内院中去，绕了一圈便在花园里假装赏花，一双眼睛仍旧对着外院往来人等东顾西盼。

抻长脖子等了半天，终于皇天不负苦心人，司马伦猛地眼神一亮，仿佛一头在树丛里隐蔽了许久的野猪，兴高采烈地朝着前方的猎物奔去："檀郎，檀郎你来啦！我等你等得好辛苦啊……"

听到司马伦的声音，正迈步走进花园的潘岳蓦地停住了脚步。而正亲亲热热贴上去的司马伦眼神一扫，也大吃了一惊，站在原地有些转不过弯儿来了。

潘岳的手中，牵着一个三岁左右的小男孩。那小男孩皮肤白皙，鼻梁高挺，一双大眼睛上睫毛既长且翘，虽然年纪幼小，容貌却十分出众。

"檀郎，这是……"司马伦疑惑地看了一眼小男孩，心道潘岳不过离开了大半年，哪里冒出这么大的儿子来。待到他反应过来这小男孩是谁时，潘岳已经敷衍地朝他拱了拱手，拉着小男孩往内宅的院门走去。

"大公子，到这里可找得到路了吗？"潘岳不敢擅自进入齐王府内宅，只在门口弯下腰问小男孩。

"我叫海奴。"小男孩紧紧拉着潘岳的手，怯生生地望着前方的高门，不确定自己是否能找到回房间的路。

"原来这就是桃符的大儿子啊，大名叫作……叫作司马蕤来着？"司马伦此刻已经觍着脸走上来，笑呵呵地搭讪，"听说他母亲是个胡人。这孩子白肤高鼻，看上去果然像个胡奴……"

"齐王府的大公子是司马家子孙，天潢贵胄。我倒是觉得他不仅酷肖齐王，与琅琊王也有几分相像呢。"潘岳见司马伦提到"胡奴"二字，那小男孩司马蕤立刻满眼委屈，忍不住顶撞了司马伦一句。

"那是那是，说起来我也是他的叔祖嘛……"司马伦尴尬地笑了笑，蹲下身作势去揽司马蕤的肩膀，"来，叫声'叔祖'听听？"

然而小男孩却蓦地挣脱了司马伦，撒腿往前跑了几步，大声哭了起来："娘，娘……"

司马伦悻悻地站起身，却发现内宅的大门后不知何时出现了几个女子。为首的一个女子白皙丰满、一身华服，正搂着司马蕤低声斥责："叫你别到前院乱跑，你偏不听，可把娘给急死了！"

"是那个神仙一样的叔叔送我回来的。"司马蕤转头去看潘岳，才发现潘岳不知什么时候已经离开，只有司马伦仍旧呆站在那里。

"多谢把海奴送回。妾身乃齐王侧妃，这厢有礼了。"那华服女子看到司马伦，不禁怔了怔，随即掩饰地低下头略福了福，拉着儿子转身朝内宅走去。可是三岁的司马蕤显然不肯跟母亲回房，扭动着小身子抗议："娘，我不要回去。前面好热闹，好多人给弟弟送礼物，我也想要礼物……"

"再热闹也不是我们的。"华服女子呵斥了司马蕤一句，见小男孩不听，便放开他的手，命一个仆妇用力将他抱了起来。司马蕤委屈地大哭，手足乱挥，却终是敌不过大人的束缚，被强行抱着往寂静的内宅走去。

"原来，你就是桃符酒后纳的那个胡姬啊。"司马伦摸了摸鼻子，有些无措地回应了一句。

华服女子寥落的背影僵硬了一瞬，不着痕迹地继续走开了。而她脸上的恨意，也恍如风中的柳絮，一眨眼便不见了踪影。

司马伦愣了愣，随即想到自己来齐王府的目的，立刻把胡姬和司马颖抛到了九霄云外。他一拍脑袋拔腿去追潘岳，所幸潘岳走得不算快，还没出花园就被司马伦追上了。

"檀郎，长久不见，怎么不叙叙旧就走呢？我可是一直盼着听你讲讲琅琊的风土人情呢。说起来，琅琊是我的封地，你父亲也是为了帮我管理子民才累病的，我心里一直过意不去……"司马伦堵住了潘岳的去路，笑眯眯的找话题搭讪。

琅琊的风土人情？潘岳听着他没话找话，却猛地联想起五斗米道和孙秀，顿时觉得司马伦的一张笑脸越发可恶起来。他随口敷衍了两句，心中却有些焦躁——齐王妃贾荃答应这个时候出来帮他解围的，却怎么一直不曾出现？若非有贾荃一劳永逸的保证，他才不会以身作饵，独自跑到这僻静的花园里来。

"对了对了，我知道你现在最关心的是你父亲的病。这个没问题，都包在我身上了！"司马伦仿佛没有看出潘岳的不耐，大剌剌地拍着胸脯，"我最近新结识了太医令，改天你来我府上，我给你们引见引见。我们这么久的交情了，你也不用跟我客气不是……"一边说，一边去拉潘岳的手。

"多谢琅琊王的……好意！"潘岳见司马伦说着说着就欺上身来，不由涨红了脸左右躲闪，眼睛却不住瞄向花树繁茂的花园深处，指望贾荃赶紧现身。

"不谢不谢。只要檀郎肯把我当朋友，我做什么都心甘情愿……"司马伦终于把潘岳逼到了墙角，粗重的呼吸几乎都喷到了他的脸上。

潘岳的手暗暗握成了拳头，若非顾忌司马伦的尊贵身份，他真想一拳打在他令人作呕的笑脸上。然而还不等他动手，果然有一个拳头从天而降，砸在了司马伦的脸上，将他猛地掀了开去，令他一屁股坐在地上。

"谁敢打本王？"司马伦从小深受司马懿宠爱，长大后又一直仗着长辈的身份，就连当今天子司马炎见了他也十分客气。当即被打得蒙了，捂着半边脸大叫，"谁敢打我？"

"我敢打你！"一个人蓦地挡在了司马伦与潘岳中间，好整以暇地捋着袖子，似乎只要司马伦不服，他就准备再给他一拳。

"你……"司马伦还要发狠，却一瞬间看清了面前的人，顿时一骨碌爬起身来，情不自禁地后退了一步，"三……三哥？"

潘岳原本不认识来人，只看得出他五十来岁的年纪，颔下一副胡须隐有花白之色，虽然已经不再年轻，身材却依旧壮健。此刻听司马伦叫他"三哥"，又结合到来人一袭华贵的锦袍金冠，潘岳立刻明白了来人的身份，也明白了司马伦忌惮他的原因。

这个年过半百的男人，正是司马懿第三子，平原王司马干。然而比平原王和三哥的身份更令司马伦害怕的是，这位司马师和司马昭的嫡亲三弟，是一个疯子。

司马伦就算敢与三哥叫板，也不敢和一个疯子较真儿。

"下次你再欺负我的美人，信不信我揍得你满地找牙？"司马干冲司马伦挥了挥拳头，忽然一把抓住了潘岳的胳膊，"美人，我们走！"

难道，这就是贾荃所谓帮自己解决司马伦的办法？潘岳哭笑不得，却不敢违抗这位年长位尊的疯子王爷，只好被他一路拽着往举办宴会的前殿走去。

"这疯子是哪里蹿出来的？"司马伦看着两人远去的背影，恨恨地跺着脚，却不敢再追上去。于明于暗，他都不是那个疯子三哥的对手。只是三哥司马干平日都在平原王府内闭门不出，这次却是发了什么疯，为了个毛头小孩子的百日宴跑出来见人了？

"哟，那不是九叔琅琊王吗？"忽然一阵笑声传来，伴随着环佩叮当之声，"侄媳给九叔见礼了。"

"我当是谁,原来是齐王妃。"司马伦转头见来者正是一身盛装打扮的贾荃,不由打了个哈哈。

"九叔到我齐王府的内宅来,可是要寻什么人吗？"贾荃的身后簇拥着一大群内侍和奴婢,俨然一副女主人的派头。

"没有,没有,本王只是随便转转。"司马伦干笑了两声。擅闯别人家的后花园,还被女主人抓了个正着,就算司马伦脸皮再厚也有些讪讪。

"真的只是随便转转？"贾荃笑盈盈地道,"刚才我恰好瞥见潘岳潘公子在这里转了一圈,怎么一下子又没影儿了？"

"齐王妃就不要打趣我了,我那点心思,怕是全洛阳人都知道。"司马伦被戳穿了心思,索性一不做二不休,坦然承认。虽然一向与司马攸貌合神离,但贾荃这个齐王妃却八面玲珑,礼数周全,让一向不受司马家人待见的司马伦颇有好感。

"看样子,九叔又失望了吧？"贾荃走上一步,忽然低低地道,"妾身奉劝九叔一句,想要结交潘岳,只怕现在不是时候。"

"这个不用你们管！"司马伦被踩到痛脚,顿时面红耳赤。

"九叔息怒。"贾荃似乎并不想和司马伦深谈,只是略带怜悯地叹了口气,"九叔是热心人,却不懂得旁人的心。听说如今潘岳的父亲潘芘病重,潘岳又是个孝子,怎么还有心思去想别的？潘芘一旦有个闪失,潘岳就要守孝三年,更是不可能接受九叔的好意了。"

"我知道他担心他父亲的病,这不专程要把太医令介绍给他吗？"司马伦颇有些委屈。若非刚才横插过来一个平原王司马干,只怕潘岳现在已经答应了自己的邀请。

"太医我们倒是也请去过几个,结论都是一样。"贾荃叹道,"潘芘的病是气血两亏造成的,如今天气一天冷似一天,只怕到了冬天就很难熬过去了。太医说白狐裘最是保暖护体。可天下白狐那么稀少,别说潘家,就连我们齐王府也挑不出一件来,所以啊……"她摇了摇头,不再多说什么,只敛衽告辞而去。

"白狐裘?"司马伦挑了挑眉毛,若有所思地愣在了原地。

与此同时,平原王司马干也将潘岳拉到了前殿,却不肯入席,只躲在帷幕之后偷窥殿内的情形,似乎觉得这样颇为有趣。

潘岳看他一会儿把左眼凑到帷幕的缝隙间,一会儿又换成右眼,满脸津津有味的神情,不由感叹这位疯王爷行事与常人不同,瞅了个空子就想告辞离开。

"美人,不许走!"司马干的脑后似乎长了眼睛,潘岳刚一动,他铁钳一般的手就牢牢攥住了潘岳的胳膊。潘岳用力扯了一下却未能挣脱,不由沉下脸道:"请王爷放尊重些!"

"叫你美人是不尊重,叫你才子就是尊重了吗?"司马干转回头来,一双司马家特有的狭长眼睛精光四射,让人分不清他此刻是疯癫还是清醒,"美人固然是天生了一副好皮囊,才子不也是靠天生一副读书脑瓜吗?美人固然多薄命,才子死于非命的难道又少了?谁又比谁高贵些?"

潘岳一愣。司马干说的虽然是歪理,但仅凭这几句话,谁又敢说这位闭门不出不问政事的平原王真的疯了?

"来来来,我教你日后在朝堂的存身之道。"司马干将潘岳拉到帷幕间那道缝隙前,"你先看看,外面这些来宾有什么讲究?"

潘岳心中一动,果然听从司马干的指引,悄悄从帷幕后望向了前殿。由于司马攸贵为天子胞弟,而齐王妃贾荃又是权臣贾充之女,这次二公子司马冏的百日宴可谓宾客如云,宗室贵戚、满朝公卿几乎来了个遍。这烈火烹油一般的富贵,昭示着司马攸在朝堂中的地位是何等显赫。

马上就要到了开宴的时辰,各位贵宾有的已经落座,有的则三三两两聚在一起寒暄谈笑。殿内人头攒动,气氛和谐,然而却仿佛有一道无形的鸿沟将各位王公大臣划成了两派,他们各踞了宴席的一侧,对自己人言笑晏晏,对其他人虚与委蛇。虽然表面上其乐融融,落在明眼人心目中,却仿佛两军对阵一般泾渭分明。待到看出了这个秘密,潘岳不禁心中一紧——晋朝不过刚刚开国,但从曹魏时流传下来的党争,竟愈演愈烈了吗?

"年轻人没进过朝堂,那些人你都不认识吧?"司马干得意地笑了笑,隔着帷幕指点着前殿中穿紫着朱的各路公卿:"站在西首的这一群,可以称作名士派,为首的有庾纯、裴楷、王济等人。他们出身世家,自命名士,崇尚清谈,将齐王引为同道中人。站在东首的那一群,以司空贾充为首,得力的还有冯紞、荀勖、杨珧等人,号称礼法派,最得当今天子器重,所以仕途通达,一路高升。美人,若是你以后也出仕为官,你会选择站在哪个位置?"

潘岳沉默了一下,虽然没有正面回答,但他自忖与司马攸是莫逆之交,自然而然会选择名士派。何况礼法派的冯紞、荀勖等人当年支持大公子司马炎夺嫡,自己为嵇康挨的那场家法多半也是拜他们所赐,他怎么可能转而投到他们的阵营里去?

他没有作答,司马干也显然并不期待他的回答。须发花白的老王爷只是扯着帷幔,旁若无人地笑道:"照我看来,两派都是混账!名士派是伪君子,满口空话,把做官当隐逸,把国家大事当儿戏;礼法派是真小人,一肚子坏水,只知道迎合皇帝的心意,为达目的不择手段——这大晋的江山,迟早会坏在这些家伙手里!"

"所以,你这样的美人加才子,何苦与他们搅和在一起?"司马干摇头叹息了一声,猛地一把将面前的帐幔扯开,大踏步地走了出去!

司马干乃是司马懿与正妻张春华所生,景皇帝司马师和文皇帝司马昭的嫡亲三弟,身份地位无与伦比,虽然负有疯癫之名,上到皇帝下到百官都不敢得罪。此番他大剌剌扯开帐幔现身,殿中参与宴会的宗室公卿先是一愣,继而争先恐后地来向这位平原王行礼问安,就连主人司马攸也赶紧亲手将二公子司马囧抱到了司马干面前,以便这位司马家的老人能够看个仔细。

按照常理,司马干作为二公子的叔祖,应该给孩子送上一件礼物,再说上几句吉利讨喜的话。虽然司马干行事常常不合常理,但这个规矩似乎也明白,当下从袖子里取出一件物事,亲手挂在了二公子的脖子上。

围观众人瞪大了眼睛,想要看堂堂平原王给侄孙送上什么礼物,一看之下却面面相觑——司马干给二公子挂上的,不过是一枚用绳子串好的铜钱。

一枚市面上价值最低、只能买上半包炒黄豆的铜钱!

传说这位平原王家中钱财布帛堆积如山,甚至因为露天堆放而层层腐烂,加上一万一千三百户的封国租税,简直是富可敌国。可他给自己的侄孙送出的礼物,却只是如此寒碜的一枚铜钱!这其中,到底预示了什么?

"外圆内方,正是君子之风。"就在一片尴尬之际,还是司马攸率先笑了起来,"桃符代山奴谢过三叔!"

"什么君子,我不过是指望他一辈子都有花钱的福气罢了。"司马干毫不客气地堵回了司马攸的话,又低头瞅了瞅小婴儿酷似司马攸的脸,忽而对司马攸道,"旁人都说愿这孩子长大后当个聪明人,我却偏偏希望他以后既傻且愚,这样才能无病无灾长命百岁,否则盛极而衰,只怕连多花一个铜钱的福气都没有呢!"说完,也不看众人一眼,拂袖而去。

被司马干这么一闹,众宾客皆哗然,继而摇头叹息平原王果然是疯了,纷纷劝慰司马攸不要将他的疯话往心里去。而潘岳站在帷幕后细细品味着司马干所说的一切,忽然觉得那位疯子王爷的话中,藏着对司马攸某种不可言明的暗示。司马攸似乎也听懂了司马干的弦外之音,那枚寒酸的铜钱始终挂在二公子的脖子上,一直没有取下来。

"马上就要开宴了。"忽然一个声音在潘岳耳边响起,他转头一看,正是盛装打扮的贾荃领着一众侍女从自己身边路过。

"都办妥当了。"潘岳低头行礼,轻声答了一声。

"你的事,也已经办妥当了。"贾荃面上浮起一个笑容,头也不回地向用纱帘隔开的女宾座席走去。

由于前殿空间有限,只有收到邀请的皇室宗亲和朝廷重臣才有资格拥有一席之地。潘岳无官无职,只能躲在帷幕后,透过缝隙观察殿中的情形。而他的视线,更多地落在坐在东首上座之中的一位中年官员身上。

那个身穿紫袍、神色冷凝的官员,正是贾荃的父亲,司空贾充。

因为曾经命人杀死了征讨司马昭的魏国天子曹髦,贾充在世人心目中乃是大逆不道的奸佞,只是由于司马氏对贾充极为倚重,所有人都敢怒而不敢言罢了。而此刻潘岳之所以对他多加留意,则是因为今天这场百日宴的主角,其实不是二公子司马冏,而是贾充。

待到诸位贵客全部就座,身穿罗衫的侍女们便流水一般走上殿来,为宾主布菜斟酒。司马攸一向不喜豪奢,虽然难得举行一次宴会,菜色也十分简单。每位客人的食案上不过是一碟膏煎紫菜,一碟蜜姜,一份脯腊干肉,一碗瓜羹和一盘羌煮而已。其中"羌煮"乃是仿照羌人的做法将鹿肉煮熟之后切成块,再配上多种调料调制的蘸汁,算是这次宴席上的主菜了。

酒过三巡,客人们对二公子的吉利话也说得差不多了,司马攸挥了挥手,命乳母将困倦的新生儿抱回房安睡,这才笑着对众人道:"小王虽然木讷无趣,所幸府内还有几个俳优,新排的节目也算新颖,不知诸公是否有兴趣一观?"

他这么一提议,宾客们顿时叫好。自汉朝以来,贵族与富豪之家豢养俳优之风盛行不衰。那些优伶往往随侍在主人左右,或击鼓歌唱,或插科打诨,或表演滑稽剧目,令主人和宾客开怀大笑。司马攸一向以儒家圣贤自律,不好声色,众人无不好奇齐王府的俳优究竟是什么模样。

一会儿工夫,三个优伶已经鱼贯而入,向齐王和各位宾客叩头行礼。他们一共是两男一女,并未如一般优伶那样身穿花衣阔裤,而是按照晋朝普通士子和仕女的装扮,看上去清新文雅,毫无滑稽戏谑的感觉。

行完礼之后,一个男优走到侧面立定,立时有两个小童端了一扇半透明的纱橱屏风隔挡在他面前。而剩下的一男一女则留在大殿正中静立不动,仿佛没有生命的偶人在等待某种命令。

在座的宾客们猜不透其中名堂,却俱被勾起了好奇心,一时间殿内所有人都屏息凝神,目不转睛地等待着下一刻的变化。方才还言笑盈盈的大殿顷刻间安静下来,只剩下殿中侍女们所持的描金红烛发出轻微的噼啪之声。

万籁俱寂之中,忽然一声弦颤,却是箜篌弹奏之声。而那女优的动作也随之而变,仿佛怀中真的抱住了一个箜篌,十指翻飞,在无形的琴弦上弹奏出了行云流水一般的乐曲。

此刻来宾们都已看出,那女优不过是摆出了一个弹奏箜篌的动作,真正的乐声,却正是从那扇屏风后的俳优口中发出。只是那箜篌声模仿得如此惟妙惟肖,与女优的动作配合得更是相得益彰,让众人都忍不住暗暗喝了一声彩。

那箜篌声先是低缓,继而渐渐高昂。忽然只听一声长啸,伴随着宝剑呛然之声,却是站在女优身边的男优做出了一个拔剑出鞘的姿势,随着箜篌的节奏舞动起来。他手中空空，姿势却凌厉而逼真，仿佛真有一柄无形之剑握在手中。这啸声与剑刃破空之声依然是从屏风后的优伶口中发出，只是他居然可以将这些声音与箜篌乐声同时发出，更加令人称奇。

过了一会儿，箜篌声与剑刃破空声渐渐消失，换作了林间树木摇曳之声、溪水潺潺之声与鸟雀鸣叫之声。而场上的男优女优，则已假装摆出棋枰，凌空对弈。随着他们手指提点，棋子落枰之声清晰可闻，而后男子欢笑之声、女子悔棋娇嗔之声层叠响起，最终以女子故意拂乱棋盘要求另开一局而终结。虽然屏风后的优伶口技惊人，但此刻宾客们的注意力已渐渐落在了这对男女优伶身上。只觉得他们虽然只是下棋，举手投足甚至每一个眼神都是浓情蜜意，显然扮演的正是一对琴瑟和谐的少年夫妻。

正当所有人为这对小夫妻的伉俪之情点头微笑之际，忽然一道霹雳声响，惊得女优手一抖，将想象中盛满棋子的棋罐掉落在地，摔得粉碎，而罐中的围棋子也如雨打芭蕉般纷纷砸落在地。此后，屏风后伶人的口中再也没有刚才温情脉脉的流水鸟啼之声，满场之中只有风雨大作，人喊马嘶之声、铁链撞击之声、胥吏拍门之声、妇孺号哭之声交织在一起，让人心惊胆战。而女优也挣脱了男优紧握着她的手，匆匆跑到了表演场的另一端，以袖掩面，哀哀哭泣。

见妻子离开，男优想要追上，却似乎被什么东西无形地阻挡，只能在远处徘徊。他满目哀怜，开口欲唤，声音却照例从屏风后伶人口中传了出来："室中是阿谁？叹息声正悲。"

那女优闻声抬起头，却仍旧不敢看向男优，佯装答道："叹息亦何为？但恐大义亏。"

男优便又道："大义同胶漆，匪石心不移。"

女优答："人谁不虑终，日月有合离。"

男优道："我心子所达，子心我所知。"

女优答："若能不食言，与君同所宜。"

言毕，两人隔空相望。屏风后却转作风雪咆哮之声，两个人便身不由己地渐渐退后，距离越来越远，最终各自退入了大殿两侧的帷幕之后。

殿上一片沉寂，所有的宾客似乎都在等待男女优再次上台重逢，好给这个节目一个例行的幸福结尾。然而非但男女优自此不见踪影，两个小童也走上来搬走了屏风，好让屏风后表演口技的优伶给诸位贵客行礼。这样戛然而止的表演，一时让所有人大出意外，冷场了一阵方才纷纷击节叫好。

名士派中的中书令庾纯，一向是司空贾充的老对头。方才俳优表演之时旁人专心观看，他却按照老习惯只偷偷盯着贾充，早就发现贾充虽然端坐在食案前不动，面上表情却隐隐发青，下颌上的胡须也轻轻抖动，不由故意高声笑道："这表演果然精妙，特别是最后那几句联句，缠绵悱恻，催人泪下。是不是啊贾司空？"见贾充不答，庾纯又佯装好奇，继续问道，"却不知这对被拆散的夫妻，后事如何？"

在座的众人都浸淫官场多年，自然明白齐王府故意排演这样的剧目绝对是暗有所指，无论名士派还是礼法派，心中都暗暗有了猜测。

"这对夫妻能否团聚，还要请诸公做主。"齐王司马攸早在演到一半时借故离席而去，此刻回答庾纯的，乃是一直端坐在纱帘之后的齐王妃贾荃。

说完这句话，贾荃已经站起身，掀开帘子走了出来。她的眼睛直盯着坐在上座的父亲贾充，忽然屈膝一跪，哽咽着道："'大义同胶漆，匪石心不移。'这是父亲当日亲口所言。请父亲看在十年的夫妻情分上，接母亲回家！"

此言一出，众人恍然大悟。原来方才俳优演绎的，正是贾充与结发妻子李婉的悲欢离合故事,而借男优女优之口所吟的诗句,也正是李婉被流放之时两人互相承诺的誓言。

耳听周围一派嗡嗡议论,司空贾充依旧端坐在食案之后,不动声色地看着自己的长女。他知道以贾荃齐王妃的尊贵身份,此刻的现身和说辞都太过惊世骇俗。然而他却不知道,为了逼父亲与母亲重修旧好,这个女儿还会做到什么程度。

"齐王妃请起,其他事情容后再议。"见贾荃一直跪着不动,似乎得不到许诺就不起身,贾充颇有些尴尬恼怒。他假装没有看见名士派政敌们幸灾乐祸的眼神,站起身来对贾荃拱手:"齐王妃恕罪,臣身有不适,先告退了。"说着转身就要离席,而内室女宾区内的贾充现任夫人郭槐察觉到这边的动静,也一起站起身准备离开。

此情此景,就是齐王司马攸亲自挽留,贾充夫妇也绝不会在这里多待一刻了。

"贾司空留步!"就在贾充夫妇即将跨出殿门之时,身后忽然传来一个男子的声音,让贾充蓦地浑身一震,不由自主地转回身来。

"陛下?"随着贾充一声惊呼,殿中所有人都拜伏下去,"臣等参见陛下!"

此刻扶着齐王司马攸的手臂缓步从殿后转出来的人,正是晋朝天子司马炎。只见他只身穿天子的家居常服,满面都是和蔼可亲的笑容。"众卿平身。朕之所以一直不愿露面,就是怕引得众卿拘束,不能尽兴。"说完,司马炎又向依旧拜伏在地的贾充道,"方才朕也看了俳优的演出,深为贾司空与李夫人的真情所感动。听齐王说李夫人现在就在后堂,不知贾司空想如何了却这桩公案?"

原来自己这桩家事,在皇帝心目中果然有着不一般的分量。贾充心里暗叹了一声,却只俯首道:"自古男子只能有一名正妻。贾充不幸已经辜负了前妻。若是迎回前妻,势必辜负后妻,岂不是犯下双重罪怨？请陛下明察。"

"原来不过是名分问题。"司马炎似乎并不以为然，继续笑道，"这样吧，朕下一道圣旨，特许贾司空设置'两夫人'，无论前妻后妻不分大小，一律算作贾司空的正妻。如此两全其美，也免了无知百姓对贾司空一家的议论，众卿以为如何？"

"臣妾代母亲拜谢天恩！"贾荃一直等的就是这句话，当下喜上眉梢，跪下向司马炎谢恩。

"陛下此举顺天应人。就算是边鄙小民，也会称颂陛下的恩德！"由齐王司马攸领头，庾纯等名士派大臣全都跪下称颂皇帝的义举。冯统、荀勖等礼法派大臣不得已也顺势跪倒。

"郭夫人以为如何？"司马炎早就听说郭槐对李婉颇为嫉妒，忍不住多问了一句。

"妾身不敢有异议，一切单凭陛下做主！"郭槐虽然心恨李婉、贾荃等人搬出了皇帝做靠山，却不得不软下声气，伏低做小。

一时间，整个宴会上所有人都拜伏在地，唯有司马炎一个人站在大殿正中，审视地盯着远处跪伏的贾充，嘴角噙起一丝若有若无的玩味笑意。

"去，把李夫人请来。"贾荃瞅准机会，命人去后堂将母亲请到大殿。只要贾充顺势一谢恩，离散飘零了十二年的李夫人就可以与贾充重修旧好。"两夫人"的殊荣，自古从未有过先例，由此可见皇帝司马炎对权臣贾充之恩宠有加。

然而，就在一片"天子圣明"的称颂声中，一向善于迎合圣意的贾充却缓缓直起腰来，无声地望了一眼高高在上的天子司马炎。随后他忽然再度磕下头去，沉声道："臣谢陛下恩典。然而一夫一妻，古已有定，陛下万不可为了贾充一人而改弦更张。若是后人因此对陛下有不敬之议，臣就是万死也难赎其罪。"

"你的意思,就是拒绝迎李夫人归家了?"司马炎脸上的笑容一沉,缓缓地问。

"臣与李氏,十二年前就已离异,再无任何瓜葛。古人尚言覆水不收。陛下若是不愿收回成命,臣唯有一死以明心志!"贾充说着,猛地直起腰,重重磕下头去。只听"砰"的一声闷响,贾充的额头在青砖地面上撞开一道裂口,鲜血顿时顺着眉梢、鼻梁流淌下来。

"老爷!"郭槐在一旁看得心惊胆战,见贾充还要磕头,忍不住哭着朝他扑了过去,"老爷万不可如此,不如休了妾身迎回李夫人吧!"一时间,贾充的鲜血和郭槐的泪水混合在一起,竟比方才那些俳优的表演更为打动人心。

见到如此变故,贾荃愣了愣,忽然只觉一阵晕眩,身体摇晃了几下倒在司马攸的怀中。而皇帝司马炎的脸色也不好看,他尴尬地咳嗽了两声,终于道:"既然贾司空如此坚决,朕也不便强人所难。来人,赶紧给贾司空治伤!"

看着郭槐搀扶着贾充跌跌撞撞地走出了大殿,躲在帷幕后的潘岳忽然觉得一阵心寒。这个局,他与司马攸夫妇精心布置了多日,司马攸甚至特地进宫请来了皇帝颁布特旨,就连最为泼辣妒忌的郭槐也被压得无话可说。可是谁会料到,万事俱备之际,贾充却不肯顺水推舟,偏要悖逆民心和君恩,宁死也不肯奉诏。难道他对后妻郭槐之爱重到如此程度,甚至为了她可以对抗包括君权在内的所有压力吗?

事实自然不会如此简单。可究竟是什么顾虑,让贾充拒纳李夫人的心志如此坚决?

以往隐约的担心变成了现实,潘岳忽然觉得一股寒意从脊背直蹿上了头顶,仿佛一条冰冷的毒蛇就躲藏在他身后看不见的地方,朝着它的目标吐着鲜红的信子。

透过帷幕的空隙,潘岳的目光落在了司马攸身上。此刻他紧紧地抱着怀中虚弱的贾荃,神色惨淡,宽大的衣袖卷落下去,露出了他左手腕上一道年深日久却依然鲜明的疤痕。那道疤痕的来历,司马攸从来讳莫如深,也从不愿被旁人看见,可是现在,他失神之下竟然忘了遮掩。

　　潘岳定定地凝视着那道疤痕,忽然感到在自己离开洛阳的这大半年中,某种最可怕的事情早已经悄然发生,而他却无法阻挡。

第 十 五 章

御　裘

微身轻蝉翼,弱冠忝嘉招。

——潘岳

　　泰始二年的冬天,对琅琊王司马伦而言,就像一个从天而降的噩梦。

　　自从听齐王妃贾荃提到潘岳之父潘芘需要白狐裘后,司马伦就开始四处打听白狐裘的所在,决定哪怕把整个琅琊王府都卖了,也要买来一件白狐裘讨潘岳的欢心。

　　功夫不负有心人。虽说白狐裘是传说中可遇而不可求的稀世珍品,在司马伦孜孜不倦的努力下,还真的打听出了一件白狐裘的下落。只可惜——只可惜那件白狐裘,存放在皇宫的内库之中。

　　得知这个消息之后,司马伦坐卧不宁、抓耳挠腮了好一阵。他知道内库中存放的乃是天子御用之物,就算他是天子的叔父,也绝对无法染指。可是若白白放弃这个亲近潘岳的机会,司马伦又绝不甘心。

　　打听到那件白狐裘自西凉进贡以来,皇帝司马炎其实从未穿过,而内库的藏品也不过半年才检点一次,司马伦的心思顿时活络起来。他不惜重金,终于买通了一个看守内库的小内侍,将白狐裘以黑布包裹,趁夜偷出了宫外。

　　虽说有要钱不要命的小内侍偷出了白狐裘,司马伦却多了一个心眼,不敢派自己人去接洽。于是他找来了散骑将刘缉,只说是自己花重金收购了一件白狐裘,让刘缉代为取回。

事实证明,司马伦多出来的这个心眼毫无用处,不过是多拉了一个无辜之人下水而已。可怜的刘缉才和那个小内侍接上了头,就被一队巡逻的骠骑营军校撞了个正着,人赃俱获。被送进廷尉府中待了小半日,刘缉和小内侍就把琅琊王司马伦供了个底朝天。

盗窃御裘乃是重罪,新任的廷尉杜友虽然不敢传讯琅琊王,却将此案详情写成奏章上报给了皇帝司马炎。在奏章的最后,杜廷尉还按照法律,草拟了对涉案众人的判决:小内侍夷三族,刘缉斩首弃市,司马伦斩首弃市。

听到从廷尉府中传来的消息,一向趾高气扬的司马伦腿一软,瘫坐在地上半天无法动弹。直到宫中有人来宣布天子召见,司马伦才像抓住了最后一根救命稻草,终于有力气爬起身,失魂落魄地跟着使者前往太极殿。

看着趴跪在地上体如筛糠的九叔,皇帝司马炎真是又好气又好笑。他倒是不在乎一件狐裘,只是"御用"二字本身就代表着一种禁忌,敢于觊觎之人无疑是对皇权的冒犯,无论对谁都不能宽容。

将手中杜友的奏章抛掷在司马伦面前,司马炎故意沉着脸问:"琅琊王,杜廷尉所奏,是否属实?"

司马伦抖着手看了一遍奏章,觉得自己一个字也无法反驳,只好叩头哀哭:"臣有罪,臣该死,求陛下饶命。"

"你是朕的九叔,平时做什么只要不太出格,朕都不会管你。就算你爱这件白狐裘,跟朕开口朕未必不会赏你,可你却为何如此糊涂?"司马炎气得跺脚,"如今这件事已经闹得众人皆知,朕就是想替九叔遮掩也做不到了!"

"陛下,臣确实是糊涂。但这次的白狐裘不是臣自己要穿,所以不敢向陛下开口。"司马伦虽然不是个聪明人,生死之间还是从皇帝的口风中听到了一丝松动,赶紧连连磕头。

"不是你自己穿,就是想送给你什么美妾娈童吧?"司马炎知道这个九叔一向荒唐浪荡,倒也不是十分生气。

"也不是给美妾娈童……"司马伦嗫嚅半晌,终于老实招认,"臣只是听说潘芘病重,需要白狐裘御寒,这才打了这个主意。"

"潘芘就是当初你亲自挑选的琅琊内史吧,看不出琅琊王对自己的臣属竟是如此关心。"司马炎有些惊诧,转念却忽然想起一事,不禁冷笑起来,"对了,那个掷果盈车的潘岳,就是潘芘的儿子?"

"是。"司马伦趴在地上,不敢再多说。

"朕明白了。"司马炎心中一哂,不动声色地对司马伦道,"你退下吧。"

司马伦搞不清皇帝的想法,却又不敢再问,只好战战兢兢地退出了太极殿。

关于对琅琊王偷盗御裘案的处理意见,朝堂上确实引发了一番争议。廷尉杜友坚持要将司马伦处死,谏议大夫刘毅认为司马伦虽然可以按照"议亲议贵"的原则酌量减罪,仍应该褫夺王爵免为庶人。大家吵来吵去,不过是争论要不要留下司马伦一条命而已。

然而司马炎最终的决定却出乎了所有人的意料。在明令颁布的诏书中,司马炎虽然赞同臣子们"王法赏罚,不论贵贱"的观点,却更多地怀念起自己小时候受到祖父司马懿谆谆教导的情形。鉴于司马伦是司马懿最小的儿子,是自己的亲叔父,司马炎最终决定:赦免司马伦的大不敬之罪,让他以琅琊王的身份离开洛阳,前往封地。

得知了皇帝如此宽大的处理,司马伦感激涕零,赶紧趁着自己还没有被大臣的唾沫星子淹死,收拾细软奔赴琅琊逃命。于是在小内侍和刘缉的尸体被扔在洛阳东市示众的时候,司马伦带着自己的家眷,匆匆乘坐几辆大车离开了洛阳城。

一口气跑了好几天,司马伦终于确认不会有洛阳的使者前来取回自己的性命,这才真正松了一口气。性命之忧已去,委屈就渐渐冒了出来:想他司马伦以堂堂皇叔之尊,甘冒天下之大不韪偷盗御裘,原本只是为了讨好潘岳,奈何出事之后,潘岳别说露面,就是一封慰问的信函也没有。此番他被赶出洛阳,也不知何年何月才能奉诏回京,说不定一辈子都会被困在琅琊那个小地方了。

想到这里,司马伦忍不住抱住同车的妾侍,号啕大哭。

一路哀哀戚戚地到达了琅琊国治所开阳城,司马伦因为王宫尚来不及修整,只好暂时住在了琅琊内史的府邸中。想起这府邸曾经是潘岳住过大半年的地方,司马伦更是委屈和恼恨掺杂在一起,恨不得拆了却又舍不得下手。

就像很多人越是心情不好越要暴饮暴食一样,司马伦一向排忧解烦的途径就是搜罗美色。于是这个无所事事的琅琊王每天经常做的事情,就是带着几个家奴在开阳城内闲逛,准备找几个美貌之人带进府中。然而不知是不是心里拿潘岳做了标杆,司马伦在整个开阳城中竟没有找到一个可以入眼之人,逛到后面竟兴味索然,只无聊地坐在街边望着来往的行人,感觉自己就是一朵生闷气的大蘑菇。

"看了这么久,王爷就没有一个入眼的吗?"一个长随在司马伦耳边笑问。

司马伦转过脸,认出这个人叫张林,是设立王府时招揽来的下人。听说他以前也是富户出身,琅琊有什么好吃好玩的如数家珍,司马伦就破格提拔他做了自己的贴身随从。

"都是庸脂俗粉。"司马伦失望地摇了摇头。

"琅琊是小地方,自然不能与洛阳相比。"张林说到这里,忽然话锋一转,略显神秘地说,"不过小人最近知晓了一个好去处,王爷要不要去看看?"

"什么好去处?"司马伦果然有了兴趣。

"王爷去看看就知道了。"张林故意卖了个关子,牵来一匹马亲自服侍司马伦骑上去,拉着缰绳向开阳城外走去。

此时已是初冬,城外一派万物萧疏的景象。幸而天气晴朗,淡金色的阳光照射在原野和树林之上,给这辽阔的空寂增添了几分亮色。司马伦深深呼吸了几口郊外的空气,清新的寒意让他的精神终于振作了几分。

张林似乎很熟悉道路,牵着马一路前行,穿过了一片秋收后空旷的菜园,前方陡然便是一条小河。那小河从上游蜿蜒而来,尚未完全冰冻,河水如同半透明的琉璃一直铺陈到前方的山坡下,这才拐了个弯消失不见。

司马伦骑在马上举目四顾,视线所及皆是灰蓝色的天空、灰黑色的土地和灰白色的河流,虽然让人心胸开阔爽朗,看多了却难免单调。他正要问张林究竟要带自己去哪里,忽然眼前一亮,前方的河岸边多了一个红衣的人影。

天气虽然寒冷,那人却只穿了一件薄薄的绛红色锦袍,外罩同色的纱披,一头乌黑柔顺的长发随意披在肩上。他静静地背对着司马伦坐着,似乎越来越近的马蹄声并没有打扰到他,仍旧专心地执着手中的钓竿,并未回头看上一眼。

"停!"司马伦忽然喝止了牵马的张林,目光一瞬不瞬地盯住了垂钓人的背影,只觉得这灰蒙蒙的天地中,陡然因为这一袭红衣而生动鲜活起来。司马伦年纪虽不大,却早阅惯花丛,单从一个背影就已经看出,面前这个人必定是人间绝色。

为了印证自己的判断,司马伦跳下马,朝着红衣人走了过去。

听到司马伦的脚步声,这一次红衣人不再无动于衷。他手一抖从小河中扯出一条活蹦乱跳的鲫鱼,忽然转过脸朝司马伦笑了笑。

司马伦蓦地愣住了。他府中美姜娈童无数,却没有一个人能比得上面前这红衣人的美貌。若是单以容貌而言,怕是只有洛阳的潘岳和胡芳才能胜过。

"想不到琅琊这个小地方,竟也有如此惊世绝俗的美人。"司马伦惊艳地赞叹。

"是琅琊王殿下吗?"那红衣人姿态娴雅地放下钓竿,起身朝司马伦拱手为礼。

"你认得我?"司马伦呆呆地问。

"王爷天潢贵胄,在下怎么会不认得?"红衣人粲然一笑,眼波生辉,"在下不仅认得王爷,还能猜到王爷的心愿呢。"

"哦,说说看,本王有什么心愿?"司马伦饶有兴致地问。

红衣人弯腰从钓钩上将那条挣扎的鲫鱼取下,忽然一扬手将它扔回了河水之中,别有深意地笑道,"潜龙在渊,却始终期待着一飞冲天。王爷人中龙凤,又怎么可能甘心困在琅琊?"

"是人都知道本王想回洛阳去。"司马伦见这红衣美人言笑晏晏,忍不住凑上去涎着脸笑道,"这个不算,你再猜猜别的心愿?"

"王爷还有什么心愿,我可就猜不出了。"红衣人掩口一笑,忽然压低了声音道,"不过我倒是可以猜一猜,究竟是谁陷害了王爷。"

这句话一出口,倒把司马伦吓了一跳。他猛地后退一步,惊疑地盯着面前素昧平生的红衣人:"你是谁?谁派你来的?"

"是上天派我来的。"红衣人忽然敛容行礼,"在下五斗米道金真天师孙秀,见过琅琊王殿下!"

若是平时,司马伦听到孙秀的姓名,少不得要夸赞一句"名如其人"。可是现在,他满心都是疑惑,竟连平时惯用的调笑语都无法出口,只是期期艾艾地问:"什么上天?上天派你来找我做什么?"

孙秀见他惊惶的模样,料他余悸未消,不由对这位琅琊王的胆色稍稍失望,却不得不振作精神道:"在下得天神指引,前来辅佐琅琊王成就大业。王爷吉人自有天相,迟早有一天能龙翔九天,得偿所愿!"

"我能有什么大业?"相较于孙秀的轩昂,司马伦满脸都是颓废。他一屁股坐在河边的草地上,自暴自弃地道,"我现在沦落得如此凄惨,却什么办法都没有。"

"上天派在下来,就是为王爷想办法的。王爷可知道您的敌人是谁吗?"孙秀锲而不舍地问,以他一贯魅惑人心的本事,对付一个资质平庸的司马伦完全不在话下。

"我怎么知道?"司马伦挠了挠头皮。和孙秀虽然是初次见面,他却不由自主地顺着对方的话头袒露出自己的真实想法,"我想偷天子的御裘却被抓住了,只能怪我自己运气太差。"

"在下倒是觉得,这不是王爷运气差,而是有人存心陷害王爷。"孙秀循循善诱,"王爷不妨想一想,您被迫离开洛阳之后,谁会得利,谁会开心?"

"我在洛阳也就是个闲散王爷,手无实权,能碍着谁的利?"司马伦皱着眉头嘟囔,"要说开心,我走了怕是檀郎最开心吧?他一向就嫌我老缠着他,这次也是我自作多情想偷御裘讨好他……"

"敢问王爷口中的檀郎,就是潘岳吗?"孙秀的眼中闪过一丝恨意,语气却依旧平常,"照王爷这么说,他的嫌疑可不小。"

"你说是檀郎设计陷害我?"司马伦一惊跳起,随即又摇着脑袋坐了回去,"不会不会,这件事檀郎从头到尾都不知道,再说他哪里有这个本事?"

"他是没有这个本事,但不代表别人不会帮他。"孙秀观察着司马伦的神色,不再指斥潘岳,只往别的路子上启发,"王爷可以再想一想,是谁怂恿王爷去偷御裘,又是谁有可能泄露消息?否则以王爷的精心布置,哪里那么巧就被人发现了?"

听孙秀分析得头头是道,司马伦在他面前只有频频点头的份儿。他努力回想了一遍当日情形："我是在齐王府听齐王妃提到白狐裘的……事发当天，刘缉帮我去取货，却被骠骑营的人给抓了个正着……"

见司马伦还是一脸迷茫，孙秀忍不住提醒了他一句："听说掌管骠骑营的，也是齐王吧？"

"对，是他……"司马伦到这个时候终于醍醐灌顶，猛地一拍脑袋，"我知道了，居然是齐王！他先是让齐王妃告诉我白狐裘的事情，又安排了手下人马去抓我的赃……奶奶的，那个司马攸看上去是个老实孩子，没想到竟这么心狠手辣！"

"听说齐王和潘岳是莫逆之交，这道毒计应该就是他们共同谋划的。"孙秀继续试探。

"不干檀郎的事，肯定是齐王自己干的！"司马伦怒不可遏地一拍大腿，"上一次也是这样，我好好地邀请檀郎赴宴，司马攸却找胡芳女扮男装来糊弄我！糊弄我我也忍了，可他这次居然想要我的命，叫我还怎么忍？"

孙秀听他言语中下意识地把潘岳择了个一干二净，知道不能勉强，便耐下性子道，"齐王仗着是天子胞弟，才敢如此欺压王爷吧？"

"是啊。他是天子胞弟，位高权重，百官拥戴。我就算想报复，又能有什么办法？"司马伦说到这里，刚才积累起来的怒气顿时泄了几分。他实在想不出，自己被贬到琅琊后还有什么办法可以打击到司马攸。

"办法当然是有的。"孙秀笑道，"王爷想一想，虽然您的罪过不轻，天子却不顾百官意见对您网开一面，俸禄爵位丝毫未动，这一切说明了什么？说明天子圣明，对齐王构陷您的事情心知肚明，只是没有机会惩治他罢了。"

"我们司马家最好面子，天子虽然不喜欢司马攸，表面上却兄友弟恭，叫人恶心！"司马伦此刻已经对孙秀完全心悦诚服，诚心诚意地讨教道，"那你说，本王现在该怎么办呢？"

"齐王位高权重,只能一点一点拔除他的羽翼。"孙秀明白,齐王司马攸是潘岳最大的保护伞。要报复潘岳,势必先扳倒齐王。只有齐王垮台,才有司马伦这些诸侯王上升的机会。"王爷不妨想一想,齐王都有哪些势力?"

"拥护齐王的,除了那些说空话尚清谈的世家清流,就是当初被我大哥景皇帝亲手提拔起来的人……"司马伦掰着手指,细细梳理着对司马师嗣子司马攸忠心耿耿的旧臣,"其中势力最大的,应该是镇守淮南的大将军石苞……"

"石苞?就是那个从赶车小吏一跃而成大将军的石苞?"孙秀听到这个名字,眼睛忽然一亮。

"对,就是那个老东西!"司马伦恶狠狠地道,"他虽然在我二哥司马昭灵前抢了拥立当今天子的头功,但谁都知道他对我大哥司马师最是感恩戴德。若非形势所迫,他心里肯定是想拥立司马攸当皇帝的!"

"好,那就从石苞下手!"孙秀猛地点了点头,"拔除了石苞,就是剪去了军中支持齐王的力量!"

"可是石苞镇守淮南已快十年了,手下还有十万精兵,我们怎么才能扳倒他啊?"司马伦惊讶地问。

"这个在下自有办法。"孙秀忽然站起身来,再度朝司马伦一揖,脸上扬起秀媚的笑容,"在下就以石苞的性命,当作投入王爷门下的见面礼,如何?"

自琅琊王司马伦离京之后,转眼之间,已到了泰始三年的正月初七。按照魏晋时期的风俗,正月初七称为"人日",民间盛行剪彩纸为人形,或作为头饰,或贴于屏风。富贵之家更是以金箔镂空替代彩纸,以祈求西王母压制灾祸,赐下祥瑞。这种造型精巧的头饰,称为"华胜"。

除却制作人形华胜,人日这一天,洛阳的士族子弟还会相约登高,观景赋诗，就连一向深居简出的世家闺秀们也成群结队地登高览胜。一时间，洛阳城外景色最好的翠华山下车马云集，但凡地势平坦的观景台地都被士族大家所占，一派锦绣如云的繁华绮丽景象。

此时此刻，翠华山上最佳的观景之处景云亭，已经被青色绫罗制成的步障团团围住，七八个衣衫华贵、妆容精致的少女正坐在亭中，围着一个摆满了精巧点心和瓜果的案桌言笑晏晏。景云亭的角落里，一个小泥炉中炭火正旺，砂锅中传来了新煮的茶叶清新温暖的香气。

"快看快看，檀郎也来了呢！"一个身穿素白罗裙、外披银灰色貂皮大氅的少女掀开一角步障，转过脸兴奋地笑道，"就在我们下面的山坡上，正好可以从这里看得一清二楚！"

"真的吗？我看看我看看！"有几个少女一听，忙不迭地跳起身来，凑到那白裙少女身边，一起将头探出步障往山脚下望去，果然看到下方的观景台上人头攒动，正是洛阳的一些年轻世家子弟在饮酒谈笑，而那个青衫磊落、鹤立鸡群的，岂不正是檀郎潘岳？

景云亭居高临下，要俯瞰下方的观景台十分便利，奈何潘岳参加的聚会来客众多，不停地走动寒暄，因此想要透过步障缝隙准确捕捉到他的身影也并不容易。不一会儿，几个少女便你抱怨我踩了你的裙子，我抱怨你碰歪了我的步摇，叽叽喳喳地越发聒噪起来。

"我争不过你们，不看了！"一个身材荏弱的黄衣少女恼怒地跺了跺脚，赌气走回亭中，挽住了一个正慢慢品茶的少女胳膊，"要我说，若不是卫瑾姐姐托她家哥哥给我们占了这个地方，谁都看不到檀郎。卫瑾姐姐，你说是不是？"说着，抱住面前少女的手臂乞怜地摇了摇。

品茶的少女尚未答话，那边拽着步障帘子的白裙少女已嗤笑了一声："这话倒是奇怪了。我们自然是要感谢卫瑾姐姐的，不过你杨芷大小姐又不是卫家的媳妇儿，我们要感谢也轮不到你啊。大家都想看檀郎，凭什么要我们都走开让你一个人舒舒服服地看？"这少女肤色虽然微黑,眉眼倒颇为秀丽,说话更是伶牙俐齿,正是司空贾充家的四小姐贾午。

"卫瑾姐姐,阿午她欺负我!"那纤细的黄衣少女名唤杨芷,乃是当今皇后杨艳的堂妹。她自幼娇生惯养,被贾午这么抢白两句,眼中便盈盈都是泪水。

"好了好了,檀郎他们的聚会还有很长时间,你等她们看完了再去看好不好?"卫瑾乃是尚书令卫瓘之女,性格沉静,在一众少女中虽然不是最年长,却隐隐有大姐姐的风范。她伸手将娇怯怯的杨芷揽入怀中,安慰地摸了摸她的头发,将她被挤乱的发簪步摇重新插好,这才对嘟着嘴的杨芷笑道:"再不济,明年姐姐还在这儿摆开宴席,单请你一个人来看檀郎可好?"

"卫瑾姐姐也坏起来了!"杨芷雪白的脸颊上飞起一抹红晕,"这洛阳城中的仕女,只怕没有一个不倾慕檀郎的,为何偏偏只打趣我?我不依!"

"不打趣你打趣谁,谁让你偷偷地做了这个?"贾午忽然悄无声息地走到杨芷身后,猛地从她头上摘下一个金箔镂刻的华胜来,"让我看看这上面是谁?"

那金箔镂刻的图案十分繁复、尺寸也小,且正月初七人人都佩戴华胜,所以先前倒无人注意杨芷的这一个有何不同。此番贾午骤然动手,杨芷顿时涨红了脸,扑过去就想抢回来,却被贾午轻轻巧巧地闪身躲过。

"嗯,一个驾车的少年,偏偏穿的不是车夫衣服,倒是个世家子弟……"贾午一边躲闪,一边笑着品评杨芷华胜上的图案,"我知道了,这是那年上巳节在洛水边驾车的檀郎吧?你可真是大胆,居然把檀郎都戴头上啦!"

"胡说,胡说,就是普通的驾车人而已!"杨芷追了一圈没有追上贾午,反倒惹得亭中其他女伴都笑了起来,不由得面红耳赤,索性坐在地上捂住脸呜呜哭了起来。

见当真惹恼了杨芷,贾午也有些心虚,只好伸手将华胜还给杨芷,口中嘟囔着:"别这样小气嘛。看看胡芳姐姐,为了檀郎推掉那么多亲事,也没换来檀郎任何回应。她都没哭,你哭什么?"

"阿午!"卫瑾摆了摆手示意贾午不要再说下去,温柔地拍着杨芷的肩膀低声哄了起来。贾午十分无趣,只好走到自己的亲姐姐贾南风身边坐下。见贾南风自始至终坐在亭中喝茶,对周遭的事情毫无兴趣,贾午忍不住低声问:"姐姐不去看檀郎吗?"

"你们争来抢去,不过就能远远地看上几眼,有什么意思?"贾南风虽然和贾午同样装扮,但神情却截然不同。她轻轻放下茶盏,矜持地笑了笑,漫不经心地说,"有本事,就单独邀请檀郎来见面。"

贾南风的话一出口,不仅亭中的闺秀们纷纷侧目,就连亲妹妹贾午也瞪圆了眼睛。据她们所知,真正敢当面去见潘岳的高门贵女只有胡芳一个人,而且哪怕胡芳再大胆再热情,潘岳对她也是退避三舍,更不可能应邀赴约。

"贾姐姐,你要真有本事把檀郎约过来,我今后就真真服了你!"杨芷从卫瑾怀中抬起头,顾不得脸上泪痕未干,抢先开口。

"约出来也不算什么,我还要单独和他说话呢。"贾南风不屑地一笑,命侍女拿来笔墨,当下写了一张纸条,封好了命人给山下的潘岳送去。而其余众女看着她的古怪行为,眼中俱是怀疑的神色,贾午更是忧心忡忡,生怕姐姐失了颜面沦为笑柄。

送出信笺,贾南风仍然端起茶杯,好整以暇地慢慢啜饮,根本不把周遭的窃窃私语放在心上。过了一会儿,送信人一路小跑着回来通禀:"潘公子答应过来,怕是一会儿就要到了!"

此言一出,亭中众女便是一阵惊呼。只有贾南风似乎早已知晓了这个答案，不慌不忙地站起身，取过一顶坠着黑色纱幕的帷帽戴在头顶，径自掀开步障的帘子出去了。

"阿午，你姐姐到底写了什么，檀郎居然真的来了？"少女们一窝蜂拥到步障边望着贾南风的背影，七嘴八舌地问着贾午。

"我怎么知道？"贾午不耐烦地挤了挤凑过来的杨芷，语气渐转得意，"不过连我爹爹都经常夸我姐姐有才，说她若是男子日后必是治世能臣。她的心思，哪里是平庸之人猜得到的？"

"只可惜她还是得戴着帷帽。"杨芷忽然说。

贾午狠狠地瞪了一眼杨芷，知道她是在讥讽贾南风容貌不佳。不过这是事实，贾午也不好反驳，只冷冷哼了一声不再开口。而前方的贾南风，也远远地在亭外一片草木稀疏的空地上站住了。

潘岳这天是应邀前来赴人日之会的。因为父亲潘芘病势渐缓，他也渐渐开始参与这种士族子弟间常有的游宴集会，为即将开始的仕途广积人脉。

潘岳正与好友夏侯湛闲谈，忽听自己所带的仆人在耳边道："公子，外面有人送了封书信过来，托小人立刻交给公子。"

潘岳不以为意地转过头，从仆人手中接过一个密封的信封，打开看时却只有薄薄一张字条。他只看了一眼，便心下一惊，将纸条递给了旁边的夏侯湛："夏侯兄有何建议？"

夏侯湛之母是司马攸嗣母羊太后的姐姐，论辈分夏侯湛是司马攸的表兄，与司马攸关系颇为密切，因此潘岳对他信任有加，从不避讳。潘岳拆信时，夏侯湛原本知礼地回避开目光，此刻见潘岳主动出示，便接过纸条一看，也忍不住吃了一惊。

那纸条上寥寥数字，只是两句极为简短的话语："欲知贾司空拒纳李夫人隐衷，请即刻到景云亭外一叙。"

纸条上没有抬头，也没有落款，不知道是何人所写。夏侯湛抬头往山上看了看，忽然笑着对潘岳道："看到上面被步障围起来的地方吗？那里就是景云亭了。说不定是哪家小姐倾慕檀郎风采，故意诓你前去相会呢。"

"我知道。"潘岳点了点头，沉默了一会儿还是站起身来，"夏侯兄，麻烦你帮我给主人告个罪，我去去就回。"虽然不知道邀请自己的人是否真的知晓贾充拒绝迎回李婉的内情，但能够清楚地洞察到这件看似无关紧要之事对潘岳的影响，这样的人潘岳还是想见一见。

沿着石板铺就的山路，潘岳跟着领路的仆从一路往上，很快就到达了景云亭外。仆从悄无声息地退去，潘岳举目四望，果然看到亭外不远处的山坡上，站着一个人影，身姿纤秀，显然是个少女。

前几天洛阳刚刚下过一场雪，翠华山上至今依然遍地残雪，却也给原本草木凋落的山景增添了几分艳光。此刻那人影娉娉婷婷站在雪地中，一身银灰色的貂皮大氅直垂到脚边，虽然帷帽上垂下的纱幕遮住了面孔，仍给人清新亮拔之态，不见普通小女子的娇弱。

潘岳不敢走得太近，离着三四步便停下行礼："是小姐约潘岳到此一见吗？"

"不错。"那少女转过身面朝潘岳，敛衽还礼，"小女子阿时，冒昧相邀，还望潘公子见谅。"

"小姐在信中所言，可是真的？"潘岳不愿和对方多加牵扯，开门见山地问，"若小姐愿意坦诚相告，潘岳感激不尽。"

那自称阿时的少女整张脸藏在黑色纱幕之下，唯有一双清亮的眼睛隐约可见。她知道潘岳一向爱惜名誉，绝不愿落下瓜田李下的口实，当下微微笑道："我虽然不是男子，却也知道信守承诺。潘公子既然来了，我便不会故意隐瞒——贾司空与郭夫人、李夫人的事，许多人认为只是内宅争斗，却不知潘公子是否也这样认为？"

潘岳沉默了一下，见阿时只是静静等待，便苦笑了一下道："若是潘岳也如此认为，便不会来赴小姐之约了。"

"是啊，我猜有识之士定能猜出这其中关窍。"阿时轻笑了一声，随即敛容道，"贾司空乃国之栋梁，不论当今天子还是齐王，都对他十分倚仗。只是他已经有了一个嫁作齐王妃的女儿，若是再多一个对齐王感恩戴德的李夫人，这根栋梁只怕就会歪斜，难以支撑大厦了吧？"

阿时此言一出，果然让潘岳一震，一时不知如何回答。当初他冒死劝谏司马昭让司马攸和贾荃联姻，就是为了借助权臣贾充的势力实现司马炎和司马攸的平衡，从而保证司马攸的平安。可是如今平白多出来一个李夫人，便是等于在平衡的天平前又放置了一个砝码。以齐王舍弃兵权换回李夫人的恩德，只要贾充接纳了李夫人，天平立刻就会向司马攸一方倾斜，从而引发整个朝堂势力的重新布局，也会引发天子司马炎对皇位的担忧。贾充自然对这一点心知肚明，所以他拒绝李夫人，就是拒绝在原本平衡的天平上增加新的砝码，就是在向天子司马炎表达自己的忠贞。由此可见，天子司马炎心底对胞弟司马攸的猜忌，其实已经根深蒂固，所以贾充才会如此小心翼翼地维持着平衡，生怕牵一发而动全身。

只是这些猜测，都是潘岳内心的推断，甚至没有和司马攸正面谈论过。他想司马攸和贾荃也是明白的，所以贾荃才会在贾充以激烈的姿态拒绝李夫人时显得那么绝望。那个时候，贾充考虑的已不只是与李夫人的爱恨纠葛，他要确保的，是整个贾氏家族的平安繁荣。这些结论，凡是明眼人都心知肚明，却出于各种禁忌无法开口。如今这个叫阿时的少女寥寥几句话就捅破了窗户纸，对于潘岳而言竟有石破天惊之感。

"潘公子今年就要加冠出仕了吧？"知道自己说中了肯綮，阿时不再继续刚才的话题，转而问道，"不知可选好在哪处公府就职？"

"年前潘岳刚刚被举荐为秀才,大概过完年就会担任秘书郎吧。"见对方说话坦诚,潘岳也没有隐瞒。秘书郎的职位是司马攸保荐的,对他这种以文才举荐的出身十分适合。

"秘书郎果然是个好选择,清要闲适,以后升迁的职位也多是俸高事少的清望高官,多少世家子弟都希望从这个职位踏上仕途呢。"阿时又是一笑,忽而话锋一转,"可是我听说秘书郎的职务便是掌管图书的收藏和校写,所谓的清望高官也不过成日清谈无所事事。以潘公子的大才,难道就愿意埋首在故纸堆中喋喋空谈,而不愿为国事民生做一点实绩吗?"

阿时所说的每一句话都恰恰砸在潘岳的心坎上,让他不由自主地抬起头,想要看清藏在黑色纱幕之后的面孔。能够说出这些话的,绝不会是平凡女子,可他却猜不出,面前这个华衣美服的少女究竟是什么身份。于是他只能再次一揖,恭敬地道:"还望小姐不吝赐教。"

"我听说当今的律法是从汉代层层递增而来,律令加上解说竟一共有七百多万字,不仅官府难以执行,百姓也动辄得咎。如今天子也觉察了这个弊端,便命贾司空召集人才,重新修订律法,一心要删除烦琐苛酷之刑,确立儒家仁政的正统。这么好的机会,难道潘公子不想试试吗?"阿时的话语,不疾不徐,却带着胸有成竹的开阔气度。

"阿时小姐所言甚是。"潘岳点了点头,却没有多说什么。他也听说过皇帝司马炎命贾充修订晋朝律法的事情,心中难免向往,只是那样一来,他势必要投身到贾充和礼法派门下,无形中便与司马攸所在的名士派处于不同的阵营,所以一直踌躇,难以决断。

"我有一言,不知当讲不当讲。"阿时似乎早已猜到了潘岳的顾虑,压低声音道,"既然贾司空不愿多一位亲近齐王的夫人,齐王何妨多一位贾司空门下的好友呢?言止于此,请潘公子斟酌。"说完,她盈盈敛衽,竟有送客之意。

这句话如同醍醐灌顶,让潘岳的心思一下子透亮起来。"多谢阿时小姐指点迷津。来日若是有缘,希望还能得见小姐。"他诚心诚意地朝阿时躬身行了一个礼,知道对方不愿以真面目示人,便不再耽搁,告辞而去。

阿时站在雪地上,直到潘岳的背影转过山道看不见了,这才提起裙摆,重新走回景云亭中。才一掀开步障,就听一片欢呼之声,却是一直在步障后偷窥的少女们蜂拥而来,仿佛迎接英雄一般围到了她的身边。

"南风姐姐,你刚才和檀郎说什么说了那么久?我们隔得远了都听不清呢。"杨芷殷勤地将阿时,也就是贾南风头上的帷帽取下,满是好奇地追问。

"没什么,随便聊了两句而已。"贾南风刚才在雪地中冻得久了,此刻只是接过侍女送来的暖炉暖手,对周遭七嘴八舌的追问回应寥寥。

众人见她死活不肯说,又素知这位贾家三小姐脾气古怪,缠了一阵也就渐渐散了。最后,只剩下贾午趴在贾南风的肩膀上骄傲地称赞:"姐姐真是厉害,这下子杨芷那丫头再也傲慢不起来了。"

"这算什么厉害。"贾南风见四周再无旁人,终于忍不住内心的澎湃,低低对贾午道,"我不仅今日得见潘岳,以后还要天天月月年年都能见到他。那才是真正的厉害呢。"

"天天月月年年?"贾午一怔,"这怎么可能?"

"傻丫头,你姐姐有什么事办不到?"贾南风伸出手指,在贾午额头上点了一下,脸上终露出了志得意满的笑容。阿时是她的小字,除却父母家人之外很少有人知道。可是如今,这个名字肯定已经深深地刻进了潘岳的内心吧。

不出贾南风所料,正月十五一过,潘岳就向齐王司马攸提出,自己不愿就任秘书郎,而是想应司空府的征辟,前去参与修订晋朝律法。

对于潘岳的决定，司马攸虽然颇感意外，却没有多加劝阻。他知道，潘岳一向以儒家经世济民的主旨为圭臬，对当今士族中流行的清谈、隐逸、五石散等通通敬而远之。能够到贾充门下去参与修订律法，对初入仕途的潘岳而言，其实是最好的选择。

"安仁，你一定要三思而后行啊。"听了潘岳的决定，司马攸没说什么，反倒急坏了一旁的温裕。他顾不得齐王在侧尊卑有别，急切却又小心地劝阻："若是你成了贾司空的门下，以后和我们往来可就……"

"贾司空一向善于举荐人才，安仁到了那边必定脱颖而出。"司马攸蓦地打断了温裕的话，忽然端起身边的茶盏，"来，我们以茶代酒，祝安仁前途无量！"说着，径自干了。

潘岳端起茶盏，也是一口喝下。他看得出来，自从贾充以命相搏拒纳李夫人之后，司马攸的神情虽然如常，却带着一丝令人难以察觉的消沉。他担心司马攸对自己投入贾充府下有所失望，便恳切地道："你放心，我……"

"不用说了，我很放心。"司马攸抬手止住潘岳的澄清，眼中含笑，神情真挚，"反倒是你，初入仕途，一切都要小心。"

"好！"潘岳明白司马攸已经了解了自己的用意，他投入贾充府下，却是为了充当齐王深入礼法派阵营的棋子，实现八岁那年对司马昭许下的守护司马攸的诺言。两人相知多年，许多话根本不必出口，当下只是相视而笑，让一旁的温裕困惑不已。

送走潘岳，司马攸转身回到了内宅，正看见保姆抱着二公子山奴从贾荃房内出来。司马攸怜爱地逗了逗山奴，转而问保姆："王妃今日可好些了？"

"回禀殿下，王妃今天服了药精神尚好，刚才还和二公子玩了一会儿呢。"保姆恭敬地回答。

司马攸点了点头，待门口的侍女掀开厚重的帘子，迈步走进了齐王妃贾荃的暖阁之中。见他进来,屋内伺候的侍女们齐齐下拜行礼,只有斜躺在榻上的贾荃仍旧背对着他一动不动。

"都下去吧。"司马攸暗暗一叹,吩咐了一声。待到暖阁内只剩下他和贾荃,司马攸这才走到榻边坐下,看着好似木雕泥塑一般的贾荃问道:"今天身上可好些了?"

自从山奴百日宴后,贾荃就一直恹恹卧病,连带着脾气都乖戾起来,哪怕李夫人亲自前来劝说照顾也不曾好转。好在司马攸性格温和,哪怕贾荃有时候言辞激烈,他也只是默默忍耐,依旧对贾荃温言细语、体贴入微。

此刻司马攸前来探望,贾荃却压根儿没有理会他的出现,只是睁着眼睛一动不动地盯着墙上的窗棂,一声不吭。

司马攸知道她是为父母之事烦心,这些时日早已习惯了她的冷淡,只坐在她身边述说着今日发生的种种新鲜事。

"这次正月十五,天子照例封赏各家宗室,给齐王府也赐下了不少东西。其中有一套西域进贡的琉璃碗,十二个碗竟有十二种颜色,晶莹剔透,巧夺天工,我想你肯定会喜欢……"

"我给天子上书请立山奴为齐王世子的表章已经呈上去了。虽然天子暂时没有批复,但问题应该不大……"

"刚才檀奴来了,他说不想做秘书郎,要去你父亲贾司空府中任职。我知道他一向不喜清谈,想做些实务,所以也没有劝阻……"

"去我父亲府中?"这一次,贾荃难得地开了口,声音中却是一贯的冷嘲,"怎么,你不怕潘岳投入我父亲麾下,反过来与你为敌吗?"

"贾司空并未与我为敌……"司马攸抿了抿嘴唇,"再说,能得到你父亲的庇护,他的仕途便有了双重的保证。"

"是啊,吏部的官员都是齐王党,再加上我父亲的推荐,潘岳的仕途想不飞黄腾达都难。"贾荃冷笑道,"你总是为旁人想得周全,怪不得大家都说'遇上齐王,诸事不慌'。偏偏只有我是例外。更可怕的是还没得选择,只能生生连累了我母亲!"

司马攸知道贾荃又提到了贾充和李夫人的事情。从贾充那天激烈做作的姿态,他和贾荃都明白贾充是为了向皇帝司马炎表达忠心,李夫人不过是沾染了齐王气息的牺牲品。可是这样深刻而不可言说的矛盾注定不可解决,李夫人一生的悲剧也注定无法化解,无论贾荃再努力再用心,她终是无法挽救她的母亲。这种无法排解的痛苦成日郁积在她的胸中,终于让贾荃的脾气日渐乖戾,只能把怨气发泄在丈夫身上。

如果她不曾嫁给司马攸,也会嫁给其他高门贵胄,同样可以设法赦回她的母亲。而她的母亲,就不会因为司马攸的牵连面临被抛弃一生的命运。

司马攸也深深地明白这一点,但他和贾荃同样的无能为力。于是他只能低低地吐出一句"对不起",无奈地看着暖阁之中的妻子再度陷入冰冷的沉默。

第 十 六 章

平　冤

危素卵之累壳,甚玄燕之巢幕。

——潘岳

泰始三年,潘岳行过加冠之礼,终于在他的漫漫仕途上迈出了第一步。

根据潘岳的家世和才能,他被评为九品中正制中的第七品,品秩四百石,职位是司空贾充府中的僚属,称为司空掾。

到贾充的司空府上拜谒的第一天,潘岳意外地看见了一个熟悉的身影,竟是多日不见的韩寿。

见潘岳与自己打招呼,韩寿开始颇有些尴尬,转而发现潘岳和自己穿着同样的司空掾官服,脸上的表情便舒展开来:"安仁,怎么你也到贾司空门下了?"

"修订晋律,与有荣焉。"潘岳淡淡一笑,却没有将同样的问题反问韩寿。他知道自从两年前韩寿自作主张让胡芳冒充自己欺骗司马伦之后,韩寿在司马攸府中便被渐渐冷落。如今他改弦更张投入贾充门下,也是个可以理解的明智选择。

"那就好,今后我们又是同道了。"韩寿笑着点了点头,为潘岳介绍了一番司空府的架构——和其他获准开府聘任僚属幕宾的高官府邸一样,这司空府前端为属官办理公务的所在,后端便是司空府内宅。贾充的妻子郭槐和两个女儿就居住在内宅之中。

等到贾充上朝回来的时候,潘岳、韩寿就和其他新旧僚属一起,在大厅中集体参拜府主。

魏晋交替之时，洛阳的街坊之中流传着一句俗谚："贾、裴、王，乱纪纲；裴、王、贾，济天下。"指的就是亡魏成晋的三大权臣河东贾充、太原王沈与河东裴秀。其中来自河东贾氏家族的贾充因为果断命人杀死了讨伐司马昭的魏国天子曹髦，一直身负弑君的恶名，哪怕他此后为朝廷做了不少实事，名士派依然对他嗤之以鼻。

虽然早听闻贾充之名，这还是潘岳第一次如此近距离地观察这位衣紫佩金的权臣。但见这位贾司空面容黧黑而瘦削，额头上还残留着齐王府百日宴时碰撞的伤痕，对众人的见礼只是略略点头。哪怕唱到新任掾属潘岳之名时众人略有骚动，贾充依然面不改色毫无表情，就仿佛他根本不在乎与齐王交好的洛阳檀郎，就如同他不在乎额头上尚未痊愈的疤痕一样。

与大厅上端正肃穆的气氛不同，此刻一帘之隔的后堂之内，两个少女正弓着身子眯着眼睛，费力地透过门帘缝隙望着厅内济济一堂的众人。因为生怕被厅中众人察觉，她们的对话都是贴着对方的耳朵吐出，虽然痒得想笑却又不得不努力憋住。

"姐姐神机妙算，果然让檀郎来我们府里任职，以后真的是想见就见，让其他人羡慕死了。"贾午钦佩地在贾南风耳边夸赞。

见贾南风只是笑笑不答话，贾午又随口笑道："可惜我们只能偷偷摸摸在这里看。赶明儿姐姐想个办法，也让我和檀郎当面说几句话吧？"

贾南风转头看着妹妹俏丽的眉目，见她眼中水波盈盈我见犹怜，不由想起镜子中自己那张令人失望的面容，心中便是一沉，咬了咬嘴唇正色道："我们在此偷窥已是逾矩，千万不要再做非分之想了。"

贾午没有听出贾南风语音的变化，依旧兴致勃勃地观察着大厅中丛丛青竹一般的青年才俊。等到新任掾属们都退下等待分配职司，贾午才意犹未尽地站直了身体，对贾南风笑道："新来的人里面除了潘岳，其他乏善可陈。可是我觉得潘岳的举止太过一本正经，不像之前来的韩寿那样知情识趣呢。"

"你这丫头没羞没臊，还敢妄谈什么情趣，我看还是让母亲早早把你嫁出去吧。"贾南风口中打趣，心中却因为贾午夸赞韩寿贬抑潘岳而舒了一口气。

贾午评价韩寿此人知情识趣，倒不是虚言。潘岳与韩寿同室办公修订律法，不经意间认识了这位总角之交的另一面。每天韩寿前来办公之时，总会将自己打扮得衣冠楚楚，焕然一新。他原本肤色甚白，却也跟着当世的风潮抹起了白粉，看上去更加齿白唇红，眉目清秀。潘岳的案几就在他的旁边，成日里都能感觉到浓重的薰香气息自韩寿的衣服上氤氲而出，直到很久以后才感到习惯。

韩寿为人活络，与司空府中上至官长下至仆从都十分投契，因而得到的小道消息也颇不少，潘岳难免能从他口中零零碎碎知道一些。比如说，韩寿对贾家两位小姐常常在帘后偷窥之事心知肚明，表面上却装作茫然不知，只是在察觉门帘帷幔有不自然的颤动时，或举杯凌风，或不羁谈笑，或奋笔疾书。落在潘岳眼中固然做作，外人看来却只觉得这位韩寿韩公子不愧是洛阳城里有名的美少年，一举一动一颦一笑都风流倜傥，倒显得一旁只是伏案研读书写的潘岳太过凝滞古板了。

这一日，潘岳正在草拟将汉代律法中老人、少年和女子罚金与杖刑一律减半的条陈，却见韩寿满面生风地从外面走来，一见潘岳就神神秘秘地凑到了他的书案旁。

看他的样子，潘岳猜到他又打听到了什么有趣的小道消息，便笑着问："发生什么事了？"

"你还记得那个石崇吗？"韩寿压低了声音，不无兴奋地道，"就是那个目中无人还一肚子坏水的家伙？"

"记得。"潘岳点了点头。他怎么可能不记得石崇，那个石家六公子对杨容姬情根深种，说起来还算是自己的情敌呢。不过自从杨容姬回荆州后，石崇也离开了洛阳，应该是继续他出仕前的游侠生涯去了。

"哼，那个家伙仗着他父亲的势力一向飞扬跋扈，上次害你在上巳节引发那么大的骚乱，我还曾经派人去和他打过架。"韩寿一向与石崇不睦，提起旧怨不由咬了咬牙，"不过现在这家伙的好日子到头了，也算是老天帮我们报了仇吧。"

"哦，石崇犯了什么事了？"潘岳想起石崇总是一副自命不凡的英武模样，不由揣测他是不是因为"行侠仗义"得罪了不该得罪的人。

"咳，不是石崇犯了事，是他们石家犯下了大事……"韩寿说到这里，自己所知的情况也抖落得差不多了，便岔开话题道，"总之，石崇这次彻底完了，你也不用再担心他会仗着家里的势力去抢你的未婚妻了。"开完这个玩笑，韩寿故作潇洒地拍了拍潘岳的肩头，"我们就等着听大消息吧。"

"石家犯下了大事？"潘岳皱了皱眉，眼前不由浮现出征东大将军石苞苍老却不减英秀的面容。韩寿的几个哥哥都在不同署衙任职，消息来源十分广泛，那么他说石家犯下大事应该是真的。可究竟是什么事，潘岳猜不出，只能摇摇头，继续写手中的条陈。

"潘曹掾，外面有人找。"一个司空府的童仆忽然走到潘岳身边道。

"是谁？"潘岳有些惊诧，莫不是家里出了什么事？

"小人不知，但应该是一位大人物，马车停在司空府外不曾露面。"童仆说到这里，脸上不由带出了一丝讨好的笑意。

潘岳知道司空府的童仆们早练出了一副毒辣眼神，对三四品的官员尚且不放在眼中，能让他们说出"大人物"三个字，可见来人的身份确实不凡。

心中虽然疑惑，潘岳还是随着童仆走到了司空府外，果然看见一辆宽敞豪华的马车停在路边。一见潘岳出现，守候在马车前的一个侍从便迎了过来，簇拥在马车附近的几十个带刀护卫也向两边退开。

"我家主人请潘郎君上车叙话。"那侍从说着，扶潘岳上了马车，又在他身后小心地放下了车帘。

潘岳先前心中已经猜到了七八分，然而此刻看清马车中人的面目，还是不免诧异："桃符，你怎么来了？"

"我有事进宫，路过司空府，顺便来看看你。"齐王司马攸拉着潘岳坐下，面上虽是一贯的柔和，却依旧被潘岳捕捉到一丝焦灼。

"朝中是不是出了大事？"潘岳知道自从自己担任司空掾后，公务繁忙，与齐王府就少了往来。但即使许久未见，司马攸亲自到司空府来见自己，仍是件不同寻常的事情。

"确实是出了大事。"司马攸点了点头，郑重道，"天子怀疑征东大将军石苞要谋反。"

"怎么可能？"潘岳一惊，蓦地想起先前韩寿给自己露出的口风。谋反乃是灭族大罪，怪不得韩寿说石崇的日子到头了。

"这件事说起来也不是一天两天了。"虽然四周都有手下守卫，司马攸还是不由自主压低了声音，"不知道从什么时候起，淮南和洛阳城中就同时流传着一个童谣，唱的是'宫中大马几作驴，大石压之不得舒'，又有术士占卜说'南方有大兵起'。于是淮北监军王琛、淮南参军孙楚等人就上奏天子，说大将军石苞秘密联络东吴，修筑堡垒，截断水流，想要起兵谋反。天子原本还有怀疑，便命人传召石苞在洛阳担任尚书郎的次子石乔，谁知一连数日，石乔都不曾露面。这下子天子更加坐实了对石苞谋反的猜测，昨夜召集贾充、冯紞等人商议派兵讨伐。我却是刚刚才得到消息，这就要入宫去面见天子。"

"石苞大将军镇守淮南十年，一向忠心耿耿，对当今天子更是有拥立之功。难道仅凭几句童谣、几封老生常谈的密奏,就要将整个石家赶尽杀绝吗?"潘岳从来不信什么童谣谶语,又知道石苞出身寒微,那些士族出身的官僚一向将他视为眼中钉,污蔑他拥兵自重蓄谋造反的谣言也不知传播了多少年,逼得石苞一次次上书自辩。以前司马昭在位时对这种传言完全置之不理。可是这一次,皇帝司马炎却是信了。

"我也不相信石苞会谋反,所以赶着进宫想说服天子,不要贸然对淮南用兵。"司马攸望着潘岳的眼睛,面露忧色,"可是石乔不露面,这谋反的嫌疑就无法洗脱。"

"对,当务之急是找到石乔。"潘岳点了点头,有些迫切地对司马攸道,"桃符,你进宫先劝谏天子,我来设法找到石乔。"

"嗯。我知道石苞大将军对你有恩,如果你先找到石乔,比官兵抓住他更好。"司马攸说到这里有些怅然,却依然温和地笑道,"如今我进宫去劝阻天子发兵,你在外若是能找到石乔下落,我们就可以救下整个石家了!"

"还记得以前在嵇康先生的铁铺前我说过,你若打铁我就帮你持钳吗?如今虽然我官职低微,帮你拉拉风箱还是做得到的。"潘岳苦笑了一下,知道司马攸说得轻松,事实却比这严重残酷得多。石苞是司马师的嫡系,一向与司马师嗣子司马攸关系匪浅。石苞被传谋反,只怕司马炎最猜疑痛恨的,不是石苞,而是胞弟司马攸。当初淮南毌丘俭起兵谋反,打的是反对司马师拥立司马昭的旗号。如今石苞若是谋反,很有可能故技重施,打出反对司马炎而拥立司马攸的旗号了。

所以司马攸匆匆进宫,不仅是为石苞辩护,也是为了证明自己的清白。

"进宫以后,你一定要小心。就算保不了石家,也要保住你自己。"潘岳的声音忽然有些颤抖,恍然明白司马攸特意绕道司空府来见自己一面,其中还有更深的含义,只是他已经不敢再往深处想。

"好。"司马攸明知这一去吉凶未卜，却只是平静地笑了笑，"那我走了。"

司马攸走后，潘岳回到司空府官署，那早已打好腹稿的条陈却无论如何再也写不下去。他的眼前不断浮现出司马攸的面容，渐渐从那浅淡的笑容下剥离出了更多的东西：痛惜、怨愤、无奈，还有自己叮嘱他首先要"保住你自己"时一闪而过的坚定与果决。

齐王司马攸一向是个温和谦让的人，可是一旦他下定决心情，任何人都无法改变他的心意。

身下的座席仿佛变成了针毡，让潘岳坐立不安。好不容易熬到下午散衙时分，潘岳终于将手中握了许久的毛笔扔回桌案上，才发现笔尖上的墨汁早已干了。被墨汁凝结在一起的笔尖硬而尖锐，就仿佛刀笔吏们刺向征东大将军石苞的一支支利箭，切切实实地证明了用笔杀人的力量。这个联想让潘岳的心越发躁郁，他匆匆走到官署外自家的马车上，对赶车的仆人吩咐："去齐王府！"

仆人一扯缰绳，马车果然绕了一个圈子，向着位于寿丘里的齐王府驶去。到达齐王府后，潘岳知道一时间无法见到司马攸，便径直找到了齐王府的长史温裕。

"齐王回来了吗？"来不及与温裕客套，潘岳开门见山地问。

"安仁是为石家的事情来的吗？"温裕见潘岳满眼惶急，不由摇头叹息了一声，"你来晚了，齐王今天一早已经进宫去了，到现在也没有消息传出。"

"还没有消息传出？"潘岳脑子里"嗡"的一声，仿佛最可怕的猜测都变成了现实。从一早他见到司马攸到现在，已经三四个时辰过去了，司马攸不仅没有出宫，连消息都无法传出一分，只能证明事情已经比他预料的还要糟糕。

想着此刻司马攸在皇宫内的处境，又想起自己避祸邙山时多亏石苞相助才得遇生机,潘岳只觉心乱如麻。他知道从温裕这里再也打听不出什么结果,只能叮嘱他继续去打探司马攸在宫中的情况,自己则离开了齐王府的官署。

潘岳才走到王府大门前,还未及上车,就看见一队齐王府的府兵簇拥着一辆装饰豪华的马车缓缓而来。潘岳最开始还以为是司马攸从宫中回来了,待到看清马车边随侍的侍女,才醒悟来的不是司马攸,而是齐王妃贾荃。

潘岳知道贾荃对母亲李婉夫人非常孝顺。虽然李夫人不能居住在齐王府中,贾荃病好后每天都会到李夫人的居所侍奉,此刻应该就是从李夫人处回转。想起司马攸陷在深宫之中生死未卜,潘岳顾不得礼节,冲上去拦在了车驾之前,高声道:"下官潘岳,求见齐王妃!"他知道一旦贾荃进入王府,自己想要见她就比登天还难了。

豪华的王府马车中没有丝毫动静。那些王府府兵们愣了一会儿,见没有得到王妃吩咐,便按照规矩将潘岳推搡到了一边,护送着马车继续往前走,最终停在了齐王府的大门口。

虽然被侍女们环绕,潘岳还是瞥见了贾荃一袭华贵的衣角。他还想走过去,却被几个府兵毫不留情地再度推开了:"好大的胆子,竟敢冲撞王妃!"

潘岳挣不过府兵们的力气,眼看贾荃就要步入厚重森严的王府大门,只能抓住最后的机会高声叫道:"齐王身陷宫中,烦请齐王妃入宫请太后相救!"

听到潘岳不顾一切的呼唤,贾荃终于停下脚步,缓缓回过头来。她隔着层层叠叠的侍女和府兵与潘岳对望一眼,忽然冷冷一笑,转身扶住侍女,头也不回地走进王府去了。

虽然只是一眼,潘岳却觉得浑身被人泼了一桶冷水,竟是冷得连心脏都收缩起来。他知道自从贾充拒绝李夫人后,贾荃将母亲的悲惨遭遇迁怒到了司马攸身上,与司马攸的关系便一日冷似一日。夫妻间这种微妙的关系,旁人本来无从置喙。然而让潘岳意想不到的是,在司马攸危急时刻,贾荃竟仍然无动于衷。

眼看着齐王府的大门重新关上,将府内府外彻底隔绝成两个世界,潘岳闭着眼睛深吸了一口气,慢慢地走回了自己的马车。

车轮辘辘启动,车厢便轻微地颠簸起来,就仿佛潘岳那颗不安忧虑的心。他手抚额头闭上眼睛,忍住脑中因为焦虑引发的抽痛,细细思索着自己接下去还能做什么。

马车忽然一顿,潘岳蓦地身体往前一倾,赶紧伸手扶住了车壁。耳听车外一个脆生生的女子声音道:"这是潘岳潘公子的马车吧?劳烦他下车来和我说句话。"

一听声音,潘岳不禁皱了皱眉。不用看他也听得出,拦住自己马车的正是胡芳。

自从潘岳琅琊归来之后,胡芳就曾经私下来找过他几次,却每每都被潘岳敷衍避开。平素里遇见胡芳都十分尴尬,此刻司马攸生死未卜,胡芳的出现更是让潘岳头痛万分。

"我只有一句话问你,问完了马上就走。"见潘岳不肯下车,胡芳提高了声音。虽然竭力想保持镇静,少女的尾音里还带上了一丝颤抖。

潘岳知道这位将门虎女的脾性,若是自己一味躲避说不定会一直被她堵在路上。于是他只好硬着头皮下了车,走到立在马车正前方的明艳少女面前。路边有几个闲人想要凑过来看热闹,却被胡芳手下的侍从们远远地赶跑了。

见潘岳只是拱手垂眸向自己行礼,目光却始终回避着不与自己交接,胡芳心中气闷,忍不住脱口问道:"杨容姬究竟有什么好?"

"这就是胡小姐想问的问题吗?"潘岳低低反问。若是平时,或许他会耐心向胡芳解释一二,让她彻底断绝不切实际的幻想。可是今日情况特殊,他只想早点离去,静下心来思索相救司马攸的对策。

"不是……"胡芳一滞,也听出了潘岳口气中的不耐。她平素虽然像男儿一样任侠豪迈,但毕竟是娇柔敏感的少女,被潘岳这么一反问,眼圈儿顿时红了。

用力吸了两口气,胡芳抑制住眼中的泪水和面上的红潮,用只有潘岳一个人能听到的声音颤抖着说:"其实我想问的是,如果……如果我愿意嫁给你为妾,你会娶我吗?"

这个问题一出口,不仅胡芳羞怯欲死,就连心不在焉的潘岳也陡然一惊。世间男人只能有一个平起平坐的正妻,而当时风气,妾室地位低下,在正妻面前几乎与奴婢无异。胡芳乃是堂堂征南将军、散骑常侍胡奋之女,甚至比杨容姬的家世更为显赫。如今她竟然愿意放低身段屈居妾室,这样巨大的牺牲连潘岳都感到震撼,甚至,还有几分对她痴心的怜惜和心疼。

"你……你愿意吗?"见潘岳迟迟不开口作答,胡芳娇媚艳丽的面颊红得如同火烤,却依然鼓足勇气追问了一声。

"胡小姐……"潘岳终于抬起眼睛,迎上了胡芳充满忐忑和期待的目光,"潘家门风清俭,素无纳妾之风。潘岳向来所羡不过如同鸿雁,双宿双飞,一生一世而已……"

"我明白了,你别再说了!"胡芳只觉得每一个字都如同一根针刺入她的内心,终于无法忍耐地打断了潘岳的话。见潘岳果然闭口不再多言,胡芳惨然一笑,慢慢转身离开,"你放心,既然已经退无可退,我以后不会再来打搅你了。"

也许是因为热烈燃烧的希望已经化作死灰,胡芳说出最后一句话的时候,声音居然出奇的平静。然而才一转头,大颗大颗的泪水就从她的眼眶里滚落,让她几乎看不清前方的道路。

随侍的婢女想过来搀扶,胡芳却用力挥了挥手臂将她们远远赶开。等不到身后潘岳的挽留,胡芳只觉得胸膛中空空荡荡却又痛不可抑,仿佛那颗炽热的心已经被潘岳的话碾为齑粉,让她恨不得寻到一座高楼在潘岳面前跳下,用自己的粉身碎骨换得他永远摆脱不了的牵绊。

"小姐小心!"婢女惊慌的呼声远远从后面传来,拉回了胡芳一缕散漫的神智。她凝了凝视线,发现自己不知什么时候走到了大街的正中,前方几辆笨重的马车正朝着自己的方向奔驰而来。

脑子里依然一片空白,身体却蓦地被人往后一拉,堪堪躲开了擦身而过的马车。胡芳惊出了一身冷汗,头脑也顿时清醒了不少,回头去看救助自己脱险的人,竟是一个头戴黑色帷帽、看不清面孔的少女。

"你是……"胡芳恍惚觉得这个少女的身影有些眼熟,却怎么也想不起她的身份。

"我叫阿时。"那少女的整张脸都被帷帽上垂下的黑色纱幔所遮掩,只有一双敏锐明亮的眼睛隐约可见。她见胡芳面露忡忡之色,微微笑道:"胡小姐不必难过,这世上的事情瞬息万变,焉知今后就没有转圜的余地?"

"你……你知道我的心思?"胡芳听阿时的话句句皆有所指,不禁大是惊诧,"那你说说,事情会怎么变?"

"杨容姬的母亲刚刚过世,她要嫁给檀郎至少还要等上三年。而这三年的时间,已经足够让他们的婚约失效。"阿时不紧不慢地回答。很明显,她刻意压低了自己的声音,不仅防止外人偷听,也让胡芳猜不出她原本的嗓音。

"杨容姬与檀郎自幼定亲,他们的婚约怎么可能失效?"胡芳疑惑地问。

"你不用管怎么失效,反正杨容姬以后绝对无法嫁给潘岳。"阿时笃定地笑了笑,转身就要离开,"不信,你等着瞧。"

"等等！"胡芳想要抓住她问个究竟，却不知怎么对这个神秘的少女有些忌惮，只能收回手臂跑上两步，追问道，"你为什么会知道这个？"

"因为阿时想要做的事情，从来没有做不成的。"少女阿时抛下这句话，再不理会胡芳，消失在了洛阳城熙来攘往的行人之中。胡芳定定地望着她单薄纤秀却又自信傲然的背影，咀嚼着她刚才所说的每一句话，不禁呆住了。

太极殿东堂之中，齐王司马攸已经在地上跪了两个时辰。宽敞的东堂内没有一丝声响，甚至没有一个随侍的宦官宫人，只有司马攸一个人孤零零地跪在厅堂中央，面朝着空荡荡的皇帝宝座。

虽然四周无人，司马攸还是秉承自己慎独的习惯，在代表皇权的御座前保持着最为标准的跪姿。他知道唯有这无可挑剔的谦卑姿态，才有可能平息皇帝司马炎胸中积蓄多年的怨愤和猜忌，保全下已经被推到刀锋边缘的石苞一家。

两个时辰之前，在经过漫长的等待后，司马攸终于见到了皇帝。然而还没有等他开口，司马炎就明确地告诉他，现在他说什么都无济于事——罢免征东大将军石苞官职的诏书已经下发，同时朝廷还已颁布诏旨，命太尉义阳王司马望率大军出洛阳，东莞郡王司马伷领兵由下邳移驻寿春，两军合击，平息石苞在淮南的叛乱。

这样雷霆万钧的举措，就算是石苞没有反心，也不得不起兵自保了。司马攸大惊失色，明知道现在司马炎正在怒火最盛之时，仍然不得不叩头劝谏道："臣也听闻石苞在淮南有厉兵秣马之举，但征东大将军的职责就是防范东吴入侵。如果吴军有所异动，石苞的举措便没有不当之处。臣请陛下再派遣大臣打探淮南虚实，切不可贸然用兵，自毁干城。"

"朕就知道你会为石苞说话！"司马炎冷笑着看向跪在下方的胞弟。正因为石苞和齐王存在着微妙的干系，所以自始至终司马炎都将司马攸隔绝在决策之外，连与司马攸交好的大臣都无法预闻。直到该发的诏旨都已颁布，该派遣的兵马都已开拔，司马炎才施施然地来见司马攸，想要亲自考察一下，这个被石苞隐隐尊奉的主公究竟会是什么表现。

"石苞侍奉先皇与陛下四十余年，一直忠心耿耿，所以先皇才会将至关重要的淮南交由他来镇守。"司马攸没有理会司马炎的冷嘲，依旧端敬地回答道，"他若要谋反，当初曹魏末期天下纷争，自可手握重兵割据一方，何必等到如今新朝晏然海内归心之时，与苟延残喘的东吴勾结？"

"看来齐王倒是很了解石苞啊。"司马炎此话一出，连自己都感觉与司马攸平和中正的话语相比太过小家子气，便轻咳一声重塑起天子威严，"朕原本也不疑石苞。可若无反心，为何石苞之子石乔拒不奉诏，无故潜逃？"

司马攸知道领兵在外的封疆大吏一般都会送儿子在洛阳出仕，一来广结人脉打探消息，二来也作为留给朝廷的人质。如今石乔失踪，确实对早已猜忌石苞的皇帝来说，是一根致命的稻草。于是司马攸只能叩首道："臣并不知石乔去向，却知若是忠臣无故受戮，只怕会令百官胆寒，世家离心，有损先帝创下的司马氏社稷。"见司马炎面色一沉就要发作，司马攸垂下眼睑，伏地行了一个大礼："臣愿以身家性命，保石苞不反。"

"齐王要如何作保？"司马炎心中一惊，故意追问。

"石苞一日不到陛下面前谢罪，臣一日不离开皇宫，也请陛下不要为难石苞的家人。"司马攸面色平和，缓缓地道，"若是石苞果真谋反，臣愿与石苞同罪。"

司马攸这几句话低沉和缓，和平时的语气毫无分别。然而听到司马炎耳中，却如同晴空霹雳般刺耳。他自始至终从未开口将石苞与司马攸关联，司马攸却主动将自己与石苞的命运捆绑在一起。这样从井救人般的不智之举，究竟是因为司马攸对石苞太信任，还是想以一种近乎惨烈的方式，来指斥皇帝对亲弟弟那隐讳的不可告人的猜忌？

司马炎定定地看着一脸恭谨的司马攸，感觉到自己的手指都哆嗦起来，猛地一拂袖站起身："好，朕就准了你的奏请，你就好好在宫里待着吧！"说着，头也不回地去了。

没有天子的谕令，司马攸并不敢在皇宫内擅自行走，只能默默跪在太极殿东堂之中。他也不知道自己跪了多久，只觉得双膝已经疼得犹如针扎，额头上的汗珠也仿佛小虫一样沿着面颊簌簌滑落，而喉中由于缺水和紧张，更是仿佛吞了一把火，烧得他眼前都开始有金色的火星飞舞。

淮南距离洛阳千里迢迢，就算石苞即刻上马奔赴洛阳谢罪，到达洛阳之时只怕自己已经饥渴而死了吧。司马攸心中自嘲地笑了笑，手指却狠狠地隔着朝服掐住了大腿。以他的个性，就算真的会渴死饿死，也绝不愿在或明或暗的窥视中颓唐萎靡，落人口实。

眼前渐渐黑了下去，让司马攸分不清是天色已晚还是自己产生了晕眩。就在他的身子忍不住往前倾斜之际，一双手忽然扶住了他："齐王殿下，太后命奴婢来接您了。"

司马攸蓦地清醒，跪直身子朝旁边看去，果然看到的是伺候母亲王太后多年的贴身女官。作为司马炎和司马攸的亲生母亲，太后王元姬无疑是天下最尊贵的人物，也只有她可以在皇帝与齐王龃龉之时充当最合适的调停人。

"太后已命奴婢们在宣明殿中为殿下收拾了一个住处，请殿下随奴婢过去吧。"女官说着，扶着司马攸的胳膊想搀扶他起来。

"劳烦太后病中还为我操心,桃符实在是大不孝之人。"司马攸忍住双膝的剧痛,站直身体后勉强迈出两步,便轻轻推开了女官的搀扶,"却不知是何人惊动了太后？"

"太后一直卧病,原是不知晓外间的动静。"女官低声道,"是齐王妃不顾宫禁,直奔崇化宫太后榻前,太后才知道了殿下的事情。"

"齐王妃……"司马攸默默地重复了一遍这个称呼,手掌下意识地抚上胸口,苍白的脸上露出了几分宽慰而温暖的笑意。

从齐王府回来之后,潘岳第二天就向司空府里告了假。他将自己的马车停在石府对面的僻静之处,透过车帘查看石府的动静。如果石苞真的在淮南谋反,他不信无法从石府中看出端倪。

由于不愿打草惊蛇,石家在洛阳的宅邸并未被官府查抄,石乔的妻子家人也不知道灭族的阴云已经笼罩在他们头顶,一切都平静得似乎什么都不曾发生。然而潘岳观察得久了,就能感觉到有些便衣乔装之人在石府外闲走,应该是负责抓捕石乔的河南尹府中差役。

一直在府门外守了半日,功夫不负有心人,潘岳忽然在石府进进出出的厨娘马夫、侍女花匠之中看到了一个人。那人只穿着一件普通的葛布长袍,腰悬佩剑,看上去就与普通的侍卫护院类似,因此并未引起周围官府差役的注意。然而潘岳却敏锐地察觉到了那人的真实身份——石家六公子石崇!

石崇一向在外游侠,如今却骤然回到洛阳石府。这究竟是巧合,还是他已经嗅到了某种气息,回来打探虚实？

潘岳只觉得攥紧的手心里满是冷汗,更加专注地盯住了石府门口的动静。过了一会儿,石崇便牵着一匹马从府内走出,翻身上马朝着南城一条街道奔了下去。

"跟上他!"潘岳赶紧下令。赶车的仆从一甩马鞭,马车便利落地尾随着石崇的背影而去。

石崇显然没有料到身后有人跟踪，只是急匆匆地催马在洛阳的大街小巷里穿行，吓得路上行人纷纷躲避。也幸亏洛阳街头往来人多，石崇的马无法全力奔跑，潘岳的马车才得以一路跟随。

转进一条僻静的小巷中，石崇跳下马，拍了拍一扇普通的木门。良久不见有人应声，石崇索性抽出佩刀，插入门缝用力一劈，门闩便应声而断。

一脚踹开木门，石崇冲入了这个毫无特色的小院，大声喊道："石乔，石乔你给我出来！"心情激荡之下，他甚至直接喊出了二哥的名字。

"你是什么人，竟敢打扰我家老爷……"一个梳着双鬟髻的侍童冲出来质问石崇，却被石崇不耐烦地伸手一拨，径直推倒在地上。

"石乔，别躲了，我知道你在这里！"石崇眼风一扫，便盯住了挂着厚厚布帘的静室。他一步迈上三级石阶，猛地将门帘一扯，撞开门闯了进去。

"齐奴？"室内的二哥石乔惊讶地喊出了石崇的小名，慌乱地站起身来，"你怎么会找到这里的？"

"我把剑架在嫂嫂的脖子上，她告诉我的。"石崇怒视着一身红衣、长发披散的二哥石乔，强行压抑着自己的怨愤，"堂堂朝廷尚书郎，怎么搞成这种人不人妖不妖的样子？"

"哎呀完了，妇道人家贪生怕死，这下子可要了我的命了……"石乔没有回答石崇的问题，只是腿一软跌坐在地上，面如死灰。

"朝廷宣召你居然不应，究竟是怎么回事？"石崇见石乔一副半死不活的模样，恼怒之下不顾尊卑，一把揪住了他的衣领，"快说！"

"既然已经破了大法，我告诉你也没什么了……"石乔有气无力地说，"数日前我遇见了一个道行高深的法师，他说我必须找一处僻静的地方斋戒静修十日，不可与外界接触，否则就会有血光之灾。你也别怪你嫂嫂,她也是担心我才不肯说出我的藏身之处……"

"不告诉我倒是无所谓,可是连朝廷宣召你的钦使也瞒住,嫂嫂对你这个夫君可真是忠贞不贰啊!"石崇一把将石乔掼在地上,冷笑着揶揄。

"是我跟她说,如果官署找我有公事,就推说不知道我去哪里了。反正也不会是什么了不得的公事……"石乔茫然地说到这里,这才察觉石崇脸色不善,疑惑地问,"怎么,是有紧急公务让我回去处理吗?我明明跟尚书令请了假的……"

"当然紧急。这下子不仅你有血光之灾,我们整个石家都要有血光之灾了!"石崇瞥眼看见石乔所在的静室内供奉着北斗星君、昊天大帝,还有仙人王子乔等一应神主牌位,越发怒不可遏,一挥手中佩剑,顿时将那些木头神位全部砍翻在地,"我们石家,这次怕是要因为你灭族了!"

"什么?原来那五斗米道法师所言不虚。那你为什么要破了法师给我设下的护体大法?"石乔见石崇竟将自己辛辛苦苦布下的神位神龛破坏殆尽,气得一跃而起,伸手就想来夺石崇手中的佩剑。

"别闹了!"石崇常年习武,对付一贯文弱的石乔完全不在话下。他一把抓住了石乔的胳膊,急速解释道:"因为你久不露面,朝廷怀疑父亲有谋反之心。我们现在赶紧逃出洛阳,再晚一步就要被官兵抓起来了!"

他这么一说,石乔顿时也慌了。他抖着嘴唇还想说什么,石崇已手上使力,拽着他走出了静室。

还没来得及下台阶,小院之中却迎面走过来一个人,恰好堵住了石家兄弟的去路。那人身材颀长,面容俊雅。哪怕多日不见,石崇也一眼就认出了他的身份:"潘岳?"

"两位刚才说的话,我都听见了。"潘岳看着石家兄弟惊愕的表情,一字一句清晰地道，"我劝石乔兄不要打逃走的主意，否则便是坐实了石苞大将军谋反的罪名，那石家才是真正要面临灭族之祸了！"

"我父亲忠心耿耿，当然不会谋反！我不过是想让二哥到城外暂避一时，不至于白白丢了性命！"石崇的眼睛转了转，一手仍旧攥着石乔，另一只手却不着痕迹地握住了腰间的剑柄。

"看来你们还不知道朝廷已经对石家下了缉捕密令。"潘岳似乎没有发现石崇的异样，继续站在原地一动不动，"其实不光是石乔兄，石崇公子作为石大将军的儿子，此刻也应该一起投案自首，以证明你们石家的清白。"

"投案自首？"石崇忽然笑了笑，"这仿佛是个好主意。"话音未落，他猛地冲上一步，左手迅雷不及掩耳地箍住了潘岳的肩膀，右手拔剑出鞘，手中剑尖正正抵上了潘岳的胸膛——正是他游侠多年来最得意的必杀招数。看着潘岳因为吃痛而骤然苍白的脸，石崇冷笑道："投案自首就是死路一条，我还不如从你这里杀出一条生路来。"

"不管你做什么，都只有投案自首一条生路。"潘岳努力平稳着自己的呼吸，冷静地道："刚才你在洛阳街市上跑马已经惊动了官府，只怕官兵很快就会追过来了。谋逆大罪，天下海捕，就算你们侥幸逃出洛阳，也绝不可能活着到达淮南！"

"朝廷能否抓住我们是将来的事情，现在我只想确保你不会把我们的行踪透露出去！"石崇说着，眼中凶光一闪，手中利刃便猛地往前一送。他自少年时在外游侠多年，杀人对他而言并不是困难的事情。

"齐奴住手！"石乔原本一直浑浑噩噩，此刻却猛地惊跳起来，一把扯住了石崇握剑的手腕，"潘岳是朝廷命官，你杀了他可是大罪。就算父亲洗刷了冤屈，你也要偿命的！"

"反正都是死，晚死总比早死好！"石崇挣了挣胳膊，没有想到平素唯唯诺诺的二哥此刻不知哪里来的这么大力气，剑尖不过浅浅刺进了潘岳胸口一分,便再也递不进去。见石乔还在拼命抢自己手中刀刃,石崇怒不可遏地骂道,"二哥,你是想让我们束手就缚,重蹈邓艾一家的覆辙吗?"邓艾乃是灭蜀首功之臣,年轻时与石苞一样出身寒微,因此一直被士族仇视。邓艾被钟会污蔑谋反之后,司马昭明知道邓艾冤枉,仍旧杀了邓艾,连带邓艾在洛阳为官的几个儿子也一并冤杀。此刻石家所面临的局面,与当年的邓家何其相似!既然反不反抗都是个死,以石崇的性子,还不如拼死一搏来得痛快。

"不,你们和邓艾一家的情况不一样!"潘岳趁石乔与石崇争夺之际,使劲挣脱了石崇箍住自己肩膀的胳膊,疾声说道,"齐王以自己的身家性命保石家不反,此刻正被囚困于深宫之中。你们束手就缚并非束手待毙,有齐王拼死相护,只要石苞大将军证明了自己的清白,你们都会平安无事的!"

"可天子对我父亲猜忌已久,我父亲要怎样才能自证清白?"石乔慌急地扭头询问。他略一分神,石崇便已挣脱了束缚,重新拔剑对准了潘岳。

"事到如今,只有一条路可走。"潘岳的眼睛盯住石乔,就仿佛根本不知道石崇的剑刃再度抵住了自己的胸口,"不知石乔兄平时与石大将军可有信鸽往来?"

"有。"石乔见石崇双手颤抖,似乎对是否杀死潘岳一事也生出了犹豫,赶紧道,"那信鸽是用来传递紧急消息的,我随身带着召唤的鸽哨。"

"那就好。"潘岳点了点头,"那就烦请石乔兄先让信鸽给令尊传一封信,然后再到河南尹衙门投案自首。"

"传什么信?"石乔嗫嚅着道,"信鸽腿上只能绑很小的字条。"

"我不管石乔兄如何措辞,但意思不外乎'放弃兵权,只身待罪'几个字。"潘岳轻叹了一声,"我曾经得到过石大将军的照顾,绝不愿老人家受到任何冤屈折辱。可是如今唯有石大将军委曲求全，才能重新赢回天子的信任。"此时此刻，只要石苞稍微有一点点过激的反应，不仅石家难逃覆灭的命运，只怕连齐王司马攸也无法善终。

"好，我这就去写。"石乔浸淫官场多年，此刻已经想清楚了利害得失。他严厉地朝石崇瞪了一眼，口中喝道："齐奴，还不把剑放下，仔细想想潘郎君的话！"

石崇没有回答，眼睛死死盯着潘岳，似乎想要看清他掩藏在平静面容下的真实意图。而潘岳的目光也毫不避讳地与他对视，就仿佛他刚才和盘托出的劝谏一样，坦坦荡荡，绝无遮掩。

最终，当啷一声，石崇抛下了一直握在手中的佩剑。他后退一步，不甘地长叹一声："想不到我石崇一生自诩英雄，如今却不得不将生死荣辱系在你的口舌之间。"

"若是如此还不能解救石家，潘岳也只能自裁谢罪了。"潘岳说着，忍着胸口剑伤的隐隐刺痛，对着石乔、石崇兄弟一揖到地。

生死攸关的协议已经达成，接下来的事情便顺理成章——石乔找出纸笔，按照潘岳的意思写下了一个小小字条，再将字条用蜡油裹住，绑在用鸽哨招来的信鸽腿上。

看着信鸽展翅腾空飞去，潘岳终于侧退一步，让出了石家兄弟面前的道路。

自己去官府自首，总好过被人派兵锁拿。石家兄弟明白这一点，不再多说什么，互相搀扶着走出了隐僻的小院。

潘岳没有跟上去，只是站在街边，默默地看着石乔和石崇的背影消失不见。他想石苞一家的运气其实不算太差，皇帝司马炎此刻即位时间不久，根基未稳，并不敢擅杀封疆大吏。若是再过几年，君权日重，只怕无论什么人、什么手段都无法挽救石家的命运了。

淮南和洛阳凭空流行的童谣，术士对"南方有大兵起"的预言，石

苞之子恰到好处的失踪,还有石乔那身熟悉的红衣披发装扮……种种
奇怪的事情似乎都有着某种隐秘的联系。潘岳忽然觉得脊背有些发
冷,竟是刚才与石家兄弟对峙之时沁出的冷汗,被风一吹,让他情不自
禁地打了个寒战——琅琊五斗米道已经在洛阳现身,难道这本已错综
复杂的朝廷政局之中,还要增添一股新鲜而妖异的力量吗?

　　来得晚的,才是最可怕的。潘岳看着街道上被狂风卷入半空的落
叶,此时才察觉到胸口刺痛难忍。他低下头,看见自己胸口的衣襟上,
不知何时蔓延出了一片碗口大小的鲜红血色。

　　宣明殿位于内宫,离太后王元姬所居住的崇化宫不远。这里原本
应属于后宫嫔妃的居所。不过天子司马炎与皇后杨艳夫妻恩爱,所纳
嫔妃不过寥寥,宣明殿便一直空置。此番太后临时安排齐王司马攸住
进宣明殿,殿中看守的宦官宫女少不得手忙脚乱。好不容易才将正殿
打扫收拾出来,齐王到达之后却坚持礼法不肯住正殿,只在一间偏殿
中栖身。

　　因为早已被过继给了司马师一支,齐王司马攸虽然是王太后的亲
子,却也只能按照旁支诸侯王的典制,每旬向太后请安一次。因此宣明
殿离崇化宫不过百步之遥,司马攸还是只能每日托宦官到太后处打听
病况,而他向皇帝恳请到太后身边侍奉的奏疏,递上去之后便如石沉
大海,再也没有音信。

　　或许是忙于应付石苞谋反带来的种种困扰,或许是存心给不识时
务的齐王一点教训,皇帝司马炎这些天仿佛完全忘记了司马攸这个
人,宣明殿中除了日常洒扫侍奉的宦官宫女,竟是一个外人也见不到。
不过司马攸对此也安之若素,脚步绝不会踏出宣明殿大门一步。每日
除了晨昏之际向着崇化宫方向叩拜祈福,他平日里做得最多的事情便
是练字。

司马攸的书法平和内敛,温雅中别见一番风骨,一向被书家推崇,风行天下,世人效仿者甚多。以前他只嫌俗务缠身,难得有静心练字的机会,如今被困于宫中,反倒可以日日勤练,用心揣摩,让这纯粹的艺术荡涤掉心中块垒,也让对淮南消息的等待不再那么煎熬。

这一日,当宣明殿外响起一片喧闹之声时,司马攸依然在屋内写字,甚至连眼神都未向门外瞥过。今日他所写的乃是嵇康所作《送秀才入军》,还只写到一半,就猛听脚步声响,一个人闯入殿中,一把夺走了他手中毛笔向门口掷出,大声呵斥道:"都给本王滚得远远的,有本事你们就去把天子请来!"

司马攸抬头看见门口一个宦官被毛笔戳了个正着,满脸黑墨,而其他人更是一副想进又不敢进的样子,只好开口道:"都退下吧。"然后他看了看手指上沾染的墨汁,默默掏出手帕擦了擦,站起身向着来人俯身行礼:"三叔。"

闯进宣明殿中的,竟是素有疯癫之名的平原王司马干。也只有这个身份尊贵的疯子王爷,才敢借着向太后请安之际,甩脱了宫人的拦阻在后宫内乱闯。看这架势,除非是天子亲至,谁也没法将司马干从宣明殿弄出去了。

"目送归鸿,手挥五弦。俯仰自得,游心太玄。"司马干没有理会司马攸的见礼,旁若无人地拿起桌案上刚刚写到一半的字幅,冷笑了一声:"嵇康那个人就会洒狗血、吹牛皮,这几句话反正你也做不到,留着干什么?"说着,双手交错几下,将那幅字扯成了碎片。

"三叔违反宫禁来见桃符,不知有何指教?"司马攸也拿这个疯子三叔没办法,只好无奈地问。

"给我滚出去!"司马干没有回答司马攸,却猛地窜到门口,一把从帷幕后揪出一个瑟瑟发抖的宫女来,"再不滚远点,小心王爷我现在就纳了你!"

疯子王爷司马干做出过许多疯疯癫癫的事情，其中最疯的一次，乃是他府中一个小妾不明不白死了之后，司马干将她放入棺中多日不准下葬。不仅如此，平原王府的下人们还流传出一个恐怖的流言：每到夜深人静，这位平原王就会打开那小妾的棺材盖，与尸体交合，发出各种奇奇怪怪又毛骨悚然的声音。因此司马干此言一出，那个宫女便立刻吓得变了脸色，飞也似的逃了出去。

司马攸知道宣明殿的宦官、宫女都是皇帝的眼线，却不料司马干这么简单粗暴地就将所有人赶跑，果然疯子做事就是有疯子的优势。他苦笑了一下，上前扶住司马干请他落座，低声道："三叔来见桃符，是有要紧的话说吧？"

"没什么要紧的话，就是来看看你什么时候死而已！"司马干毫不客气地换了个舒服的姿势，一双狭长的凤目中蓦地闪过一丝凌厉的光，与他平素混沌疯傻的眼神截然不同。

司马攸的心里暗暗叹了一口气，口中却平稳地回答："人固有一死，早晚罢了。"

"现在知道给我装傻，为什么在皇帝面前你就不会？"见司马攸沉默不答，司马干一瞪眼睛一吹胡子，大手在膝盖上重重一拍，"看看你都干了些什么？在朝廷结交大臣，在封地收买人心，如今又拼死给石苞那个老家伙作保，还嫌自己不够招摇？你年纪轻轻就这么想死，连我老人家都看不下去了，待会儿我就把给自己准备的棺材送到齐王府去，你肯定比我先用得上！"

司马干咄咄逼人的口气就仿佛乱箭，司马攸等了好一会儿才找到空隙开口："桃符觉得自己并没有做错什么。"

"你还说你没有错？"司马干恨铁不成钢地又拍了一下大腿，看得出来其实他更想拍的是司马攸的脑袋，"木秀于林，风必摧之。你读了这么多年的史书都读到狗肚子里去了？当初宣皇帝先是装病蒙蔽曹操,后来又装痴傻蒙蔽了曹爽,这才开创了我司马家的基业。你为什么不会学着点?"

司马攸知道司马干说的是祖父司马懿装病夺权的事迹。实际上对司马家的人而言,作伪大概是一种天生的本领。可是那些伪装的背后,常常都怀着不可告人的目的和野心。而他司马攸,却只想做一个坦坦荡荡的君子。

"我没有错,也知道自己在做什么。"司马攸的声音很低,却一字一字清清楚楚,"我结交大臣,是因为不能让冯纨、荀勖那些奸臣小人左右朝局;我在封地接济赈灾,是因为无法坐视庶民忍受饥寒流离之苦;我以性命为石苞大将军作保,是因为不能让忠良受到冤杀,让奸佞得以猖狂,让出身寒门庶族的人才对朝廷彻底失望。君子有所为有所不为。如果三叔认为我也应该像您一样韬光养晦甚至装疯卖傻以苟且求生,那么生对我而言,真真是生不如死。"

"你……唉,当初二哥立世子的时候为什么没有选你?"司马干看着司马攸平静的脸,忽然觉得这平静下隐藏着极大的力量,让他竟然无法驳斥。良久,司马干只能喃喃地道:"你是没有错。你唯一的错误和我一样,是不该成为皇帝的弟弟。"

司马攸默然。他知道司马干装疯卖傻的原因,却无法说出口。作为司马师和司马昭的嫡亲弟弟,秉着兄终弟及的晋朝传承,司马干同样具有强大的皇位争夺权。然而他早早就察觉到了二哥司马昭的猜忌,为了保全性命而故意做出癫狂的行为,从而彻底让司马昭和司马炎父子放了心。如今司马攸站在和他同样的位置上,却选择了一条截然相反的道路。

"桃符只想做盛世良臣,其他别无所求。就算引发小人谣诼诽谤,我也依旧秉持直道,俯仰天地,问心无愧。"当司马攸说出这几句话的时候,司马干觉得面前的侄儿仿佛掏出了心肝,一览无遗地呈现在自己面前。这种感觉,让司马干心痛无比。

"你这孩子……"司马干摇了摇头掩饰住眼中的泪花,知道自己已经无法说服面前年轻的齐王。看着年轻人坚定坦荡的面容,司马干自惭形秽之余,竟生出了一种隐隐的自豪。于是他不再开口,站起身打开殿门走了出去。

司马攸俯下身,捡起了被司马干掷在地上的毛笔。他走回书案前重新铺好纸张,提笔饱蘸浓墨,在纸上写下了八个大字:

　　天捶海淬,我只做我。

写好之后,司马攸抛下笔,将承载着这八个字的纸幅揉成一团,扔进了屋角那一堆废纸之中。

有一些话,说给自己听就够了。

二十天之后,在淮南主动放弃兵权、孤身待罪的征东大将军石苞被带到了洛阳,科头跣足跪拜于太极殿下。在见到毕恭毕敬、毫无怨言的石苞之后,皇帝司马炎的疑心终于消除。不过虽然石苞自始至终没有任何错处,司马炎还是罢免了他的一应官职,让他只顶着乐陵郡公的虚衔回府养老。

一场幻想中的大乱消弭于无形,为石苞作保的齐王司马攸也终于获准出宫回府。在走出宫门的时候,司马攸看见潘岳微笑着站在道边,向自己躬身行礼。

"你不该来接我。"司马攸见到潘岳的第一反应不是高兴,而是担忧,"若是贾司空得知,只怕于你前途有损。"正是因为这种顾虑,当初他迫不得已到司空府见潘岳时,都刻意隐藏了自己的身份。

"若是好友脱难都不敢前来迎接,前途要来又有何用?"潘岳说着,亲自搀扶着司马攸登上了齐王府的马车。

一直把司马攸平安送回了王府,潘岳这才折道回家。刚走进家门,他一眼就看见一个人直挺挺地杵在自己面前,就仿佛一根挺拔骄傲的旗杆。

然而下一刻,那根"旗杆"却蓦地从中折断,竟是那人双膝一屈跪了下来,对潘岳施了一个大礼:"石崇代表家父家兄,谢潘郎君对我们一家的救命之恩!"

"石公子快快请起!"潘岳慌忙伸手去扶石崇,"我哪里对你们家有恩,要谢也应该去谢齐王殿下才是。"

"齐王那边,石家一门自然感恩戴德。只是石家现在处境尴尬,不敢再贸然牵连齐王殿下。"石崇躲开潘岳相扶的手,跪在地上继续道,"就连潘郎君这边,家父也只敢让石崇孤身前来拜谢。若非潘郎君及时提点,只怕我们石家没有那么容易洗尽冤屈。"

"令尊大人忠心耿耿,威名赫赫,又曾对潘岳有恩,潘岳实在不敢当石公子这一拜。"潘岳见石崇死活不肯起身,只好以同样的姿势跪了下去。

石崇不理会潘岳的谦辞,只是重重地磕下一个头:"别的不说,我石崇从此欠了你一条命。以后潘郎君若有所驱使,石崇绝不敢推辞!"

"不要叫我潘郎君,叫我安仁就好。"潘岳伸手和石崇的手握在一起,一把拉着他从地上站了起来。两个人相视而笑,只觉得襟怀舒畅,足慰平生,以前那些过节和隔阂都不过儿戏而已。

石苞谋反案平复之后,鉴于朝中有人上书建议立齐王司马攸为皇太弟,天子司马炎在难以掩饰的仓促之中,匆匆册封嫡长子司马衷为皇太子,暂时堵住了一些朝臣想要援引司马师、司马昭两位先皇"兄终弟及"先例的想法。

由于自魏明帝后东宫荒废已久,司马炎专门为太子司马衷设立了太傅、少傅、中庶子、舍人、洗马、卫率等一应属官,重新将东宫职司逐步恢复成汉代最盛时期的配置。太子乃是国之根本,司马炎重塑东宫重要性的目的很明显,他希望自己的嫡长子能够早日成才,最终能够压过齐王司马攸的影响力,确保自己的皇位能传到儿子的手中。

司马炎针对自己的一派苦心,司马攸自然心领神会。面对朝臣们私下里咋咋呼呼的议论,这位处于漩涡中心的齐王却异常平静,待人处事与平素没有丝毫不同。

太子册立之后,洛阳城中涌动的暗流似乎都平息了下去,朝堂内外一片安然。然而谁也没有料到,更大的风暴还在酝酿之中。当它突破临界呼啸而来时,所有人都不可避免地受到狂风骤雨的冲击,无一幸免。

"阿容……"正在伏案小憩的潘岳猛地被窗外的炸雷惊醒,他抬头望了望远处翻卷而来的乌云,喃喃地唤了一声。

年表

（本卷）

---

247 （魏齐王正始八年） · 潘岳出生

---

248 （魏齐王正始九年） · 司马攸出生（一说为 246 年）

---

254 （魏高贵乡公正元元年） · 司马师废皇帝曹芳，立曹髦为帝
· 李丰被杀，李婉流徙，贾充另娶郭槐
· 潘岳一家入洛阳
· 司马攸出继为嗣子

---

255 （魏高贵乡公正元二年） · 司马师逝世

---

258 （魏高贵乡公甘露三年） · 潘岳与杨容姬定亲

---

260 （魏高贵乡公甘露五年） · 贾充杀曹髦

---

263 （魏元帝景元四年） · 嵇康被杀
· 蜀国灭

---

264 （咸熙元年） · 司马昭为晋王

---

265 （晋武帝泰始元年） · 本年八月司马昭逝世
· 晋武帝司马炎建立晋朝，封司马攸为齐
王、司马伦为琅琊王；李婉遇赦回京

---

266 （晋武帝泰始二年） · 年初潘父出任琅琊内史，潘岳随行前往
琅琊，与孙秀结怨
· 潘岳回到洛阳；司马伦偷御裘，被遣往
封国琅琊

---

267 （晋武帝泰始三年）　· 潘岳举秀才,为贾充掾属

　　　　　　　　　　　　· 司马衷为皇太子,时年九岁

268 （晋武帝泰始四年）　· 石苞被疑谋反,免官

　　　　　　　　　　　　· 《泰始律》颁布

　　　　　　　　　　　　· 太后王元姬薨

人物介绍

（本卷）

潘岳	·即潘安,著名才子和美男子。洛阳太学生,后被举荐为司空掾。
司马攸	·潘岳挚友,司马昭次子,司马师嗣子,后封齐王。
杨容姬	·潘岳未婚妻,荆州刺史杨肇之女,擅长医术。
石崇	·征东大将军石苞之子。
司马伦	·司马懿之子,封琅琊王,不学无术,潘岳的仰慕者。
孙秀	·五斗米道天师,野心勃勃,潘岳的死敌。
胡芳	·镇国大将军胡奋之女,洛阳第一美女。
贾充	·晋朝司空,权臣,潘岳的府主。
贾荃	·贾充长女,司马攸之妻。
贾南风	·贾充次女,未来的晋朝皇后,聪明过人。
孙登	·著名隐士,杨容姬的师父。
司马昭	·曹魏权臣,晋武帝司马炎与齐王司马攸之父。
韩寿	·世家子弟,潘岳好友兼同僚。
夏侯湛	·司马攸表兄,潘岳好友。
温裕	·司马攸属下,潘岳好友。

人物关系图（本卷）

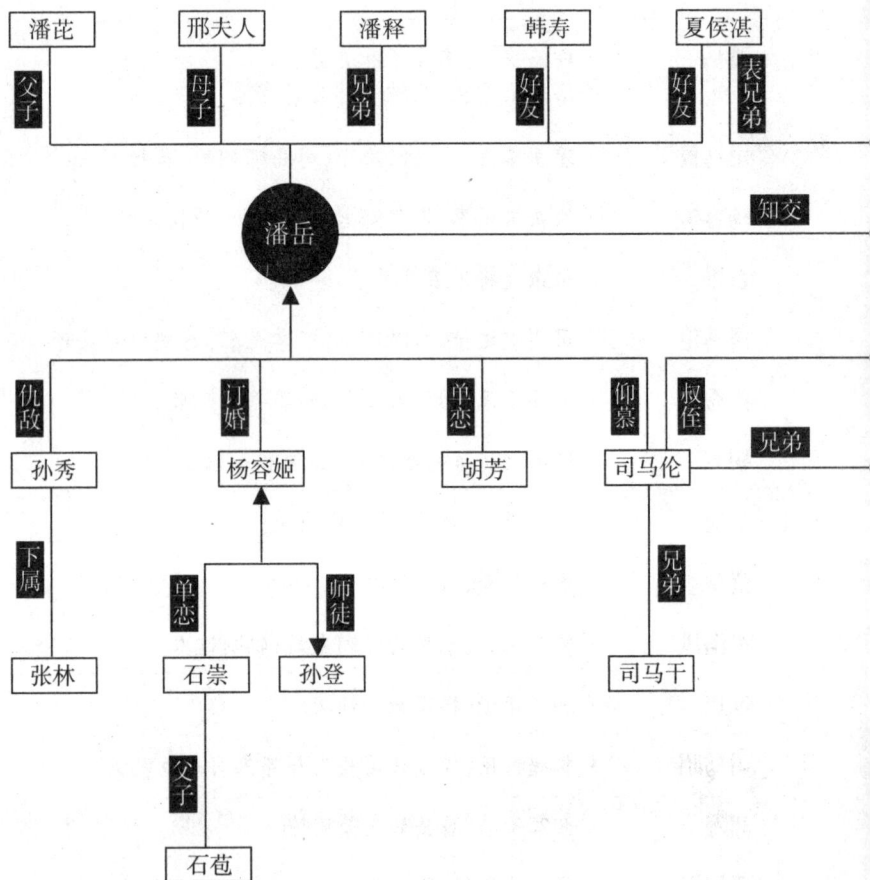

潘芷 — 父子	
邢夫人 — 母子	
潘释 — 兄弟	
韩寿 — 好友	
夏侯湛 — 好友 / 表兄弟	

潘岳 — 知交

仇敌 — 孙秀 — 下属 — 张林

订婚 — 杨容姬

单恋 — 胡芳

仰慕 / 叔侄 — 司马伦 — 兄弟

兄弟 — 司马干

单恋 — 石崇 — 师徒 — 孙登

石崇 — 父子 — 石苞

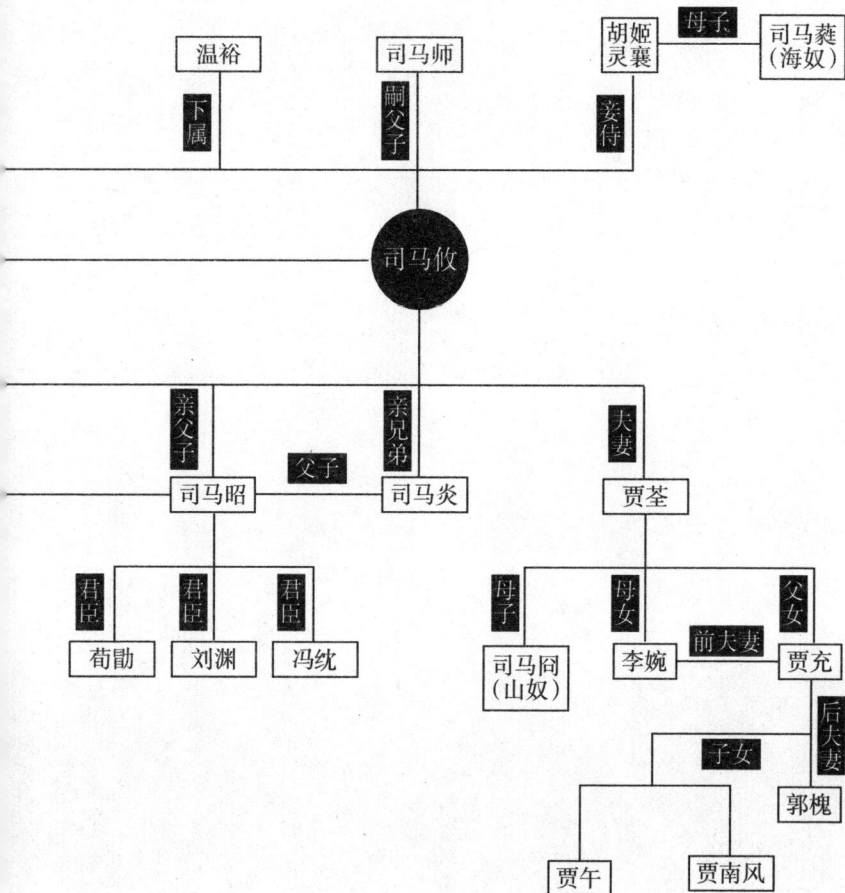